河北省衡水市
耕地资源评价与利用

于卫红　彭正萍　主编

知识产权出版社
全国百佳图书出版单位

图书在版编目（CIP）数据

河北省衡水市耕地资源评价与利用／于卫红，彭正萍主编 . —北京：知识产权
出版社，2014.6

ISBN 978 – 7 – 5130 – 2754 – 0

Ⅰ.①河… Ⅱ.①于…②彭… Ⅲ.①耕地资源 – 资源评价 – 衡水市②耕地资源 –
资源利用 – 衡水市 Ⅳ.①F323.211②F327.223

中国版本图书馆 CIP 数据核字（2014）第 110059 号

内容提要

本书系统介绍了衡水市的自然与农业生产概况、耕地土壤的立地条件与农田基础设施、土壤属性等，深入分析了土壤有机质、碱解氮、有效磷、速效钾等各种土壤养分现状和空间分布规律；与1982年进行的第二次土壤普查的结果作了对比，探寻出各种土壤养分的演变规律。同时，结合氮、磷、钾肥在冬小麦、夏玉米等作物上的田间肥效试验，确定肥料效应函数，推荐适合冬小麦、夏玉米以及其他作物的合理肥料品种和施用量；综合衡水市土壤管理措施、剖面性状、土壤理化性状、土壤养分含量和障碍因素，以及氮、磷、钾肥料在主要农作物种植中的田间产量效应等对耕地地力进行了综合评价，确定了地力等级划分的标准和方法，调研统计了不同地力等级的耕地空间分布和所占耕地面积，揭示了不同地力等级耕地的基本特性，有针对性地提出了各种改良、利用措施。这为衡水市今后在农业生产中科学合理管理土壤养分和确定科学合理施肥技术提供依据。

本书可供土壤、肥料、农学、植保、园艺、农业管理等专业以及相关领域的科研工作者、学生、农技推广人员及相关管理部门工作人员阅读和参考。

责任编辑：范红延　　　　　　　　　　责任校对：韩秀天

封面设计：刘　伟　　　　　　　　　　责任出版：谷　洋

河北省衡水市耕地资源评价与利用

于卫红　彭正萍　主编

出版发行：**知识产权出版社** 有限责任公司	网　　址：http://www.ipph.cn	
社　　址：北京市海淀区马甸南村1号	邮　　编：100088	
责编电话：010 – 82000860 转 8026	责编邮箱：fanhongyan@cnipr.com	
发行电话：010 – 82000860 转 8101/8102	发行传真：010 – 82000893/82005070/82000270	
印　　刷：北京中献拓方科技发展有限公司	经　　销：各大网上书店、新华书店及相关专业书店	
开　　本：787mm×1092mm　1/16	印　　张：12.75	
版　　次：2014 年 6 月第一版	印　　次：2014 年 6 月第一次印刷	
字　　数：310 千字	定　　价：78.00 元	

ISBN 978 – 7 – 5130 – 2754 – 0

本书编委会

主　　编　于卫红（河北省衡水市土壤肥料工作站）
　　　　　彭正萍（河北农业大学）
副 主 编　王桂锋（河北省衡水市土壤肥料工作站）
　　　　　张瑞雪（河北省衡水市土壤肥料工作站）
　　　　　刘淑桥（河北省土壤肥料总站）
　　　　　李旭光（河北省土壤肥料总站）
　　　　　刘会玲（河北农业大学）
　　　　　马少云（河北农业大学）
参编人员　曹红梅（河北省衡水市土壤肥料工作站）
　　　　　韩　梅（河北省衡水市土壤肥料工作站）
　　　　　吴文静（河北省衡水市土壤肥料工作站）
　　　　　张立臣（河北省衡水市土壤肥料工作站）
　　　　　朱　兵（河北省衡水市土壤肥料工作站）
　　　　　刘　刚（河北省衡水市土壤肥料工作站）
　　　　　孙国龙（河北省衡水市土壤肥料工作站）
　　　　　张晓光（河北省衡水市土壤肥料工作站）
　　　　　李慧卿（河北省衡水市土壤肥料工作站）
　　　　　郑志刚（河北省衡水市土壤肥料工作站）
　　　　　王志杰（河北省衡水市农业技术推广站）
　　　　　高　晶（河北省衡水市农业技术推广站）
　　　　　葛　蔓（河北省衡水市土壤肥料工作站）
　　　　　史艳红（河北省衡水市土壤肥料工作站）
　　　　　王凤双（河北省衡水市土壤肥料工作站）
　　　　　张海滨（河北省衡水市土壤肥料工作站）
　　　　　王艳群（河北农业大学）
　　　　　秦亚楠（河北农业大学）
　　　　　张　利（河北农业大学）
　　　　　刘亚男（河北农业大学）
　　　　　李彦爽（河北省饶阳县农牧局）
　　　　　乔晓娜（河北省深州市农业局）
　　　　　周亚鹏（河北农业大学）
　　　　　郑　洁（河北农业大学）
　　　　　王　平（河北省土壤肥料总站）
　　　　　李迎春（中国农业科学院农业环境与可持续发展研究所）

前　言

　　耕地是土地的精华，是农业生产最重要的资源，耕地地力直接影响农业的可持续发展和粮食安全。新中国成立以来，我国先后开展了两次土壤普查，自全国第二次土壤普查结束到现在已 30 多年，农村经营管理体制、农业耕作制度、种植结构、化肥施用水平、耕地状况等都发生了很大变化，原有的土壤普查数据已经难以满足当前农业生产发展的需要。由于施肥技术水平和手段的限制，并受高产和高利润的驱动，农业生产中出现了许多不合理的施肥现象，造成了农产品品质下降、土壤质量恶化。

　　为实现科学合理施肥，2005 年农业部启动全国测土配方施肥项目，衡水市全地区被农业部列为项目示范区。2007～2012 年，项目实施以来，农业科技人员基本摸清了全市的耕地质量状况；制订了不同作物、不同肥力条件的测土配方施肥指标体系；编写了衡水市测土配方施肥技术报告，编绘了衡水市土壤养分等级图、耕地地力评价图、耕地适宜性评价图等，为今后该市有针对性地指导农民科学施肥，改善农产品品质，使农民增产增收，减少资源浪费，防止土壤退化和污染，促进农业可持续发展提供了依据。

　　耕地地力评价是测土配方施肥工作内容之一，河北农业大学依据衡水市提供的土壤养分测定结果、"3414＋1"田间试验、肥料校正试验、第二次土壤普查的土壤志、土壤图、行政区划图等资料，完成了衡水市耕地地力评价，并组织撰写了《河北省衡水市耕地资源评价与利用》一书。本书对衡水市目前各种土壤养分现状、土壤养分时空演变规律，以及田间肥料试验进行了系统分析，结合省市县级专家多年实践经验，对耕地总体地力水平划分了等级，为科学管理该市土壤养分和确定科学施肥技术提供依据。

　　需要说明，本书各章节基本按照河北省土肥总站提供的模板编排。根据农业部耕地地力评价的要求，本书第二章采用农业部要求的统一方法，因此部分文字表达与全国农业技术推广中心主编的《耕地地力评价》一致。第一章、第四章涉及的自然概况、农业经济概况、农业生产概况、耕地土壤类型等均引自第二次土壤普查土壤志、衡水市统计年鉴等资料，在此对所有参加第二次土壤普查和本次测土配方施肥工作的领导和科技人员表示深深的谢意！在测土配方施肥补贴项目实施过程中，河北农业大学、河北省土肥总站、衡水市及其包括的各县市等单位的专家、领导及顾问组均给予了技术支持和帮助，在此表示感谢！最后，感谢国家测土配方施肥项目的资助！

　　由于写作时间仓促及作者学识水平所限，本书疏漏与错误在所难免，敬请读者提出宝贵意见和建议，以便我们进一步修改和完善。

编　者

2014 年 1 月

目　　录

第一章　自然与农业生产概况

第一节　自然概况

一、地理位置与行政区划

（一）地理位置

衡水市位于河北省东南部，地处东经115°10′~116°34′，北纬37°03′~38°23′，总面积8838km²，位于环渤海经济圈、北京首都经济圈内，交通发达；东部与沧州市的东光县、吴桥县和山东省的德州市毗邻；西部与石家庄市的深泽县、辛集市接壤；南部与邢台市的新河县、南宫市、清河县以及山东省的武城县相连；北部同保定市的安国市、博野县、蠡县和沧州市的肃宁县、献县、泊头市交界；境内东西宽98.13km，南北长约125.25km。衡水市市政府所在地为桃城区，北距首都北京250km，西距河北省省会石家庄119km。

（二）行政区划

衡水市包括1个区、2个县级市、8个县，即桃城区、冀州市、深州市、枣强县、武邑县、武强县、饶阳县、安平县、故城县、景县、阜城县。共设57个镇，57个乡。全市共131万余户，425万余人，其中非农业人口102万多。衡水市各县市的大概面积和人口情况见表1-1；各县市在衡水市的空间分布见图1-1。

表1-1　衡水市各县市面积和人口

行政区	面积（km²）	人口（万）	行政区	面积（km²）	人口（万）
桃城区	618	46	饶阳县	573	30
枣强县	892	39	安平县	493	32
武邑县	830	31	故城县	937	48
武强县	445	21	景县	1183	51
阜城县	697	33	冀州市	918	37
深州市	1252	57	全市	8838	425

图1-1　衡水市行政区划

二、自然气候与水文地质

（一）自然气候

衡水市属东亚暖温带半湿润易旱区，大陆性季风气候特征明显，四季分明，冷暖干湿差异较大。冬季多受蒙古冷高压控制，盛行偏北风，天气寒冷干燥，雨雪稀少。春季天气晴朗，气温回升快，降水稀少，由于地面受入海高压的影响，东部各县盛行西南风，春季干旱少雨多风增温快。夏季受太平洋副高边缘的偏南气流影响，潮湿闷热，降水集中。秋季蒙古高压重新出现，太平洋副高压同时南撤，地面辐射冷却加强，低空温度迅速降低，大气层结构较稳定，形成秋高气爽天气，有时连阴雨。因此，此区有冬春干旱，夏季雨热同期，秋季天高云淡、秋高气爽的气候。农业气候资源较丰富，但是自然灾害频频发生，干旱、冰雹、洪涝、低温、大风等常给农业生产造成影响。

该区全年光照总时数为2609.9h，5月最多光照时数为279.9h，2月最少为170.4h，全日照百分率为59%，7、8月最低，历年平均为49%和53%。全年辐射总量平均为125.329kcal/cm²，5月最多平均为15.935kcal/cm²，2月最少平均为7.717 kcal/cm²，作物生长旺季的6~9月平均为49.457kcal/cm²，占全年的39.4%。衡水市1957~2011年的日照时数变化情况见图1-2。全年平均气温12.6℃左右，7月最热平均为27.5℃，

1月最冷平均为 -4℃。衡水市 1957~2011 年的气温变化情况见图 1-3。

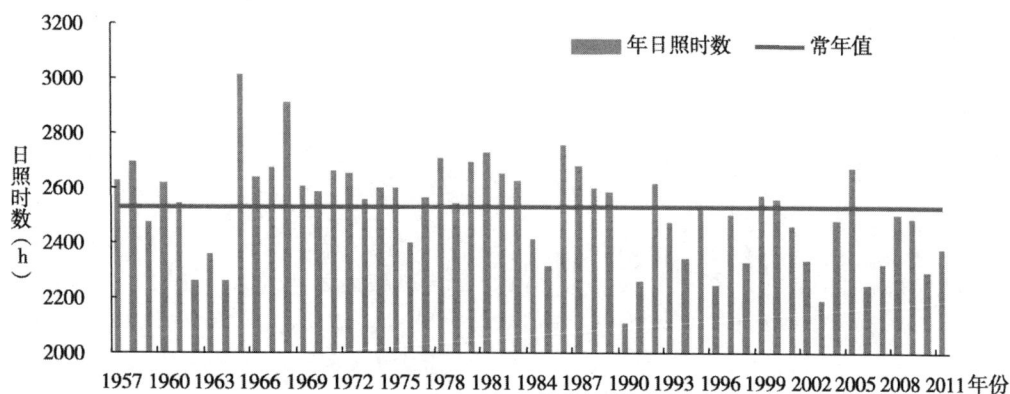

图 1-2 衡水市多年日照时数变化（来源：衡水市气候公报 2012 年第 1 期）

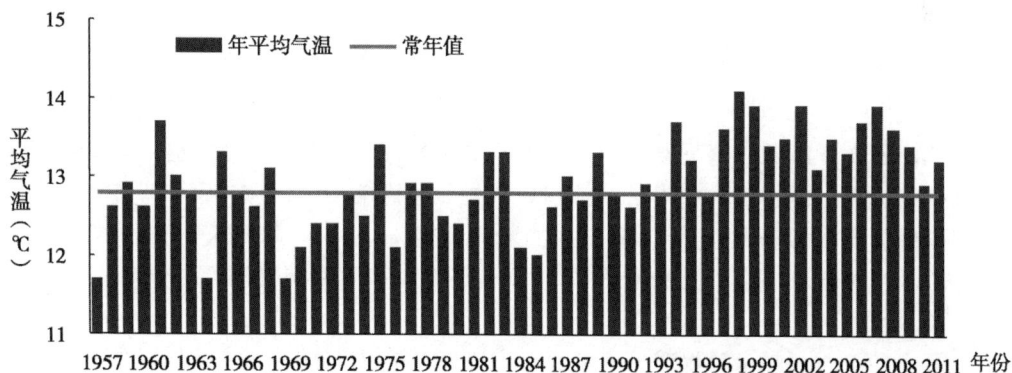

图 1-3 衡水市多年温度变化（来源：衡水市气候公报 2012 年第 1 期）

本区历年平均降水量 524.2mm，地区差异约 100mm，总的趋势是东北及东向西南及西递减。由于受大陆性季风影响，年内降水量分配不均，大部分降水高度集中在夏季（6~8 月），降水量为 371.7mm，占年降水量的 70.9%；秋季（9~11 月），降水量为 82.7mm，占年降水量的 15.8%；冬季（12 月、1~2 月），降水量仅 10.2mm，占年降水量的 1.9%；春季（3~5 月），降水量为 59.6mm，占年降水量的 11.4%。历年平均干燥度为 1.38，属半湿润易旱地区。衡水市 1957~2011 年的降水量变化情况见图 1-4。

（二）水文地质

衡水市水资源包括地表水和地下水两部分。流经衡水境内的较大河流有潴龙河、滹沱河、滏阳河、滏阳新河、滏东排河、索泸河-老盐河、清凉江、江江河、卫运河-南运河 9 条，分属海河水系的 4 个河系，其中潴龙河属大清河系，滹沱河、滏阳河、滏阳新河属子牙河系，滏东排河、索泸河-老盐河、清凉江、江江河属南大排水河系，卫运河-南运河属漳卫南运河系。除江江河发源于故城县外，其他河流均为过境河。

卫运河-南运河、滏阳河、滹沱河、滏阳新河、潴龙河属行洪河道，滏东排河、清凉江、索泸河-老盐河、江江河属排涝河道。

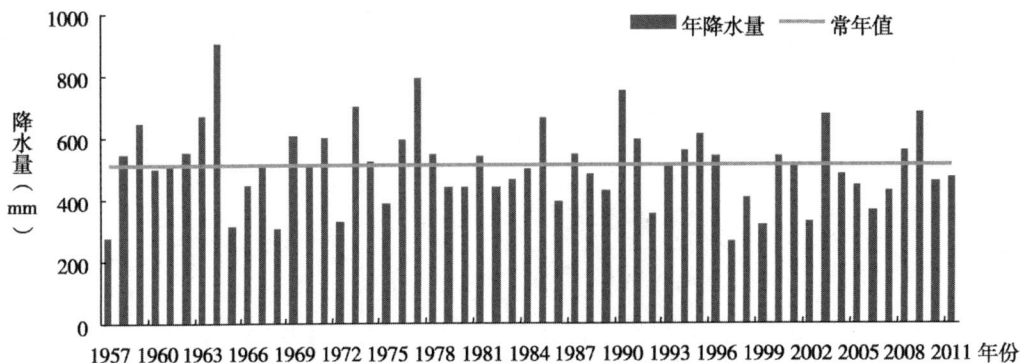

图 1-4　衡水市多年降水量变化（来源：衡水市气候公报 2012 年第 1 期）

1. 潴龙河

潴龙河发源于山西省繁峙县泰戏山，衡水市流经地域很小，自安平县北郭村并入衡水市，至秦王庄、白沙庄流经沧州市入白洋淀。在衡水市境内长 16km，流域面积 294km²，河道宽 223m，滩地与河底高差 3～5m。

2. 滹沱河

滹沱河发源于山西省繁峙县，历史上此河进入平原地区后曾多次改道，对衡水市的安平县、饶阳县、深州市、武强县、冀州市和桃城区影响较大。滹沱河自西李庄进入安平县，流经安平县和饶阳县，在饶阳县豆店出衡水市，境内长 45.56km，设计行洪能力 3000m³/s。当黄壁庄水库下泄流量超过 3300m³/s 时，可在安平县唐贝村以上分洪。

3. 滏阳河

滏阳河发源于邯郸市峰峰矿区石鼓山，在新河县邵宋张砖村入衡水市的冀州市，向东北经桃城区、武邑县和武强县，在庞疃村以下入献县，经献县输入子牙河或子牙新河。滏阳河在衡水市境内长 135.7km，设计流量 200～250m³/s。

4. 滏阳新河

滏阳新河是根治海河工程的重要组成部分。自冀州市南枣园村东、西小寨村西入衡水市，经桃城区和武邑县后，在武强县后庄村东入沧州市。在衡水市境内长 89km，设计行洪能力 3340m³/s。

5. 滏东排河

滏东排河是修筑滏阳新河右堤取土时开挖而成，也是根治海河工程的重要组成部分。它与滏阳新河并行，自冀州市西小寨村东入衡水市，经桃城区、武邑县至武强县阎五门村西入沧州市，境内长 87km，流域面积 2020km²。设计水深 6m，设计流量 432～540m³/s。

6. 索泸河 - 老盐河

索泸河 - 老盐河原是漳河和卫河的分支，为间断性河流，数年来水一次，遇大水则波涛汹涌，遇旱则干涸。以石德铁路为界，以上称索泸河，以下叫老盐河。索泸河在南宫市明化镇入冀州市，经枣强县、桃城区和武邑县，在马回台村入泊头市。在衡水市境内长 95km，流域面积 755km²，设计流量 58.4～99.0m³/s。

7. 清凉江

清凉江为古漳河和黄河故道。漳河、黄河南徙后，清凉江即成为一条季节性河流。经过三次治理，排洪标准达到 20 年一遇。清凉江上游起自威县牛家寨，在南宫市张稳村入枣强县，往北流经枣强县、武邑县及阜城县，在阜城县石官村出衡水市入泊头市。在衡水市境内长 114km，流域面积 1304km²，设计流量 446～535m³/s。

8. 江江河

江江河为季节性河流。起自故城县郑口镇烧盆屯，上接武城县沙河，自烧盆屯向北流，经景县江江村。在景县与惠民渠汇流，出景县往东北入阜城县，在周通庄出衡水市入泊头市。在衡水市境内长 101.9km，流域面积 1944km²，设计流量 552m³/s，经治理后排洪标准达到 5 年一遇。

9. 卫运河－南运河

卫运河－南运河是衡水市与沧州市和山东省的界河，属南北大运河的一部分，上游是漳河和卫河，二者在邯郸市馆陶县徐万仓村汇合，以下至山东省德州市四女寺枢纽称卫运河。四女寺枢组以下河道分两股，一股直接入海，另一股至天津汇入海河，称南运河。卫运河自清河市渡口驿入衡水市，流经故城县、景县和阜城县，在阜城县刘老人村东北出衡水市入泊头市。卫运河全长 164.03km，在衡水市境内长 64.1km。设计行洪能力 4000m³/s，主槽引洪能力 1150m³/s。南运河全长 184.8km，在衡水市境内长 130km，行洪能力 300m³/s。

全市水资源年可利用量约为 13.57 亿立方米，其中地下水年可开采量 12.17 亿立方米/年，地表水年可利用量 1.4 亿立方米，全市年需水量为 15.4 亿立方米。水资源供需缺口很大（表1－2）。

表 1－2　衡水市水资源年供需水量统计

项目	可供水量（亿立方米）			需水量（亿立方米）	余缺（亿立方米）	供需比（%）
	地下水	地表水	合计			
水量	12.17	1.4	13.57	15.4	-1.83	88

三、地形地貌

衡水市属华北大平原的一部分，地处河北冲积平原，系黄河、漳河、滹沱河等河流冲积物沉积而成。全区地形平坦，地势自西南向东北缓慢倾斜。北部受滹沱河的影响由西北向东南倾斜。东南部受黄河的影响由东南向西北倾斜，海拔高度 12～30m，地面坡降滏阳河以东在 1/8000～1/6000，以西为 1/6000～1/4000。排水不畅，常发生内涝。地下水埋深较浅，矿化度较高，常引起土壤次生盐渍化。一般地面没有侵蚀，但由于环境及其他各河多次决口改道，泛滥频繁，沉积物交错分布，加上风力及人为活动的影响致使平原中的地形变化较大，高差多为 30～50cm，构成明显的岗、坡、洼等不同地貌类型。

河流沉积有一定的规律。如古河床及决口大溜处，经水流冲刷，多为槽状洼地；以前流经该区的河流多为地上河，含沙量大，河床两侧沉积物堆积较多，形成地上河，多为缓缓高起的岗地，地上河床两侧水流速度渐小，沉积物也渐小，形成微斜平地；缓流处含沙量少，地形相对低洼。同时，由于风力和活动的影响，地形略有变化。境内的衡水湖为华北平原上的自然洼淀，蓄水面积 75km²，集水面积 120km²，设计水位 21m，最大蓄水量 2 亿立方米，被誉为华北平原上的一颗明珠。根据以上成因和地面起伏的实际情况，该区的主要地貌类型有缓岗、平地（微斜高平地和微斜低平地）、临洼坡地、洼地（槽状洼地、碟形洼地、浅平洼地）、沙丘和河漫滩。

四、资源概况

（一）土地资源概况

土地资源是农业生产的基础资源，其利用类型按使用性质分为农用地、建设用地和未利用土地三部分。据衡水市国土资源局最近资料报道，全市总土地面积883790.3hm²，其中，农用地 696445.1hm²，占总土地面积的 78.8%，建设用地132677.7hm²，占 15.01%；未利用地 54667.5hm²，占 6.19%（图 1-5）。

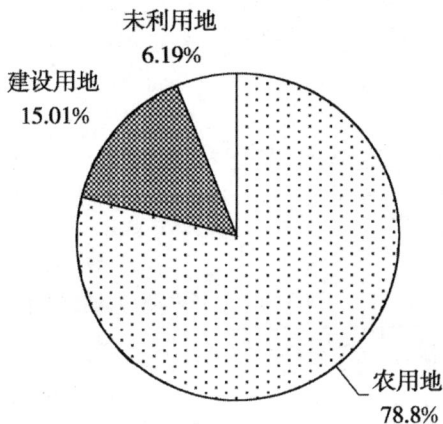

图 1-5　衡水市土地利用现状

1. 农用地

农用地包括耕地、园地、林地、牧草地和其他农用地 5 类。全市农用地面积696445.1hm²，占总土地面积的 78.8%。其中，耕地面积 565014hm²，占农用地面积的 81.13%；园地面积 53306.5hm²，占 7.65%；林地面积 12589.3hm²，占 1.81%；牧草地面积 1843.1hm²，占 0.26%；其他农用地面积 63692.2hm²，占 9.15%（图1-6）。

衡水市各县（市、区）农用地分布较为平均，占土地总面积的比重较为集中，饶阳县最高，桃城区最低。高于全市平均水平 78.7% 的有饶阳县、武强县、景县、深州市和枣强县 5 县（市）。在农用地中，耕地占土地总面积的比重大于全市平均值 66.2%的有饶阳县、武强县、安平县、景县和枣强县 5 县（市），饶阳县最高，为 75.2%，桃城区最低，占 58.6%。园地比重高于全市平均值 4.3% 的有深州市、武邑县、故城县、冀州市和枣强县 5 县（市），深州市最高，为 7.7%，武强县最低，占 l.4%。林地比重高于全市平均值 l.3% 的有阜城县、桃城区、枣强县、武强县、饶阳县和冀州市 6 县（市、区），阜城县最高，为 2.6%，景县最低，占 0.5%。牧草地比重高于全市平均值 0.2% 的有阜城县、桃城区、武邑县和景县 4 县（区），阜城县最高，为 0.9%，枣强县、武强县和深州市没有牧草地，其他农用地比重高于全市平均值 6.6% 的有桃城区、深州市、景县、冀州市、故城县和枣强县 6 县（市、区），桃城区最高，为 7.9%，安平县最低，占 3.3%。

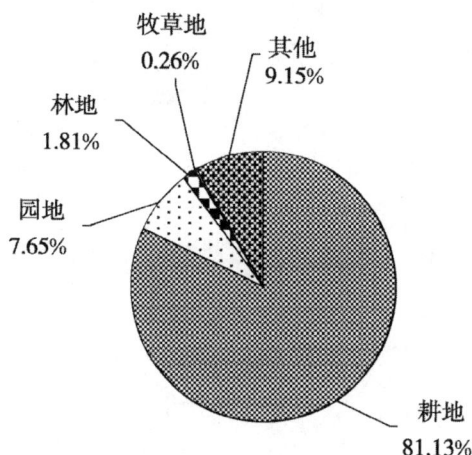

图 1-6　衡水市各类农用地所占比例

2. 建设用地

建设用地分为居民点及工矿用地、交通运输用地和水利设施用地 3 类。全市建设用地面积 132677.7hm²，占土地总面积的 15.01%。其中，居民点及工矿用地 121276.2hm²，占建设用地的 91.40%；交通运输用地 6892.0hm²，占 5.20%；水利设施用地 4509.5hm²，占 3.40%（图 1-7）。

各县（市、区）建设用地占土地总面积比重最高为 17.5%（桃城区），最低 12.0%（冀州市）。高于全市平均值 l4.8% 的有桃城区、故城县、安平县、枣强县和景县 5 县（区）。居民点及独立工矿用地占总土地面积比重最高为桃城区，占 15.4%，最低是冀州市，占 10.6%；交通运输用地所占比重最高为桃城区，占 1.15%，最低故城县，占 0.36%；水利设施用地所占比重最高是故城县，占 0.99%，深州市最低。

3. 未利用土地

未利用土地包括未利用地和其他土地两类。全市未利用土地面积 54667.5hm²，占土地总面积的 6.19%。其中，未利用地 31156.0hm²，占未利用土地的 57.0%；其他土地 23511.5hm²，占 43.0%。

未利用土地面积冀州市最多，11441.4hm²，占土地总面积的 12.4%；最少的是饶阳县，1253.7hm²，占 2.2%。未利用地主要分布在河流两侧，村庄周围及距村庄较远的盐碱荒地、沙荒地，废弃砖瓦窑和铁路公路的取土区、滹沱河古河道区等。废弃砖瓦窑和铁路公路的取土区，分布比较分散，且具有覆土保障，一般可复垦为农田。

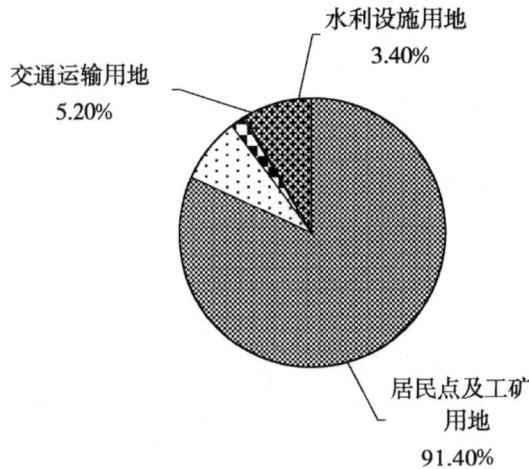

交通运输用地
5.20%

水利设施用地
3.40%

居民点及工矿
用地
91.40%

图 1-7　衡水市各类建设用地所占比例

（二）矿产资源概况

衡水市目前已查明的矿产资源有石油、地热、矿泉水和砖瓦用黏土 4 个矿种。油气资源主要分布在深州市、饶阳县、武强县。地热资源分布广泛，全市 13 个县市区均有地热异常显示，地热资源已开发利用的有桃城区、深州市、冀州市、故城县、安平县、武强县；砖瓦用黏土资源全市广泛分布，并已大量开采。有关勘查资料显示，在衡水市东南部阜城至景县一带和冀州市的南部蕴藏有丰富的煤、煤层气资源。

五、土壤类型及分布

根据全国第二次土壤普查资料，衡水市共有 3 个土纲，4 个土类，7 个亚类，26 个土属，111 个土种。面积最大的是潮土土类。全市潮土亚类面积 43.40 万公顷，占总土地面积的 62.1%，广泛分布于各县市区，是农用土地主要土壤类型。其土层深厚，质地多变，但以轻壤土为主，部分为沙质和黏质。土壤矿质养分较为丰富，易受旱、涝、盐碱化威胁，历年以种植业为主。脱潮土面积 14.33 万公顷，占全市土地总面积的 20.4%，广泛分布于古河道自然堤缓岗及高平地处。该土类地下水质好，无洪涝盐碱威胁，水利条件好的地段，多是粮、棉高产区。

六、植被

衡水市土壤久经垦殖，大多为农田，已无原始植被保存。乔木多为人工栽培。在农田中生长一些田间杂草，这些杂草多已失去自然组合，大都为再生力很强的残存植物。以禾本科、菊科、蓼科占优势，在沙丘或沙地上长有沙生植物和大片果树。在低洼易涝处有喜湿植物。在盐碱地有盐生植物或耐盐植物。全区因所处自然条件大体相同，无一种植物为某一土类所特有，只是在不同土类、土种上各种植物出现的概率和覆盖密度、生长势有所区别，标志自然条件和土壤水、肥、盐分状况的差异。现简单介绍如下：

（一）土壤类型与植被

1. 脱潮土

天然植被多为杂草，在农田中多为马唐、剌菜、苦买菜、苋菜、灰绿藜、狗尾草、节节草，其次是地锦、地梢瓜、天剑、龙葵等。在道边、沟岗、坡沿处生有大量委陵菜、阿尔泰紫菀、地黄、蒺藜、虎尾草、画眉草等。沙质和沙壤质土上生有大量节节草，特别在故河道内更多。其中以委陵菜、阿尔泰紫菀、地黄、虎尾草等为脱潮土上的代表植被。

2. 潮土

潮土农田中以马唐、狗尾草为多，其次是田旋花、画眉草、醋柳、茅草、灰绿藜、茶棵子等。在田埂、道边生有大量画眉草、虎尾草、茅草、蒺藜等。在低洼易积水处，生有喜湿植被，其中以稗草、马蓼、两栖蓼、三棱草、芦苇、芦草等为多。画眉草、田旋花、水稗草、芦草、茅草、茶棵子、苍耳为典型植被。

3. 盐化潮土

盐化潮土多与潮土呈复区存在，天然植被因盐化程度而异。

（1）轻度盐化潮土：农作物有缺苗现象，农田中生有较多的茶棵子、曲菜、芦草等，局部盐斑上出现少量碱蓬、猪毛菜、剪刀股等。

（2）中度盐化潮土：农作物缺苗达 3~4 成，有碱死苗现象。农田中生有较多的碱蓬、海蔓荆、剪刀股、猪毛菜，大量的曲菜、茶棵子、芦草、柽柳等。在田埂道边上种植有紫穗槐等。

（3）重度盐化潮土：农作物缺苗严重达 5~7 成，生有大量碱蓬、盐蓬、海蔓荆、剪刀股、曲菜等。田埂道边种植有大量柽柳。

4. 草甸盐土

农作物不能生长，野生植被生有大量碱蓬、盐蓬、海蔓荆等，部分土地成光板地，寸草不生。不同土壤类型上的植被，多表现出一定的规律性，总的趋势：土壤水渍作用愈强，杂草数量越多，当土壤水分状况有显著的持续改变时，杂草也相应改变；随着盐渍作用的增强，耐盐植被逐渐增多，当土壤含盐量达到重度盐化时，全部变成盐生植被。

（二）土壤质地与植被

不同土壤质地具有不同水肥状况，生长的同种杂草其生长势、覆盖度不同。相反，同一土壤质地上，不同的杂草生长势、覆盖度也不同。

1. 沙质土

沙质土包括沙质石灰性新积土、半固定沙丘、固定沙丘和平铺沙地。沙质石灰性新积土质地粗，不能保水、保肥，而经常流动，其上多寸草不生。半固定沙丘流动性不大，能保蓄少量水分，而且积累了少量有机质，这给一些耐干旱、瘠薄的植被创造了生长条件，一般生长有茅草、狗尾草、节节草等，并种植有枣树、杏树，在边缘低处种有梨、苹果树。固定沙丘及其附近多栽植有榆、柳、杨树及枣、杏、桃、梨、沙果、杜梨等。平铺沙质土因失去流动性，表层保蓄水分能力增强，有机质含量增多，栽培有豆类、花生、谷子、黍子等耐干旱、瘠薄的作物。杂草中可见大量茅草、狗尾草、节节草，其次是鹅冠草、马唐、画眉草、草木栖等。

2. 沙质沙壤土

沙质沙壤土分布在旧河道附近，多为农田，农作物以棉花、谷子、黍子、豆类、芝麻、甘薯等为主。农田中生有较多的马唐、狗尾草、节节草、画眉草、茶棵子、醋柳、地锦、地稍瓜、刺儿菜等。在道边、沟沿可见蒺藜、苍耳、虎尾草等。蒙金型沙质沙壤土，因保蓄水分好，生长的马唐多，也较肥大。在深州市一带的沙质沙壤土上，多种植蜜桃。其杂草以画眉草、狗尾草、节节草等为主。从整体上看，此种土壤上生长的植物种类较少，而且稀疏不成丛，也不肥大。

3. 粉沙质沙壤土

农作物多种植棉花、小麦、玉米、谷子、黍子、花生、甘薯、芝麻、高粱、豆类等。田间杂草以马唐、刺儿菜、蒺藜、天剑、田旋花为多，其次是狗尾草、画眉草、节节草、地锦、地稍瓜、茶棵子、芦草等，生长的较上述土壤肥大茂密，特别是马唐占优势，并有群丛出现。在通体粉沙壤及漏沙地上，生长的杂草比蒙金地上生长的种类少，稀疏，覆盖密度低。如：马唐较少，不肥大，醋柳、地稍瓜、天剑等喜水肥较多的杂草更少，也不肥大。但在蒙金地上生长的杂草，不但马唐多而肥大，而且出现一些需水肥较多的杂草，如苋菜、蒺藜、灰绿藜、天剑、醋柳等，生长的较茂密肥大。

4. 轻壤质土

轻壤质土保水保肥性较好，特别是浅位、中位夹有胶泥的更好，这种土壤上种植的农作物以棉花、小麦、玉米、谷子等为主。田间杂草以马唐、天剑、刺儿菜、醋柳、灰绿藜、蒺藜为主，其次是芦草、马齿苋、地黄、水稗草、车前、茶棵子、旋花、野茄、龙葵、苍耳、狗尾草、画眉草等。轻壤质土与前述几种质地的土壤比较起来，因其保水保肥性能好，生长的杂草种类多，而所属的科、属也多。例如：沙质土、沙壤质土上生长的杂草多为禾本科、豆科，而轻壤质土上则生长着禾本科、豆科、菊科、旋花科、藜科的杂草。就是同一种杂草在不同质地上其生长势、覆盖度也大有区别。后者多喜湿植物，如野茄、龙葵。

5. 中壤质土

中壤质土质地较黏重，农作物以高粱、玉米、谷子、小麦为主。杂草以醋柳、芦草、旋花、水稗草、马唐为主，其次是刺儿菜、苍耳、车前、天剑草等。在低洼处生长着蓼科的马蓼、习见蓼等。而喜欢疏松的杂草如节节草、画眉草、狗尾草就较稀少。

6. 重壤质土

重壤质土质地黏重，下层常有厚胶泥，农作物以高粱为主，其次是玉米、谷子、小麦等。杂草以旋花、芦草、醋柳、水稗草等为主，其次是刺儿菜、苍耳、车前、马唐、天剑等。在洼处，生长着马蓼、两栖蓼等。重壤质土与中壤质土野生植物的不同处在于蓼、芦草、旋花占优势，而中壤质土上马唐仍占优势。重壤质土在个别低处出现莎草科的三棱草。其他土质只有在地下水位很高时才出现。

（三）土壤水肥条件与植被

土壤因水肥条件不同，则生长的植被也不同。在水肥条件好的土地上生长的种类多、肥大、茂盛，所属的科属也多。一般马唐、天剑、刺儿菜、醋柳、灰绿藜、野苋菜为主。在菜园地上，更明显的生长着大量灰绿藜、马齿苋、香泽芹等。水肥条件不好及瘠薄的土地上，如沙质土、沙质沙壤土，只生长稀疏的狗尾草、画眉草、茅草等。

第二节　农村经济概况

一、农业总产值

衡水市农业生产发展很快，1984 年农业生产总值达 155497 万元，在全省占第八位，是 1983 年的 126%；其中种植业产值为 105437 万元，占农业总产值的 67.8%，林业产值为 761 万元，占农业总产值的 0.5%，牧业产值为 10590 万元，占农业总产值的 6.8%，副业产值为 338559 万元，占农业总产值的 24.8%，渔业产值为 150 万元，占农业总产值的 0.1%，这说明农业内部五业比例严重失调。

2011 年实现地区生产总值 929.0 亿元，比 2010 年增长 12.1%。其中，第一产业增加值 174.1 亿元，增长 5.3%；第二产业增加值 488.9 亿元，增长 15.5%；第三产业增加值 266.0 亿元，增长 10.9%。第一产业增加值占全市生产总值的比重为 18.7%，第二产业增加值比重为 52.6%，第三产业增加值比重为 28.7%。

二、人均纯收入

2011 年，全市城市居民人均可支配收入 16506 元，比 2010 年增长 13.6%；人均生活消费支出 10705 元，增长 16.2%。城市居民恩格尔系数为 31.2%。人均住房建筑面积为 29.9 m^2。年末平均每百户城市居民家庭拥有家用汽车 20 辆、彩电 115 台、冰箱 93 台、洗衣机 99 台、空调器 108 台、微波炉 34 台、移动电话 179 部、家用计算机 67 台、健身器材 3 套，互联网接入用户 47 户。

全市农民人均纯收入 5355 元，比上年增长 22.5%。农村居民恩格尔系数为 38.7%，与 2010 年持平。人均拥有住房面积为 30.0 m^2。年末平均每百户农村居民家庭拥有生活用汽车 9 辆、彩电 112 台、电冰箱 70 台、洗衣机 92 台、空调 33 台、摩托车 66 辆、移动电话 157 部、家用计算机 19 台，互联网接入用户 16 户。

第三节　农业生产概况

一、农业发展历史

改革开放以来，全市农业及农村经济发生了深刻变化，取得了辉煌成就。农业综合生产能力显著提高，农产品供求实现了由长期短缺到富足有余，由卖方市场到买方市场的根本性变化；农业产业化经营方兴未艾，县市企业异军突起，农业和农村经济结构不断优化，综合生产力和竞争力明显增强；农民生活水平显著提高，实现了由贫穷到温饱，进而向总体小康迈进。纵观全市农业及农村经济的发展历程，改革开放以来是快速发展时期，其发展变化和所取得的成效，主要体现在以下几个方面。

1. 城乡"二元结构"向城乡一体化转变

农村劳动力快速转移，农村城镇化进程明显加快；基本突破城乡分离的经济社会格局。近年，农村非农产业劳动力平均 701995 人，占全市劳动力资源的 39.3%；城镇化率由 23.2% 提高了 29.91%，年均提高近 1.13 个百分点。

2. 农村经济由以农业为主向非农产业转变

农村非农产业的发展，突破了以农业为主的传统农村经济格局，促进了农村经济的全面发展，非农产业成为农民增收的主要来源。近几年，农村非农产业产值 734.8 亿元，占农村社会总产值的 84.1%。农村非农产业的迅速发展，在一定程度上改变了农民收入的增长方式，是全市"以工促农"战略所取得的巨大成效。

3. 由传统农业生产方式向现代农业生产方式转变

农业生产条件的改善和农业机械化水平的不断提高，打破了以传统农业生产方式为主的格局。与前些年相比，无论是在质或量上都发生了巨大变化，农村生产力水平大大提高，加速了全市农业及农村发展的现代化进程。

4. 由单一农业生产结构向农业多种经营转变

随着农业结构战略性调整的不断深入，衡水市农业突破了以种植业为主的传统生产格局，实现了农业生产的多种经营，农业生产结构不断优化。2003 年，农业产值为 83.7 亿元，畜牧业产值 46.4 亿元；2011 年，农业产值 205.9 亿元，畜牧业产值达到 111.2 亿元。

5. 农产品生产由数量型向质量型转变

全市农业以资源为依托，以市场为导向，以科技为支撑，大力发展名优特农产品，有效地促进了农产品生产由数量型向质量型转变。全市无公害蔬菜环评面积达 5 万多公顷，优质专用小麦发展到 12 万公顷，占小麦种植面积的 48.3%，枣强县、故城县和冀州市被列为河北省优质棉重点县，优质率达到 100%；31 家畜牧养殖基地通过了无公害产地认证；特色农产品生产基地初具规模，深州市被国家林业局授予"中国蜜桃之乡"；饶阳县被河北省政府命名为"蔬菜之乡"；阜城县被河北省政府命名为"西瓜之乡"；冀州市被农业部命名为"中国辣椒之乡"和"中国食用菌之乡"。

6. 实现了农产品由紧缺到较为富足的转变

农产品商品率不断提高，产业化经营快速发展。1980 年，全市人均粮食占有量达 233kg、油料 10kg、果品 8.2kg、肉类 8.9kg、蛋 0.9kg。各类农产品相当紧缺，商品率极低，产业化经营缺乏必备的物质条件。近年来，全市人均占有粮食为 666kg、油料 35kg、果品 148kg、肉类 75.7kg、蛋 48.7kg，分别是 1980 年的 2.9 倍、3.5 倍、18 倍、8.5 倍和 54 倍。随着农产品的不断丰富，商品率大为提高，产业化经营步伐加快，带动能力不断增强，到近几年，全市人的生活水平大幅度提高，人均占有上述资源的数量和质量均在不断增加。

二、主要农作物种植面积与产量

据统计资料报道，2011 年，全市粮食播种面积 893 万亩（1 亩 = 667m²），平均亩产 435.25kg，比上年增 30.5kg，总产 38.85 亿千克，比上年增 2.75 亿千克。其中，夏粮播种面积 434.3 万亩，平均亩产 423.45kg，比上年增 20.2kg，总产达到 18.39 亿千克，实现连续 8 年增产。棉花产量、油料单产稳步增加，棉花播种面积 201.6 万亩，亩产 81kg，比上年增 9kg，创历史最高水平，总产 1.635 亿千克，比上年增 2150 万千克；油料播种面积 43.6 万亩，亩产 242.85kg，比上年增 17.8kg，总产 1.06 亿千克。蔬菜生产实现规模、市场双扩张。瓜菜播种面积 159.2 万亩，比上年增 4.2 万亩，总产 646.5 万吨，增 50.6 万吨，省外销量 422 万吨，占 65.3%。衡水市主要农作物生产情况见附表 1。

三、农业生产条件

衡水市下辖 1 区、8 县和 2 个县级市，总耕地面积 565014hm^2。在农业机械方面，积极争取国家大型农机补贴资金支持，抓好大中型拖拉机的更新换代，小型拖拉机配套，提高农机装备水平和作业水平。农机从少到多，从单一到综合，从小型到大型，从低级到高级，逐年发展，机耕机播面积实现了逐年增加，充分发挥了机械作业优势，解放了劳动力，提高了生产效率和生产水平，为衡水农业插上了腾飞的翅膀。2011 年，全市农业机械总动力达 912.3 万千瓦；其中柴油发动机动力 7223419kW，汽油发动机动力 477071kW，电动机动力 1421397kW。大中型农用拖拉机 18268 台；小型拖拉机 231041 台；农用排灌电动机 104123 台，农用排灌柴油机 131248 台，联合收割机 10039 台，机动脱粒机 12912 台，农用运输车 121410 台。机耕、机播、机收面积分别为 52.1 万公顷、76.7 万公顷、42.7 万公顷；有效灌溉面积 47.8 万公顷，占耕地总面积的 55.9%，旱涝保收面积达 38.4 万公顷，占耕地总面积的 44.1%。化肥施用量（折纯量）27.2 万吨，其中氮肥 11.30 万吨，磷肥 5.63 万吨，钾肥 2.59 万吨，复合肥 7.72 万吨。农用塑料薄膜使用量 2.0 万吨，其中：地膜使用量 10215t，地膜覆盖面积 165675hm^2，占耕地面积的 19.4%。

通过进行较大规模的农田水利基本建设，积极引进推广新技术、新机具，提高农机作业水平，农业生产条件、农村基础设施得到改善，实现了农业的机械化、水利化、电气化，使传统农业向科技型农业、现代化农业跨越，进而对农业产生了更强劲的推动。

四、耕地养分与演变

耕地质量主要受地表侵蚀、盐碱危害、土壤肥力及生态环境等因素制约，新中国成立以来，衡水市耕地质量及其开发利用与农村管理体制、耕作制度改革、工业发展和环境变化等因素密切相关。

衡水市在 30 年中，农田水利设施得到改善，化肥开始大量合理施用，这给农业注入了极大活力，使得耕地生产能力明显提高。通过兴修水利，扩挖河渠，平整深翻土地，使耕地土壤的团粒结构得到改善，保水保肥性能显著提高，土壤的盐碱化程度也明显降低。耕地质量主要受地表侵蚀、盐碱危害、土壤肥力及生态环境等因素制约，新中国成立以来，衡水市耕地质量及其开发利用与农村管理体制、耕作制度改革、工业发展和环境变化等因素密切相关。

1986 年，衡水市耕地 640925hm^2，人口 353.54 万，人均耕地 0.181hm^2；2011 年，

全市耕地面积565014hm²，人均耕地0.128hm²。从总体上看，全市耕地面积逐步减少，1986～2011年减少75911hm²，减少了11.9%；人均耕地减少0.053hm²，减少了29.3%。

按第二次土壤普查大量养分分级标准，目前衡水市土壤有机质平均含量14.54g/kg、碱解氮平均含量75.86mg/kg、有效磷平均含量22.24mg/kg、速效钾平均含量126.74mg/kg。有效磷含量平均值属2级，速效钾含量平均值属3级，均处高等水平。碱解氮含量平均值属4级，处于中等水平。与第二次土壤普查结果相比，有机质、全氮、有效磷含量均比第二次土壤普查提高67.13%、47.05%、344.8%，速效钾含量比第二次土壤普查降低10.75%。土壤有效铁、有效锰、有效铜、有效锌含量分别比第二次土壤普查提高了30.15%、123.11%、19.61%、140.35%，其中有效锌提高幅度最大，有效铜提高幅度最小。

第二章 耕地地力调查评价的内容和方法

耕地是土地的精华，是农业生产最重要的资源，耕地地力直接影响农业的可持续发展和粮食安全。耕地地力是指在特定气候区域以及地形、地貌、成土母质、土壤理化性状、农田基础设施及培肥水平等要素综合构成的耕地生产能力，由立地条件、土壤条件、农田基础设施条件及培肥水平等因素影响并决定。耕地地力评价则以利用方式为目的，评估耕地生产潜力和土地适宜性的过程，主要揭示生物生产力的高低和潜在生产力，其实质是对耕地生产力高低的鉴定。可以说，耕地地力评价是客观决策生态、环境、经济、社会可持续发展的重要基础性工作。

全国耕地地力调查是继全国第二次土壤普查之后，为推进新时期中国农业和农村经济结构战略调整，促进农民增收，提高农产品科技竞争力，为我国耕地资源保护和建设、实现农业可持续发展而进行的一项基础性、公益性工作。也是贯彻落实国务院《基本农田保护条例》中明确赋予的农业部相应职责的具体体现，即农业部要对"耕地地力分等定级，并建立档案"；要定期提出"耕地地力变化状况报告以及相应的地力保护措施"。

粮食安全问题作为我国经济发展、社会稳定和国家自立的全局性重大战略问题，保障我国粮食安全，对实现全面建设小康社会的目标、构建社会主义和谐社会和推进社会主义新农村建设具有十分重要意义。但我国人口众多，对粮食的需求量大，粮食增产的难度越来越大，粮食安全的基础比较脆弱。改革开放以来，推行家庭联产承包责任制极大地调动了农民生产的积极性。同时，在开放的农资市场和市场经济影响下，为了追求利益的最大化也带来了耕地土壤质量的一系列变化。摸清我国耕地地力和土壤质量变化的因素和条件，是进行耕地和土壤生产能力保护，合理配置、利用和节约水土资源的重要基础，也是确保我国农业可持续发展的重要基础。

第一节 准备工作

一、组织准备

（一）成立领导小组

国家批准衡水市 11 个县市区为全国测土配方施肥补贴资金试点县后，衡水市市政府高度重视，把测土配方施肥工作列入了市重点工程，成立了以主管农业的副市长为组长，农牧局局长、财政局局长和土肥站站长为副组长，农牧局、财政局以及各县市主要负责人为成员的测土配方施肥工作领导小组，具体负责项目的组织实施、协调指导和监督检查。成立了由局长任组长、主管副局长任副组长，各业务站技术骨干为成员的测土配方施肥技术领导小组，负责整个行动方案的制订、工作组织、协调和监督检查，实行目标责任管理，通过建立责任制，层层抓落实，保证测土配方各项工作落到实处。为加强耕地地力调查与质量评价工作，明确专人负责耕地地力调查工作方案的制订、组织实施、业务指导和成果、报告等的汇总编写工作。根据工作需要成立了工作组和技术组。

（二）成立工作小组

衡水市土肥总站组织专业技术人员及各科室技术骨干成立了野外调查、室内化验、数据整理录入、编制工作和技术报告、衡水市耕地资源管理信息系统的研发及相关图件的绘制、编写《河北省衡水市耕地资源评价与利用》书稿6个工作小组，实行站长负责制。一是，严格野外样品采集方法，保证野外调查的工作质量；二是，加强实验室质量控制，保证土壤样品化验数据的可靠性和准确性；三是，确保文字、数据和各种图件等资料录入的准确性，建立各种数据库和耕地质量管理信息系统；四是，收集各县（市）前期研究成果资料，包括化验数据、编写的各类工作和技术报告；五是，绘制该市行政区划图、土壤图、土地利用现状图、完成土壤养分分级图的绘制，并根据县域耕地资源管理信息系统的操作规范，导入相关图件和各县市代表性测试数据，形成河北省衡水市耕地地力评价和适宜性评价图件；六是，根据衡水市实际情况和前期工作基础，编写《河北省衡水市耕地资源评价与利用》书稿。

（三）成立技术专家组

为了保证技术落实到位，衡水市成立了由土肥站站长任组长的耕地地力调查评价技术专家小组，负责制订技术方案、组织技术培训、技术指导、确保技术措施落实到位，并聘请河北省土肥总站、衡水市农业局、河北农业大学、国土资源局等多家单位，涵盖了农业、土地、水利、环保等多个部门和学科的有关专家，成立了"衡水市耕地地力调查与评价工作"技术顾问组，参与耕地地力、土壤环境调查与评价工作的技术指导，制订实施方案，确立评价指标和各指标的权重，组织项目的检查验收等。

（四）选定技术依托单位

为了更好地完成此次耕地地力调查与评价工作，衡水市以河北农业大学为技术依托单位，并聘请河北省土肥总站、河北农业大学等协助完成《衡水市耕地资源管理信息系统》的研发和《河北省衡水市耕地资源评价与利用》书稿的编写。在工作中及时与省市土肥专家取得联系，共同探讨制订技术工作方案、研讨和解决项目运行过程中的技术问题和技术难题。

（五）确定定点化验室

衡水市按照项目要求，11个县（市或区）均已经建成了$220m^2$以上的土肥化验室，并对功能分区进行了合理布局，配备了化验操作室、精密仪器室、消煮室、药品室、天平室、样品存放室和档案室等。购置的仪器有分析天平、土壤养分速测仪、土壤水分测试仪，引进了国内先进的原子吸收分光光度计、紫外分光光度计、凯式定氮仪和K-9860全自动定氮仪等各项大型常规化验设备，并制订了相应的技术操作规程。为加强检测人员队伍建设，从各县市挑选有经验的技术人员充实到检测人员队伍中，确保专职检测人员 7 人以上。检测人员多次参加技术培训，能够保障土壤样品的化验分析准确率，保证获得数据的可靠性和准确性。

二、物质准备

（一）软硬件

配置计算机、工程扫描仪、手持 GPS 定位仪、彩色喷墨绘图仪等硬件。操作系统、数据库平台（ACCESS、SQL SERVER）、县域耕地资源管理信息系统及相关的 GIS 软件。

（二）野外调查所需物质准备

印制野外调查表，购置采集土样用的工具、样品袋（瓶）、标签、铅笔、样品的运输装备等。

（三）分析化验仪器设备

根据实验室的工作需要，购置必要的检测仪器设备和各种化学试剂等。

三、技术准备

（一）编写实施方案

主要内容包括：调查思路与目标、调查内容、组织领导和形式、技术保证和措施、调查与评价方法、图件绘制、预期成果、计划进度和经费预算等。

（二）建立 GIS 支持下的耕地资源数据库系统标准

组织建立 GIS 支持下的衡水市耕地资源基础数据库，各县市区里技术人员负责组织数据库数据的录入。

（三）确定耕地地力评价因子

根据河北省耕地地力调查评价指标体系，由技术依托单位邀请省市专家，根据地域特点和专家经验法，选取适应省级和县级特点的耕地地力评价因子。

（四）确定评价单元

采用衡水市土地利用现状图、土壤图和行政区划图三图叠加形成的图斑作为评价单元。评价区域内的耕地面积与政府发布的耕地面积一致。

（五）确定调查采样点

应用建立的耕地资源数据库或利用工作底图，在评价单元内，参考第二次土壤普查采样点，综合分析，确定调查与采样点位置。

（六）准备野外调查表格

根据调查表样，编制符合衡水市实际情况的填表说明，以便让下面的县市区参照执行。

（七）技术培训

耕地地力调查与质量评价工作，涉及知识面广，技术性强。为提高技术组成员的技术水平和业务素质，积极参加农业部、河北省农业厅土肥总站的各种技术培训，培训的内容主要有：

田间调查技术：包括采样点选择、GPS 应用技术、采样技术、调查表填写等。

计算机应用技术：包括数据录入、图件数字化、数据库建立、GIS 应用技术等。

化验技能：包括样品前处理、精密仪器使用、化验结果计算、化验质量控制及注意事项等。

调查报告的编写：包括工作报告、技术报告和专题报告等内容撰写、篇章结构、术语、量纲等。

四、资料准备

（一）图件资料

衡水市行政区划图（1∶50000）、土壤图（1∶50000）、土地利用现状图（1∶50000）、第二次土壤普查成果图件、测土配方施肥分区图（1∶50000）等相关图件。

（二）数据资料

1. 衡水市最新统计年鉴。

2. 第二次土壤普查基础资料、土地详查资料。

3. 近 3 年肥料用量统计表及测土配方施肥获得的农户施肥情况调查表。

4. 土地利用地块登记表。

5. 历年土壤肥力监测资料。

6. 11 个县（市或区）测土配方施肥土壤样品化验结果。

7. 11 个县（市或区）测土配方施肥 "3414 + 1" 田间试验和肥料校正试验数据资料。

8. 11 个县（市或区）、乡、村编码表。

9. 11 个县（市或区）各阶段的工作和技术总结报告。

10. 衡水市历年气象资料。

11. 各县市历年化肥、农药、除草剂等农用化学品销售投入情况统计数据。

（三）其他相关资料

1. 衡水市市志。

2. 衡水市土壤志。

3. 河北省土种志。

4. 衡水市农业区划材料。

5. 衡水市第二次土壤普查成果资料。

6. 衡水市基本农田保护区划定资料。

7. 衡水市水利资源分布与利用。

8. 衡水市土壤改良、水土保持、生态建设资料。

9. 衡水市土壤典型剖面、当地典型景观照片。

10. 衡水市特色农产品介绍（文字、图片）等。

第二节 室内研究

一、确定采样点位

（一）采样和布点的原则

根据《技术规程》以及衡水市的实际情况，本次调查样点的布设主要采取以下原则：

1. 代表性和均衡性原则

此次调查是在第二次土壤普查的基础上展开，旨在摸清全市不同土壤类型和不同土地利用方式下的土壤地力现状和变化情况。采样布点必须覆盖全市所有县市的耕地全部土壤类型以及全部土地利用类型；同时，还要考虑调查样点的均衡性。

2. 对比性原则

首先选定在第二次土壤普查的采样点或者剖面上布点，以利于此次调查结果与第二次土壤普查的结果形成对比，反映第二次土壤普查以来衡水市耕地地力和土壤质量的变化情况。如果原来的点出现特殊情况，就靠近它周边补充一个点。

3. 典型性原则

所有样点样品的采集，应该能够正确地反映样点所在区域的土壤肥力和土地利用方式的变化。因此，采样必须在利用方式相对稳定、没有特殊干扰的地块进行，样点能代表其对应的评价单元最明显、最稳定、最典型的特征，避免各种非调查因素的影响。

4. 科学性和应变性原则

调查和采样布点是用行政区划图、土壤图与基本农田保护图，以及土地利用现状图叠加产生的图斑作为耕地地力调查的基本单元。但是，如果所调查农户有不在同一地点的多块耕地或同一地点种植不同作物时，应按照事先确定的该点位基本条件，只有在符合条件要求的同一块地内取样。

（二）布点方法

采样点位将衡水市土壤图、衡水市土地利用现状图、衡水市行政图等图件叠加，再根据全市各县市区耕地面积、土壤类型、种植制度、土地利用现状等综合因素，将全市土样采集任务分解到各县市，在选定的采样调查单元，用 GPS 确定地理坐标（北京 54 坐标系），并聘请河北农业大学专家绘制市级（1∶50000）采样点位图。

二、确定采样方法

（一）大田土壤采样方法

为了避免施肥的影响，一般对大田土壤样本的采集是在作物收获后进行。野外采样田块根据点位图，到点位所在的村庄，首先向农民了解本村的农业生产情况，确定具有代表性的田块，依据田块的准确方位修正点位图上的点位位置，并用 GPS 定位仪进行实地定位。

对确定采样田块的户主，按照调查表格中的内容逐项进行调查填写。在该田块中取0~20cm土层样品；采用"S"法或者棋盘法进行取样，每个地块均匀随机采取15~20个采样点，充分混合后，四分法留取1kg。采样工具用木铲、竹铲、不锈钢土钻等；采集的样品放入统一的样品袋，用铅笔写好标签，样品袋内、外各放置一张标签。标签上注明：样品野外编号（要与大田采样点基本情况调查表和农户调查表相一致）、采样深度、采样地点、采样时间、采样人等。

（二）蔬菜地土样采样方法

保护地是在主导蔬菜收获后晾棚期间采样。露天菜地在主导蔬菜收获后，下茬蔬菜施肥前采样。

根据点位图，到点位所在的村庄，首先向农民了解本村蔬菜地的设施类型、棚龄或种菜的年限、主要的蔬菜种类，确定具有代表性的田块。依据田块的准确方位修正点位图上的点位位置，并用GPS定位仪进行实地定位。若确定的菜地与布点目的不一致，要将其情况向技术组说明，以便调整。

对确定采样田块的户主，按调查表格内容逐项进行调查填写，并在该田块上采集土样。耕层采样深度为0~25cm（根据点位图的要求确定是否取该层土样）。耕层及亚耕层样采用"S"法均匀随机采取10~15个采样点，按照蔬菜地的沟、垄面积比例确定沟、垄取土点位的数量，土样充分混合后，四分法留取1kg。其他同大田采样。

（三）植物样品的采样方法

由于粮食作物生长的不均一性，一般采用多点取样，避开田边2m，按"S"法采样。在采样区内采取10个以上样点的样品组成一个混合样。采样量根据检测项目而定，籽粒样品一般1kg左右，装入布袋；采集完整植株样品可以稍多采些，2kg左右，用塑料纸包好。

蔬菜品种繁多，可大致分成叶菜、根菜、瓜果3类，按需要确定采样对象。在菜地采样可按对角线或"S"法布点，采样点不少于10个，采样量根据样本个体大小确定，一般每个点的采样量不少于1kg。从多个点采集的蔬菜样，按四分法进行缩分，其中个体大的样本，如大白菜等可纵向对称切成4份或8份，取其2份的方法进行缩分，最后分取3份，每份约1kg，分别装入塑料袋，黏贴标签，扎紧袋口。如需用鲜样进行测定，在采样时，最好连根带土一起挖出，用塑料袋装，防止萎蔫。采集根部样品时，在抖落泥土或洗净泥土过程中尽量保持根系的完整。

三、确定调查内容

在采样的同时，制订了测土配方施肥采样地块基本情况表、农户施肥情况调查表和蔬菜地采样点基本情况调查表。其中，测土配方施肥采样地块基本情况表包括样点的地理位置、生产条件、土壤情况、来年种植意向、采样调查单位等内容；农户施肥情况调查表主要包括施肥相关情况、推荐施肥情况、实际施肥总体情况、实际施肥明细等；蔬菜地采样点基本情况调查表主要包括采样地点、土壤名称、地貌类型、土壤性状、农田设施和生产性能与管理等。在每一项调查内容中又分多个指标。为了便于分析汇总，样表中所列项目原则上要无一遗漏，并按本说明所规定的技术规范来描述。对样表未涉及、但对当地耕地地力评价又起重要作用的一些因素，可在表中附加，并将相应的填写标准在表后注明。

四、确定分析项目与方法

（一）物理性状

物理性状指测法测定土壤质地。

（二）化学性状

化学性状指 pH 值、有机质、全氮、碱解氮、有效磷、缓效钾、速效钾；有效态铁、锰、铜、锌；水溶性硼和有效硫。具体分析项目采用的方法如下：pH 值的测定采用玻璃电极法；有机质的测定采用重铬酸钾—硫酸溶液—油浴法；全氮的测定采用硫酸—过氧化氢消煮—蒸馏滴定法；碱解氮的测定采用碱解扩散法；有效磷的测定采用碳酸氢钠提取—钼锑抗比色法；缓效钾的测定采用硝酸提取—火焰光度法；速效钾的测定采用乙酸铵提取—火焰光度法；土壤有效性铜、锌、铁、锰的测定采用 DTPA 提取—原子吸收分光光度法；土壤水溶性硼的测定采用姜黄素比色法；土壤中有效硫的测定采用磷酸盐—乙酸提取，硫酸钡比浊法。

五、确定技术路线

耕地地力评价的室内研究技术路线为：前期准备→野外调查→室内分析→质量评价→成果应用。

（一）前期准备

制订方案：组织专家制订衡水市耕地质量调查评价技术及应用研究方案，确定技术路线和技术方法。

收集资料：广泛收集整理土管、水利、气象、环保、蔬菜、果树、土肥、农技以及各县市区图形、文字和表格资料。

技术培训：举办土肥、水利、林业、区划、土地管理、环保、蔬菜、农业技术等方面技术人员参加的培训班。

购置设备：购置必要的仪器设备、计算机软硬件等。

（二）野外调查

样品采集：分组选定典型农户的田块进行采样，并调查该户基本情况和生产管理情况。

表格审核：调查工作全部结束后，由专家对所有调查表格数据的标准化、正确性和可靠性进行审核。

（三）室内分析

对采集的样品进行准确的化验分析。

（四）质量评价

选定评价单元：以土壤图、行政区划图和土地利用现状图叠加产生图斑形成基础评价单元。

选定评价要素：通过计算机分析和专家评分选定评价要素。

建立数据库：数字化各个专题图层，建立相应的空间数据库和属性数据库。

耕地地力评价：建立单因素评价模型，计算单因素权重，计算耕地生产性能综合指数，确定分级标准，进行耕地地力评价。

（五）成果应用

研究与应用紧密结合，边研究边应用，及时将调查评价成果运用到农业生产中，充分发挥指导作用。室内研究具体技术路线见图2-1。

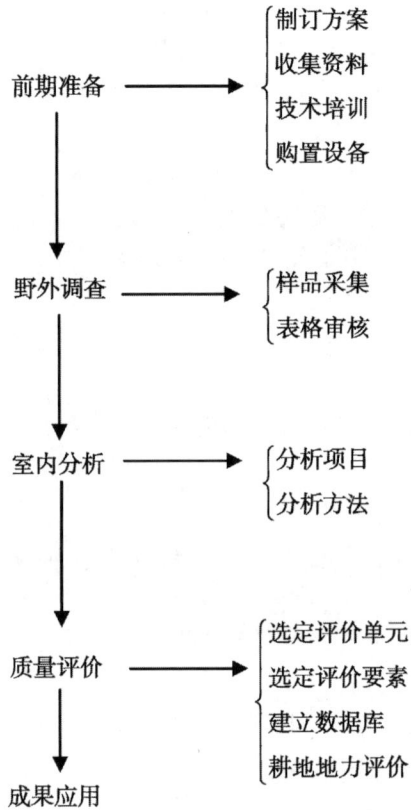

图2-1 室内研究技术路线

第三节 野外调查与质量控制

一、调查方法

各县市区按照市里规定的实施方法统一安排部署。野外调查主要是对测土配方施肥采样地块基本情况表、农户施肥情况调查表和蔬菜地采样点基本情况调查表等中的各个项目进行实地详细调查。

首先，抽调各县市区技术素质高、责任心强的野外调查人员进行重点培训，野外实习，共组织多支野外调查队进行野外调查工作；其次，各野外调查队在了解实际生产情况后，确定具有代表性的田块进行采样，并用 GPS 定位，同时修正点位位置；再次，采样时严格按照规程要求执行，认真填写农户调查表和大田采样表，统一编号，带回室内归档。

二、调查内容

在各调查单元，选择代表性较好的农户，将调查表中的内容进行归类，主要调查耕作管理、施肥水平、产量水平、种植制度、灌溉等情况，并将相应的内容填写进"测土配方施肥采样地块基本情况调查表"、"测土配方施肥农户施肥情况调查表"和"蔬菜地采样点基本情况调查表"所列项目。主要调查项目内容见附表 2、附表 3 和附表 4。部分调查内容说明如下：

（一）立地条件

采样地点和地块：地块名称采用民政部门认可的正式名称，地块采用当地的通俗名称。

经纬度及海拔高度：由 GPS 仪进行测定，经纬度单位统一为"度"、"分"、"秒"。

土壤名称：按照全国第二次土壤普查时的连续命名法填写。

地形部位：指地块在地貌形态中所处的位置。包括冲洪积扇前缘、冲、洪积扇中、上部、低阶地、低山缓坡地；谷、梁、峁、坡、沟谷地、河谷阶地、河流阶地、河流宽谷阶地、洪积扇上部、湖泊沼泽洼地、黄土性阶地、山间盆谷高台地、扇形地前缘、中低山顶部；中低山上、中部坡腰等。衡水市全部为滹沱河冲积平原。

（二）土壤性状调查

土壤质地：指表层质地，按第二次土壤普查规程填写，分为沙土、沙壤土、轻壤土、中壤土、重壤土、黏土 6 级。衡水市的土壤质地包括沙壤质、轻壤质、中壤质、重壤质 4 级。

耕层厚度：按实际测量确定，单位统一为厘米（cm）。

障碍层次及出现深度：主要指沙、黏、砾、卵石、料姜、石灰结核等所发生的层位，应描述出障碍层次的种类及其深度。

障碍层厚度：实测或访问当地群众，或查对土壤普查资料。

盐碱情况：盐碱类型分为苏打盐化、硫酸盐盐化、氯化物盐化、碱化等。盐化程度分为重度、中度、轻度等；碱化程度分为轻、中、重等。衡水市无盐碱化情况。

侵蚀情况：指土壤或土体发生冲刷、剥蚀、吹蚀等侵蚀现象的外力类型。分为重度、中度、轻度和无明显侵蚀等。

（三）农田设施调查

地面平整度：按大范围地形坡度确定，分为平整（＜3°）、基本平整（3°~5°）。不平整（＞5°）。

灌溉水源类型：分为河流、井水、水库等。

输水方式：分为防渗渠道、固定管道、移动管道、土渠等。衡水市另有渗渠输水方式。

灌溉次数：指当年累计的次数。

年灌水量：指当年累计的水量。

灌溉能力：按照实际灌溉能力的大小填写，分为饱灌、能灌、可灌、无灌和不需。

排涝能力：指排涝工程（干、支渠）和田间工程（斗、农渠）按多年一遇的暴雨不致成灾的要求能达到的标准。分为强、中、弱3级。分别抗10年一遇、抗5~10年一遇、抗5年一遇等。

（四）生产性能与管理调查

家庭人口：以调查户户籍登记为准。

耕地面积：指调查当年该户种植的所有耕地（包括承包地）。

种植（轮作）制度：一年一熟、二年三熟、一年两熟等。

作物（蔬菜）种类及产量：指调查地块近3年主要种植作物及其平均产量。

耕翻方式及深度：指翻耕、深松耕、旋耕、耙地、糖地、中耕等。

设施类型、棚龄或种菜年限：分为薄膜覆盖、阳畦、温床、塑料拱棚等类型。棚龄以正式投入使用算起。种菜年限指本地块种植蔬菜的年限。无任何设施的，只填写种菜年限。

施肥情况：肥料分为有机肥、氮肥、磷肥、钾肥、复合肥、微肥、叶面肥、微生物肥及其他肥料，写清产品外包装上所标的产品名称、主要成分及生产企业。

农药使用情况：上年度使用的农药品种、用量、次数、时间。

种子（蔬菜）品种及来源：已通过国家正式审定（认定）的，要填写正式名称。取得的途径分为自家留种、邻家留种、经营部门（单位或个人）。

（五）生产成本

化肥：当年所收获作物或蔬菜全生育期的化肥投资总和。

有机肥：当年所收获作物或蔬菜的有机肥投资总和。

农药：当年所收获作物或蔬菜的农药投资总和。

农膜：当年所收获作物或蔬菜的农膜投资总和。

种子（种苗）：当年所收获作物或蔬菜的种子（种苗）投资总和。

机械：当年所收获作物或蔬菜的机械投资总和。

人工：当年所收获作物或蔬菜的人工总数。

其他：当年所收获作物或蔬菜的其他投入。

产品销售及收入情况：大田采样点要调查上年度该农户所种植的各种农作物的总产量，每一种农作物的市场价格、销售量、销售收入等。

蔬菜效益：指各年度的纯收益。

三、采样数量

为了摸清衡水市耕地土壤肥力现状及其变化规律，保证耕地地力调查与质量评价的科学性，2007~2012年按照测土配方施肥项目要求在全市11个县市（区）采集土壤样品，每个县市区 2000～4000 个，对全市土壤有机质、pH 值、全氮、碱解氮、有效磷、缓效钾、速效钾，有效铁、锰、锌、铜、水溶性硼及有效硫等养分进行了测试分析，通过数据分析初步掌握了该市耕地土壤肥力现状。

四、采样质量控制

样品采集的代表性、均匀性、典型性直接关系到分析数据的准确性和可靠性。在调查和采样过程中，应注重 4 个环节：①调查表格规范填写，实事求是；②室内调查采样点确定后，野外根据实际情况随机采样，避开道路、复杂地形、人为干扰（如粪堆、坟堆）和基础设施干扰（井台、渠边等）等；③采样过程中注意采样深度、密度、每个采样点的样点数均匀等量、采样点之间及采样数量均匀等量；④所采集的样品要具有一定的典型性，能够代表所定区域的特性。

第四节　样品分析与质量控制

一、样品制备与管理

样品制备和样品采集一样，样品的真实性和代表性尤为重要，因为分析结果能否反映样品总体，关键在于检测时最终所用的少量称样的代表性，也就是取决于制备样品的均匀度和真实性。因此，样品的妥善制备，保存与管理，是检测分析中一项十分重要的处理环节。全市制订了如下技术规范：

（一）样品制备

野外采集回来的土壤、农产品样品经过登记编号后，一般都要经过风干、磨细、过筛、混合、分装，制成满足各种分析要求的待测样品。制样过程中，必须保持样品原有的化学组成，同时必须防止污染和记错号。在加工工具、加工场所、操作方法和管理制度上都要进行严格的控制，确保样品质量的真实性和可靠性。

1. 制样场地条件

样品制备分别在风干室、磨样室进行，不可集中一处，严防交叉污染。制样房间向阳、通风、整洁、无扬尘、无挥发性化学物质。

2. 制样工具与容器

（1）晾放样品用白色搪瓷盘、塑料盘或木盘。

（2）磨样工具用玛瑙球磨机、玛瑙研钵、白陶瓷研钵、木碾、木棒、木槌、有机玻璃棒、有机玻璃板、硬质塑料板或木板。

（3）过筛用全塑尼龙筛，规格为 20 目、60 目和 100 目。

（4）样品存放容器采用具塞磨口玻璃瓶、具塞无色聚乙烯塑料瓶、塑料自封袋。

3. 新鲜样品

某些土壤的成分如二价铁、硝态氮、铵态氮等在风干过程中容易发生显著变化，必须用新鲜样品进行分析。为了能真实地反映土壤在田间自然状态下的某些理化性状，新鲜样品及时送回室内进行处理分析，用粗玻璃棒或塑料棒将样品混匀后迅速称样测定。

新鲜样品一般不宜储存，如需要暂时储存，就将新鲜样品装入塑料袋，扎紧袋口，放在冰箱冷藏室或进行速冻保存。

4. 风干样品

从野外采回的土壤样品及时放在样品盘上，摊成薄薄的一层，置于干净整洁的室内通风处自然风干，严禁暴晒，并注意防止酸、碱等气体及灰尘的污染；风干时经常翻动土样，将大土块捏碎以加速干燥，同时剔除土壤以外的侵入体。

风干后的土样按不同的分析要求研磨过筛，充分混匀后，装入样品瓶内备用。瓶内、外各放标签一张，写明编号、采样地点、土壤名称、采样深度、样品粒径、采样日期、采样人及制样时间、制样人等项目；制备好的样品要妥善贮存，避免日晒、高温、潮湿和酸碱等气体的污染；试样一般保存三个月至一年，以备查询；"3414+1"试验样品、土壤监测点样品等有价值需要长期保存的样品，保存于广口瓶中，用蜡封好瓶口。

（1）一般化学分析试样：将风干后的样品平铺在制样板上，用木棍碾压，并将植物残体、石块等侵入体和新生体剔除干净，细小已断的植物须根，采用静电吸附法清除。压碎的土样全部通过2mm孔径筛；未过筛的土粒重新碾压过筛，直至全部样品通过2mm孔径筛为止；过2mm孔径的土样供pH值、盐分及有效养分等项目的测定。将一部分2mm土样细磨，过0.25mm筛，用于测定有机质、全量养分等项目。

（2）微量元素分析试样：用于微量元素分析的土样，处理方法同一般化学分析样品，但在采样、风干、研磨、过筛、运输、储存等诸环节都要特别注意，避免接触金属器具，以防污染。如采样、制样使用木、竹或塑料工具，过筛使用尼龙网筛；过2mm孔径尼龙筛的样品用于测定土壤有效态微量元素。

（3）颗粒分析试样：将风干土样碾碎，用2mm孔径过筛。留在筛上的碎石称量后保存，同时将过筛的土壤称重，计算石砾质量百分数。将通过2mm孔径筛的土样混匀后盛于广口瓶内，用于颗粒分析及其他物理性状测定。若风干土样中有铁锰结核、石灰结核或半风化体，不能用木棍碾碎，首先将其细心拣出称量保存，然后再进行碾碎。

土壤样品的具体制备过程见图2-2。

5. 植物样品的制备

粮食籽实样品应及时晒干脱粒，充分混匀后用四分法缩分至所需量。需要洗涤时，时间不宜过长并及时风干。为了防止样品变质、虫咬，需要定期进行风干处理。使用不污染样品的工具和筛子去壳制成糙米，把糙米、麦粒、玉米等籽粒粉碎，过0.5mm筛制成待测样品。

完整的植株样品先洗干净，根据不同粮食作物生物学特性差异，采用能反映特征的植株部位，用不污染待测元素的工具剪碎样品，充分混匀用四分法缩分至所需的量，制成鲜样或于60~70℃烘箱中烘干至恒重，粉碎后备用。新鲜植物样品若不能马上进行分析测定，应暂时放入冰箱保存。

（二）样品管理

样品管理包括2方面：一是样品入库的静态管理，二是土样在加工处理、分装、分发测定过程中的动态管理。

```
               ┌──────────┐
               │  土样采集  │
               └──────────┘
                    │
                    ▼
               ┌──────────┐
               │ 登记、风干 │
               └──────────┘
                    │
                    ▼
          ┌────────────────────┐
          │ 去除砂砾及植物残体、压碎 │
          └────────────────────┘
                    │
                    ▼
          ┌────────────────────┐
          │ 缩分1kg、全部过2mm筛  │
          └────────────────────┘
                    │
                    ▼
          ┌────────────────────┐
          │   四分法缩分为2份    │
          └────────────────────┘
           │                  │
           ▼                  ▼
     ┌──────────┐      ┌────────────────┐
     │ 登记、建档 │      │  四分法缩分为2份  │
     └──────────┘      └────────────────┘
           │            │              │
           ▼            ▼              ▼
     ┌──────────┐  ┌──────────┐  ┌──────────────┐
     │ 样品库储存 │  │登记装瓶用于测│  │细磨过0.25mm筛 │
     └──────────┘  │定pH值、有效 │  └──────────────┘
                   │养分等      │         │
                   └──────────┘         ▼
                        │        ┌──────────────┐
                        │        │登记装瓶用于测  │
                        │        │定有机质、全量  │
                        │        │养分等项目     │
                        │        └──────────────┘
                        │              │
                        ▼              ▼
                   ┌──────────────────────┐
                   │      实验室测定       │
                   └──────────────────────┘
```

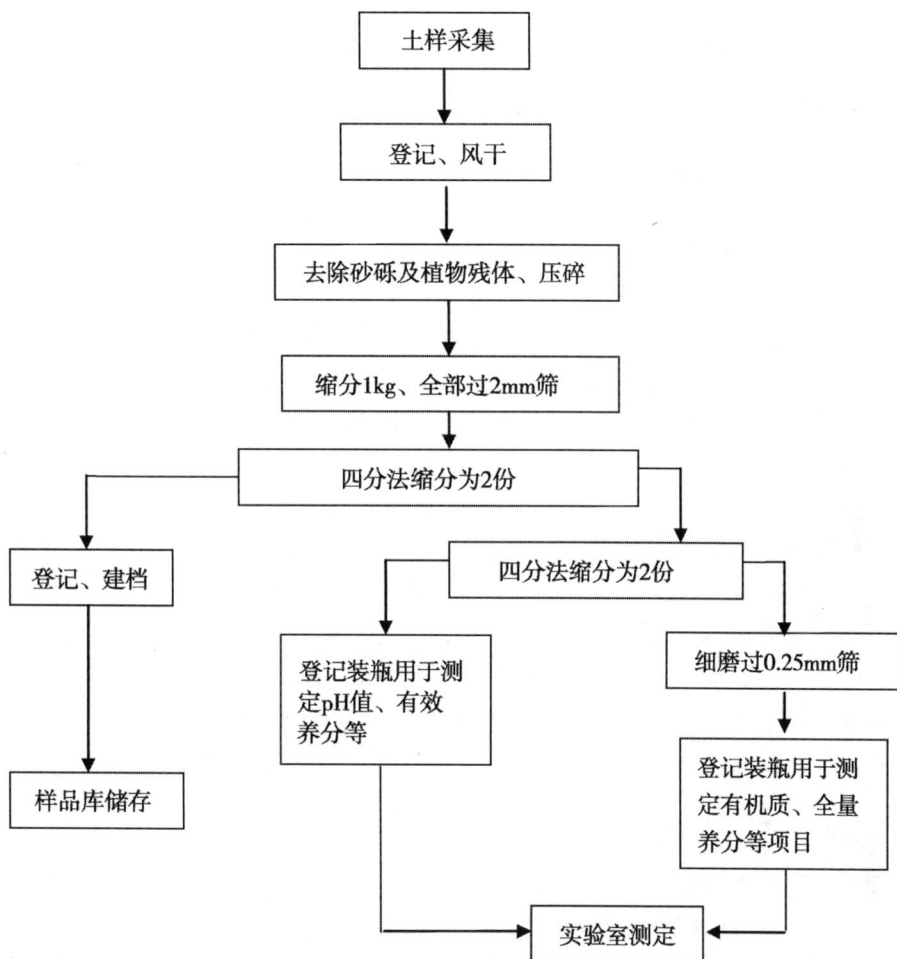

图 2-2　土壤样品的具体制备过程

1. 样品的入库管理

（1）需要长期存放的样品，进行入库储藏。样品库保持干燥、通风，无阳光直射、无污染；农产品样品放在干燥器或冷藏箱中保存，定期检查防止霉变、生虫、鼠害及样品标签脱落。

（2）风干样品按不同编号、不同粒径分类存放，通常保存半年至一年；标准样品或对照样品须长期妥善保存。

2. 样品动态管理

（1）建立严格的岗位责任制。样品摊开、风干、研磨、分装、分发、测定等各个环节都有严格的技术规程并制订相应的责任制，按规定的工作方法和程序进行，按规定格式认真做好记录。

（2）样品采集、制备和测定过程中处于相对流动状态，从一个程序到另一个程序，主要是防止样品的遗失和信息传递的失误，尽量减少周转环节。采样、制样、分析测试人员间的样品交接，要有严格的交接手续并做好记录。应将样品编号、采样时间、地点、研磨状况、样品数量、交接人员姓名、交接日期等填写准确完整，将记录保存入档，以便发现问题追根溯源，及时解决。

二、分析项目与方法

pH 值、有机质、全氮、碱解氮、有效磷、缓效钾、速效钾；有效铜、锌、铁、锰；水溶性硼和有效硫。pH 值的测定采用玻璃电极法；有机质的测定采用重铬酸钾—硫酸溶液—油浴法；全氮的测定采用硫酸—过氧化氢消煮—蒸馏滴定法；碱解氮的测定采用碱解扩散法；有效磷的测定采用碳酸氢钠提取—钼锑抗比色法；缓效钾的测定采用硝酸提取—火焰光度法；速效钾的测定采用乙酸铵提取—火焰光度法；土壤有效铜、锌、铁、锰的测定采用 DTPA 提取—原子吸收分光光度法；土壤水溶性硼的测定采用姜黄素比色法；土壤中有效硫的测定采用磷酸盐—乙酸提取，硫酸钡比浊法。

三、分析质量与控制

分析质量控制包括环境条件、人员、计量器具、设备设施、实验室内、实验室间，以及实验过程中设置基础实验等多种环节的控制。具体表现在：

（一）实验室基本要求

实验室资格：通过省级全国农业技术推广服务中心资格考核。

实验室布局：合理、整洁、明亮，配备抽风排气、废水及废物处理设施。

人员：按计量认证要求，实验室配备 7 名相应专业技术人员，多次参加省、市组织的化验分析培训班，满足检验工作需要，持证上岗。

仪器设备：各县市区均已经建成了 220m² 以上的土肥化验室，并对功能分区进行了合理摆布，配备了化验操作室、精密仪器室、消煮室、药品室、天平室、样品存放室和档案室等。购置的仪器有分析天平、土壤养分速测仪、土壤水分测试仪，引进了国内先进的原子吸收分光光度计、紫外分光光度计、凯式定氮仪和 K-9860 全自动定氮仪等各项大型常规化验设备。采购已获产品质量认证的专业厂家生产的质优、价格合理、售后服务好的产品。对检测准确性和有效性有影响的仪器设备，制订校核与检定的周期计划。属强制性检定的，定期送法定机构检定；属非强制性检定但有检定规程的，定期送检或自检；属非强制性检定又无检定规程的或不属计量器具，但对检测准确性和有效性有影响的，定期组织自校。玻璃器皿的购置，应有《制造计量器具许可证》；玻璃器皿按周期进行检定；与标准溶液配制、标定有关的，定期送法定机构检定；其余的由本单位具有检定员资格的人员，按有关规定自检。

环境条件：适应承检项目、仪器设备的检测要求。

实验室用水：采用化验专用纯水机制备，并符合 GB/T 6682—2008《分析实验室用水规格和试验方法》的规定。常规检验使用普通蒸馏水，配制标准溶液以及微量元素测定使用超纯水。

（二）分析质量控制实验

1. 全程序空白值控制

全程序空白值是指用某一方法测定某物质时，除样品中不含该物质外，整个分析过程中引起的信号值或相应浓度值。每次做 2 个平行样，连测 5 d 共得 10 个测定结果，计算批内标准偏差 S 按下式计算：

$$S = \left[\sum (x_i - \bar{x})^2 / m(n-1) \right]^{1/2}$$

式中：n 为每天测定平均样个数；m 为测定天数。

空白试验一般平行测定的相对差值不应大于 50%，同时，通过大量试验可以逐步总结出各种空白值的合理范围。

2. 检出限控制

检出限是指对某一特定的分析方法在给定的置信水平内可以从样品中检测待测物质的最小浓度或最小量。根据空白测定的批内标准偏差（S）按下列公式计算检出限（95% 的置信水平）。

若试样一次测定值与零浓度试样一次测定值有显著性差异时，检出限按下式计算：

$$L = 2 \times 2^{1/2} t_f S$$

式中：L 为方法检出限；t_f 为显著水平为 0.05，自由度为 f 的 t 值；S 为批内空白值标准偏差；f 为批内自由度，$f = m(n-1)$，m 为重复测定次数，n 为平行测定次数。

原子吸收分析方法中用下式计算检出限：

$$L = 3S$$

分光光度法以扣除空白值后的吸光值为 0.010 相对应的浓度值为检出限。

3. 标准物质控制

购买国家有关业务主管部门标准、并授权生产，附有标准物质证书且在有效期内的产品，作为实验室的参比样品，对待测样品进行校准。

4. 工作标准溶液的校准

工作标准溶液与仪器设备、玻璃量器一样，是实验室重要的计量基准。工作标准溶液分为元素标准溶液和标准滴定溶液两类。

（1）元素标准溶液：严格按照 GB/T 602—2002《化学试剂杂质测定用标准溶液的制备》、HG/T 2843—1997《化肥产品化学分析常用标准滴定溶液、标准溶液、试剂溶液和指示剂溶液》及有关检测方法的标准配制、使用和保存。按照所用试剂批号和配制时间等因素综合考虑，定期核准，每年至少一次。

（2）标准滴定溶液：标准滴定溶液使用一级标准物质（如 GBW06101 基准试剂碳酸钠、GBW06103 基准试剂氯化钠、GBW06105 重铬酸钾纯度标准物质、GBW06106 邻苯二甲酸氢钾纯度标准的物质、GBW06107 草酸钠纯度标准物质、GBW06108 氧化锌纯度标准物质等）或二级标准物〔如 GBW（E）060025 基准试剂乙二胺四乙酸二钠等〕，按照所用工作基准试剂的批号和配制时间等因素综合考虑，定期核准，每年至少一次。

（3）标准曲线的建立：标准曲线系列应设置 6 个以上浓度点。根据一元线性回归方程：$y = a + bx$，其中 y 为待测液浓度，x 为吸光值，a 为截距，b 为斜率，用相关系数 r 检验方程显著性。

标准曲线控制：每批样品均需做标准曲线；校准曲线要有良好的重现性；即使校准曲线有良好的重现性也不得长期使用；待测液浓度过高时不能任意外推；大批量分析时，每测定 20 个样品就需要用 1 次标准液校验，以检验仪器的灵敏度。

5. 精密度控制

精密度一般采用平行测定的允许误差来控制。通常情况下，土壤样品的 10% ~ 15% 作平行；5 个样品以下的，增加为 50% 的样品作平行。

平行测试结果符合规定的允许误差，最终结果以其平均值报出，如果平行测试结果超过规定的允许误差，再加测 1 次，取其符合规定允许误差的测定值报出。如果多组平行测试结果超过规定的允许误差，应考虑整批次重做。

6. 准确度控制

准确度一般采用标准样品作为控制手段。通常情况下，每批样品或每 50 个样品加测 1 个标准样品，其测试结果与标准样品标准值的差值，应控制在标准偏差范围内。

（1）采用参比样品控制与标准样品控制：采用参比样品控制与标准样品控制一样，首先要与标准样品校准或组织多个实验室进行定值。一般用标准样品控制微量分析，用参比样品控制常量分析。如果标准样品（或参比样品）测试结果超差，则应对整个测试过程进行检查，找出超差原因再重新工作。

（2）测定加标回收率：加标回收实验也经常用做准确度的控制。当选测的项目无标准物质或质控样品时，可用加标回收实验来检查测定准确度。合格要注。加标回收率应在允许的范围内。

① 加标率：在一批试样中，随机抽取 10% ~ 20% 试样进行加标回收测定。样品数不足 10 个时，适当提高加标样比率。每批同类型试样中，加标试样不应少于 1 个。

② 加标量：加标量视被测组分的含量而定，含量高的加入被测组分含量的 0.5 ~ 1.0 倍，含量低的加 2 ~ 3 倍，但加标后被测组分的总量不得超出方法的测定上限。加标浓度宜高，体积应小，不应超过原试样体积的 1%。

7. 实验室间的质量考核

（1）发放已知样品：在进行准备工作期间，为便于各实验室对仪器、基准物质及方法等进行校正，以达到消除系统误差的目的。

（2）发放考核样品：考核样应有统一编号、分析项目、稀释方法、注意事项等。含量由主管掌握，各实验室不知，考核各实验室分析质量，样品应按要求时间内完成。填写考核结果。

8. 异常结果的检查与剔除

可用数理统计法判断一组数据中是否产生异常值，通常用采用 Grubb's 法。

$$T_{计} = | X_k - X | /S$$

式中，X_k 为可疑值；X 为包括可疑值 X_k 在内的一组数据的平均值；S 为包括可疑值 X_k 在内一组数据的标准差。

根据一组测定结果，从由小到大顺序排列，按上述公式，X_k 可为最大值，也可为最小值。根据计算样本容量 n 查 Grubb's 检验临界值 T_a 表，若 $T_{计} \geq T_{0.01}$，则 X_k 为异常值，可以删除；若 $T_{计} < T_{0.01}$，则 X_k 不是异常值，保留待分析。

第五节　耕地地力评价原理与方法

保护耕地是我国基本国策之一，及时掌握耕地资源数量、质量及其变化对合理规划和利用耕地，切实保护耕地有重要意义。在全面野外调查和室内化验分析，获取大量耕地地力相关信息的基础上，进行耕地地力的综合评价，对全面了解衡水市耕地地力的现状及问题，为县域耕地地力综合评价提供技术模式，也为实现衡水市耕地资源的高效和可持续利用提供科学依据。

一、耕地地力评价原理

耕地地力是耕地自然要素相互作用所表现出来的潜在生产能力。耕地地力评价大体可分为以产量为依据的耕地当前生产能力评价和以自然要素为主的生产潜力评价。本次耕地地力评价是指耕地用于一定方式下，在各种自然要素相互作用下所表现出来的潜在生产能力。

生产潜力评价又可分为以气候因素为主的潜力评价和以土壤因素为主的潜力评价。在一个较小的区域范围内，气候要素相对一致，耕地地力评价可以根据所在地的地形地貌、成土母质、土壤理化性状、农田基础设施等要素相互作用表现出来的综合特征，揭示耕地潜在生物生产力的高低。耕地地力评价可用以下 2 种方法表达。

一种是回归模型法，用单位面积产量表示，其关系式为：

$$Y = b_0 + b_1 x_1 + b_2 x_2 + \cdots + b_n x_n$$

式中：Y 是单位面积产量；x_n 是耕地自然属性（参评因素）；b_n 是该属性对耕地地力的贡献率（解多元回归方程求得）。

单位面积产量表示法的优点是一旦上述函数关系建立，就可以根据调查点自然属性的数值直接估算出耕地的单位面积产量。但在实际农业生产中，作物单位面积产量除了受耕地的自然要素影响外，还与农民的技术水平、经济能力的差异有直接关系。如果耕种者技术水平比较低或者主要精力没放在种田上，那么再肥沃的耕地，作物的实际产量也不会高；如果耕种者具有较高的科技水平，并能够采用精耕细作的农艺管理措施，即使在自然条件较差的耕地上，也会获得较高的作物产量。因此，上述函数关系理论上虽然成立，但是实践上却难以做到。

耕地地力评价的另一种表达方法是参数法，即用耕地自然要素评价的指数来表示，其关系式为：

$$IFI = b_1 x_1 + b_2 x_2 + \cdots + b_n x_n$$

式中：IFI 是耕地地力指数；x_n 是耕地自然属性（参评因素）；b_n 是该属性对耕地地力的贡献率（层次分析方法或专家直接评估求得）。

根据 IFI 的大小及其组成，不仅可以了解耕地地力的高低，而且可以直观地揭示影响耕地地力的障碍因素及其影响程度。采取合适的方法，也可以将 IFI 值转换为单位面积作物产量，更直观地反映耕地地力的高低。

二、耕地地力评价的原则

根据耕地地力评价的目的和要求，在衡水市耕地地力评价中，应遵循以下基本原则。

1. 综合因素研究与主导因素分析相结合原则

土地是一个自然经济综合体，是人们利用的对象，对土地质量的鉴定，涉及自然和社会经济等多个方面，耕地地力也是各类要素的综合体现。所谓综合因素研究是指对地形地貌、土壤理化性状、相关社会经济因素等进行全面的分析、研究与评价，以全面了解耕地地力状况。主导因素是指对耕地地力起决定作用的、相对稳定的因子，在评价中要着重对其进行分析。因此，把综合因素与主导因素结合起来考虑，可以对耕地地力做出科学而准确的评价。

2. 专题研究与共性评价相结合原则

衡水市耕地利用存在农田、菜地、果园等多种类型，土壤理化性状、环境条件、管理水平等不均一，因此耕地地力水平存在差异。一方面，考虑到区域内耕地地力的系统性和可比性，针对不同耕地利用状况，选用统一的共同评价指标和标准。另一方面，为了了解不同利用类型的耕地地力状况及其内部的差异，对有代表性的主要类型如蔬菜地等进行深入的专题研究。因此，共性评价与专题研究相结合，使整个评价和研究更具有应用价值。

3. 定性和定量相结合原则

土地系统是一个复杂的灰色系统，定量和定性要素共存，相互作用，相互影响。因此，为了保证评价结果的客观合理，宜采用定量和定性评价相结合的方法。在总体上，为了保证评价结果的客观合理，尽量采用定量评价方法，对可定量化的评价因子，如有机质等养分含量、土层厚度等按其数值参与计算；对非数量化的定性因子，如土壤表层质地、土体构型等进行量化处理，确定其相应的指数，并建立评价数据库，用计算机进行运算和处理，尽力避免人为随意性因素的影响。在评价因素筛选、权重确定、评价标准、等级确定等评价过程中，尽量采用定量化的数学模型，在此基础上，充分运用人工智能和专家知识，对评价的中间过程和评价结果进行必要的定性调整。定量与定性相结合，选取的评价因素在时间序列上具有相对稳定性，如土壤立地条件、有机质含量等，保证了评价结果的准确性和合理性，可以使评价结果有效期延长。

4. 采用 GIS 支持的自动化评价方法原则

近年来，随着计算机技术，特别是 GIS 技术在土地评价中的不断应用和发展，基于GIS 的自动化评价方法已不断成熟，土地评价的精度和效率也大大提高。衡水市的耕地地力评价工作是通过数据库建立、评价模型及其与 GIS 空间叠加等分析模型的结合，实现全数字化、自动化的评价流程，在一定程度上代表了当前土地评价的最新技术方法。

三、耕地地力评价的依据

耕地地力是耕地本身的生产能力，因此地力评价依据与此相关的各类自然和社会经济要素，具体包括三个方面。

1. 耕地地力的自然环境要素
该要素包括耕地所处的地形地貌条件、水文地质条件、成土母质条件等。

2. 耕地地力的土壤理化要素
该要素包括土壤剖面与土体构型、质地、障碍因素等物理性状，有机质、N、P、K

等主要养分，微量元素、pH 值等化学性状等。

3. 耕地地力的农田基础设施条件

该要素包括耕地的灌排条件、水土保持工程建设、培肥管理条件等。

四、耕地地力评价的方法

（一）耕地地力评价指标

1. 选择指标的原则

耕地地力评价实质是评价地形地貌、土壤理化性状等自然要素对农作物生长限制程度的强弱。选取评价指标时应遵循以下几个原则：

（1）选取的因子对耕地地力有较大影响，如地形因素、灌排条件、土壤因素等。

（2）选取的因子在评价区域内变异较大，便于划分耕地地力等级。如在地形起伏较大的区域，地面坡度对耕地地力有很大影响，必须列入评价项目之中。

（3）选取的评价因素在时间序列上具有相对的稳定性，如土壤质地、有机质含量等，评价的结果能够有较长的有效期。

（4）选取评价因素与评价区域的大小有密切相关性。当评价区域很大（国家或省级的耕地地力评价），气候因素（降雨、无霜期等）就必须作为评价因素。本次调查以衡水市为基本调查单位，在本市的范围内，气候因素变化较小，在进行该市耕地地力评价时，气候因素不作为参评因子。

2. 全国耕地地力调查与质量评价指标体系总集

受气候、地形地貌、成土母质等多种因素的影响，不同地区、不同地貌类型、不同母质发育的土壤，耕地地力差异较大，各项指标对地力贡献的份额在不同地区也有较大差别，即使在同一个气候区内也难以制订一个统一的地力评价指标体系。我国根据气候以及地貌的特点，用穷举法建立一个全国共用的地力评价指标体系，对每一个指标的名称、释义、量纲、上下限给出准确、统一的定义并制订统一的规范。全国的指标体系中包含了气候、立地条件、剖面性状、耕层土壤理化性状、耕层土壤养分状况、障碍因素、土壤管理 7 大类共 64 项指标。

依据全国指标体系选定了土体构型、质地、有机质、速效钾、有效磷、灌溉能力、农田基础设施、障碍因素 8 个指标作为衡水市所辖县、市、区的评价指标。

（二）确定评价单元

耕地地力评价单元是具有专门特征的耕地单元，在评价系统中适用于制图的区域；在生产上用于实际的农事管理，是耕地地力评价的基础。在确定评价单元时，衡水市利用土壤图、行政区划图和土地利用现状图三者叠加产生的图斑作为耕地地力评价的基本单元。这样形成的管理单元空间界线及行政隶属关系明确，有准确的面积，地貌类型与土壤类型一致，利用方式和耕作方法基本相同，得出的评价结果不仅可应用于农业布局规划等农业决策，还可以用于指导实际的农事操作，为实施精准农业奠定良好的基础。据此衡水市确定了 3841 个评价单元。

（三）评价单元获取数据

耕地管理单元图的每个图斑都必须有参与评价指标的属性数据。根据不同类型数据的特点，可采用以下几种途径为评价单元获取数据：

1. 点位数据

点分布图先插值生成栅格图，再与评价单元图叠加，采用加权统计方法给评价单元赋值或者采用以点代面的方法。

2. 矢量图

矢量图直接与评价单元图叠加，给评价单元赋值。如土壤质地等较稳定的土壤理化性状，每一个评价单元范围内的同一个土种的平均值直接为评价单元赋值。

（四）计算单因素评价评语——模糊评价法

1. 基本原理

模糊数学的概念与方法在农业系统数量化研究中得到广泛应用。模糊子集、隶属函数与隶属度是模糊数学的三个重要概念。一个模糊性概念就是一个模糊子集，模糊子集 A 的取值自 $0 \rightarrow 1$ 中间的任一数值（包括两端的 0 与 1）。隶属度是元素 x 符合这个模糊性概念的程度。完全符合时隶属度为 1，完全不符合时隶属度为 0，部分符合即取 0 与 1 之间的一个中间值。隶属函数 $\mu A（x）$ 是表示元素 x_i 与隶属度 μ_i 之间的解析函数。根据隶属函数，对于每个 x_i 都可以算出其对应的隶属度 μ_i。

2. 建立隶属函数的方法——最小二乘法

应用模糊子集、隶属函数与隶属度的概念，将农业系统中大量模糊性的定性概念进行定量的表示。对不同类型的模糊子集，建立不同类型的隶属函数关系。此次耕地地力评价中，根据模糊数学的理论，将选定的评价指标与耕地生产能力的关系分为戒上型函数、戒下型函数、峰型函数、直线型函数以及概念型函数 5 种类型的隶属函数。对于前 4 种类型，用特尔菲法对一组实测值评估出相应的一组隶属度，并根据这两组数据拟合隶属函数，也可以根据唯一差异性原则，用田间试验的方法获得测试值与耕地生产能力的一组数据，用这组数据直接拟合隶属函数。

（1）戒上型函数模型（有效土层厚度，有机质、有效磷、速效钾含量等）：

$$y_i = \begin{cases} 0 & u_i \leqslant u_t \\ 1/[1 + a_i(u_i - c_i)^2] & u_t < u_i < c_i (i = 1, 2, \cdots, m) \\ 1 & c_i \leqslant u_i \end{cases}$$

式中，y_i 为第 i 个因素评语；u_i 为样品观测；c_i 为标准指标；a_i 为系数；u_t 为指标下限值。

（2）戒下型函数模型（坡度、土壤容重等）：

$$y_i = \begin{cases} 0 & u_i \geqslant u_t \\ 1/[1 + a_i(u_i - c_i)^2] & c_i < u_i < u_t (i = 1, 2, \cdots, m) \\ 1 & u_i \leqslant c_i \end{cases}$$

式中，u_t 为指标上限值。

（3）峰型函数模型（pH 值）：

$$y_i = \begin{cases} 0 & u_i > u_{t1} \text{ 或 } u_i < u_{t2} \\ 1/[1 + a_i(u_i - c_i)^2] & u_{t1} < u_i < u_{t2} \\ 1 & u_i = c_i (i = 1, 2, \cdots, m) \end{cases}$$

式中，u_{t1}、u_{t2}分别为指标上、下限值。

（4）概念型指标（土壤质地、剖面构型、地貌类型、灌溉能力、农田基础设施等）
这类指标性状是定性的、综合性的，与耕地生产能力之间是一种非线性的关系，如土壤
质地、剖面构型、地貌类型、灌溉能力、农田基础设施等。这类要素的评价可采用特尔
菲法直接给出隶属度。

（5）函数关系（坡度、土壤含水量等）见图 2 - 3，拟合的回归方程为 $y = at + b$，
其中 a 和 b 为待求常数；t 为时间；y 为土壤含水量% 。

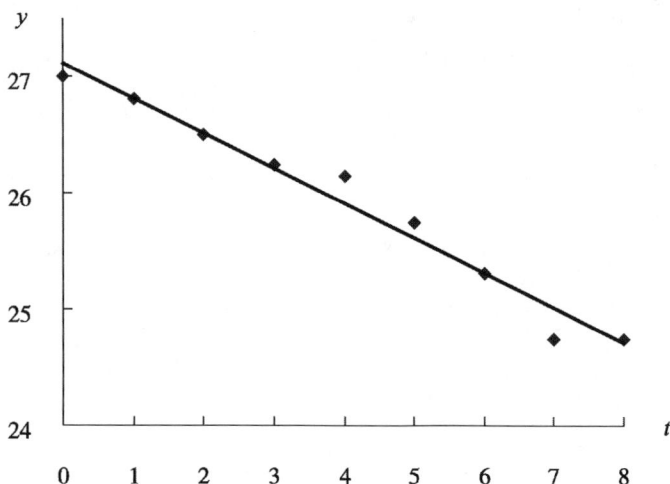

图 2 - 3　函数关系示意图

3. 衡水市地力评价指标的隶属函数模型

衡水市地力评价指标的函数模型见表 2 - 1。通过专家经验法评估、隶属函数拟合
以及充分考虑土壤特征与植物生长发育的关系，赋予不同肥力因素以相应的分值，对评
价指标进行数据标准化，对定性指标进行数值化描述，得到衡水市耕地生产能力评价指
标的隶属度。衡水市土壤有机质、速效钾和有效磷为戒上型函数类型，土体构型、质
地、灌溉能力、农田基础设施、障碍因素均为概念型。

表 2 - 1　衡水市隶属度函数模型

指标	函数类型	函数公式	C_i	U_t
有机质	戒上型	$Y = 1 / [1 + 0.002778 (u - c)^2]$	31	< 7
速效钾	戒上型	$Y = 1 / [1 + 0.000112 (u - c)^2]$	203	< 50
有效磷	戒上型	$Y = 1 / [1 + 0.004256 (u - c)^2]$	31	< 6

衡水市耕地地力评价指标等级及评估值见表 2 - 2。

表 2 - 2　衡水市耕地地力评价指标等级及评估值

指标			等级及评估值							
剖面性状	土体构型	等级	通体壤	壤/黏/黏	壤/砂/壤	通体黏	砂/黏/砂	壤/砂/砂	黏/砂/砂	通体砂
		评估值	1	0.9	0.85	0.7	0.6	0.5	0.4	0.3
耕层理化性状	质地	等级	轻壤质	中壤质	沙壤质	重壤质				
		评估值	1	0.9	0.8	0.7				
	有机质	等级	>30	25~30	20~25	15~20	10~15	5~10	<5	
		评估值	1	0.9	0.8	0.7	0.6	0.4	0.2	
养分状况	速效钾	等级	>210	180~210	150~180	120~150	90~120	60~90	<60	
		评估值	1	0.95	0.8	0.7	0.6	0.4	0.1	
	有效磷	等级 >35	30~35	20~30	15~20	10~15	5~10	<5		
		评估值	1	0.95	0.8	0.6	0.4	0.3	0.1	
土壤管理	灌溉能力	等级	保灌	能灌	可灌	无				
		评估值	1	0.8	0.6	0.2				
	农田基础设施	等级	完全配套	配套	基本配套	不配套	无设施			
		评估值	1	0.9	0.7	0.5	0.1			
障碍因素	障碍因素	等级	无明显障碍	灌溉改良型	瘠薄培肥型	障碍层次型				
		评估值	1	0.8	0.7	0.5				

（五）计算单因素的权重——层次分析法

层次分析方法的基本原理是把复杂问题中的各个因素，按照相互之间的隶属关系排成从高到低的若干层次，根据对一定客观现实的判断，就同一层次相对重要性相互比较的结果，决定层次各元素重要性先后次序。这一方法在耕地地力评价中主要用来确定参评因素的权重。

1. 确定指标体系及构造层次结构

笔者从河北省指标体系框架中选择了 8 个要素作为衡水市耕地地力评价的指标，并根据各个要素间的关系构造了层次结构（图 2 - 4）。

```
目标层 ——→                    衡水地力评价


准则层 ——→      土壤管理      剖面性状      耕层理化      养分状况
                             障碍因素       性状


指标层 ——→      灌溉能力      剖面构型       质地         速效钾
               农田基础设施    障碍因素      有机质        有效磷
```

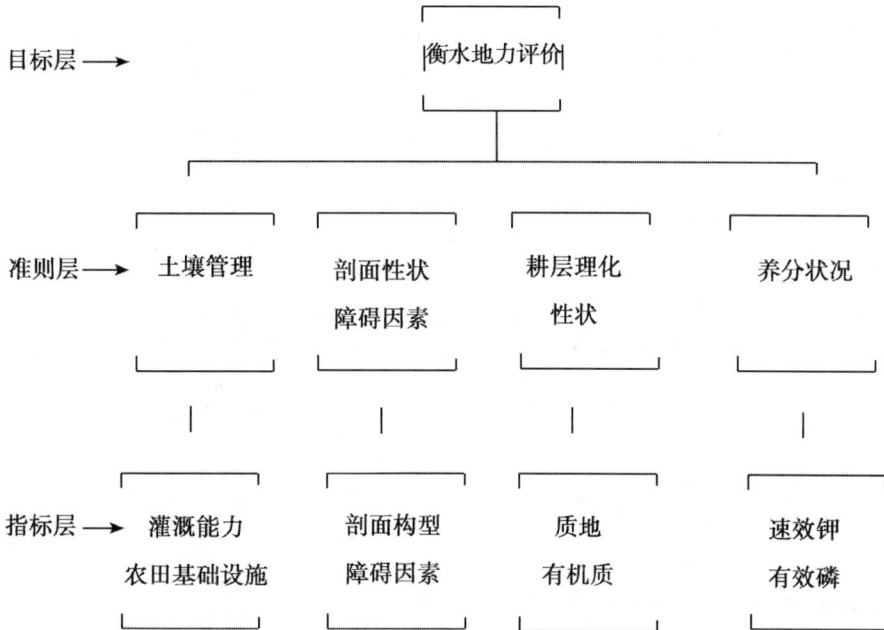

图 2 - 4　衡水市耕地地力评价指标

2. 农业科学家的量化评估

请专家进行同一层次各因素对上一层次的相对重要性比较，给出数量化的评估。专家们评估的初步结果经过合适的数学处理后（包括实际计算的最终结果—组合权重）再反馈给各位专家，请专家重新修改或确认。经多轮反复形成最终的判断矩阵。

3. 判别矩阵计算

（1）层次分析计算目标层判别矩阵原始资料（表 2 - 3）：

＝＝＝＝＝＝＝＝＝＝＝＝＝层次分析报告＝＝＝＝＝＝＝＝＝＝＝＝＝

模型名称：衡水市耕地地力评价 计算时间：2013 - 4 - 19 10：53：03

目标层判别矩阵原始资料：

1.0000	1.1765	1.4286	1.8182
0.8500	1.0000	1.6667	6.6667
0.7000	0.6000	1.0000	1.0417
0.5500	0.1500	0.9600	1.0000

特征向量：[0.2950，0.3947，0.1819，0.1284]

最大特征根为：4.2689

CI = 8.96423348207129E-02

RI = .9

CR = CI/RI = 0.09960259 ＜ 0.1

一致性检验通过！

准则层（1）判别矩阵原始资料：

1.0000　　　1.1765

0.8500　　　1.0000

特征向量：[0.5405，0.4595]

最大特征根为：2.0000

$CI = 1.24999218757971E - 05$

$RI = 0$

$CR = CI/RI = 0.00000000 < 0.1$

一致性检验通过！

准则层（2）判别矩阵原始资料：

1.0000　　　1.2500

0.8000　　　1.0000

特征向量：[0.5556，0.4444]

最大特征根为：2.0000

$CI = 0$

$RI = 0$

$CR = CI/RI = 0.00000000 < 0.1$

一致性检验通过！

准则层（3）判别矩阵原始资料：

1.0000　　　1.1765

0.8500　　　1.0000

特征向量：[0.5405，0.4595]

最大特征根为：2.0000

$CI = 1.24999218757971E - 05$

$RI = 0$

$CR = CI/RI = 0.00000000 < 0.1$

一致性检验通过！

准则层（4）判别矩阵原始资料：

1.0000　　　1.1765

0.8500　　　1.0000

特征向量：[0.5405，0.4595]

最大特征根为：2.0000

$CI = 1.24999218757971E-05$

RI = 0

CR = CI/RI = 0.00000000 ＜ 0.1

一致性检验通过！

层次总排序一致性检验：

CI = 7.56585381934631E-06

RI = 0

CR = CI/RI = 0.00000000 ＜ 0.1

总排序一致性检验通过！

表 2 - 3　层次分析结果表

层次 A	层次 C				
	土壤管理	剖面构型和障碍因素	耕层理化性状	养分状况	组合权重
	0.2950	0.3947	0.1819	0.1284	$\sum C_i A_i$
灌溉能力	0.5405				0.1594
农田基础设施	0.4595				0.1355
剖面构型		0.5556			0.2193
障碍因素		0.4444			0.1754
质地			0.5405		0.0983
有机质			0.4595		0.0836
速效钾				0.5405	0.0694
有效磷				0.4595	0.0590

（六）计算耕地生产性能综合指数（*IFI*）

1. 加法模型

$$IFI = \sum F_i \times C_i \ (i = 1, 2, 3, \cdots, n)$$

式中：*IFI* 代表耕地地力指数；F_i 为第 i 个因素评语；C_i 为第 i 个因素的组合权重。

2. 乘法模型

$$IFI = M_1 \times M_2 \times M_3 \times \cdots \times M_n$$

式中：$M_1 = F_1 \times C_1$；$M_2 = F_2 \times C_2$；$\cdots M_n = F_n \times C_n$。

3. 乘法与加法结合的模型

$$IFI = M_j \times \sum F_i \times C_i \ (i = 1, 2, 3, \cdots, n - j)$$

衡水市采用各因子的生产性能指数累加得到每个评价单元的综合地力指数。

（七）确定耕地地力综合指数分级方案

根据综合地力指数分布的累计频率曲线法或等距法，确定分级方案，并划分地力等级。

1. 等距法

利用等距法进行耕地地力等级划分情况见表 2 - 4。

表 2 - 4　耕地地力等级划分

级别	IFI	级别	IFI
1 级	> 0.90	6 级	0.41 ~ 0.50
2 级	0.81 ~ 0.90	7 级	0.31 ~ 0.40
3 级	0.71 ~ 0.80	8 级	0.21 ~ 0.30
4 级	0.61 ~ 0.70	9 级	0.11 ~ 0.20
5 级	0.51 ~ 0.60	10 级	< 0.10

2. 累积频率曲线法

用样点数与耕地地力综合指数制作累积频率曲线法，根据样点分布的频率，分别用耕地地力综合指数 $IFI < 0.7645$、$0.7645 \sim 0.8105$、$0.8105 \sim 0.8385$、$0.8385 \sim 0.8755$、$0.8755 \sim 0.9125$、> 0.9125 将衡水市耕地地力分等定级，共分为 6 个等级。

（八）评价结果检验

耕地地力评价设计相互关联的许多自然要素和部分人为因素，这些要素有些是定量的，有些是概念性的，在评价时，将概念性的因素通过专家技术人员的经验转化为定量的描述，除委托河北农业大学进行地力评价中数据分析部分外，多次组织省市地力评价技术专家组、技术服务组成员和各县市多年从事农业技术推广工作的技术员召开论证会，直到大多数专家对评价结果满意为止。

（九）评价结果归入全国地力等级体系

依据《全国耕地类型区、耕地地图等级划分》（NY/T 309—1996），归纳整理各级耕地地力要素主要指标，结合专家经验，将各地耕地地力归入全国耕地地力等级系统。

衡水市耕地地力评价的技术路线见图 2 - 5。

第六节　耕地资源管理信息系统的建立与应用

一、耕地资源管理信息系统总体设计

（一）耕地资源管理信息系统的任务

耕地资源管理信息系统是应用计算机及 GIS 技术、遥感技术，存储、分析和管理耕地地力信息，定量化、自动化地完成耕地地力评价流程，提高耕地资源管理的水平，为耕地资源的高效可持续利用提供服务。

（二）耕地资源管理信息系统功能及其模块结构

1. 耕地资源管理系统功能

结合当前耕地地力分析管理需求，耕地资源管理系统应具备如下功能：

```
┌─────────────────────────┐        ┌──────────────────────────┐
│ 建立县域耕地资源基础数据库 │────────│ 第二次土壤普查等历史数据，  │
└─────────────────────────┘        │ 测土配方施肥调查、测试、试  │
            │                       │ 验数据，其他相关数据        │
            ▼                       └──────────────────────────┘
┌─────────────────────────┐        ┌──────────────────────────┐
│ 建立县域耕地资源管理信息系统 │────────│ 空间数据库                 │
└─────────────────────────┘        │ 属性数据库                 │
            │                       │ 专家知识库                 │
            │                       │ 模型库                     │
            ▼                       └──────────────────────────┘
┌─────────────────┐                ┌──────────────────┐
│ 确定评价单元      │────────────────│ 土壤图            │
└─────────────────┘                │ 土地利用现状图    │
            │                       └──────────────────┘
            ▼
┌─────────────────┐                ┌──────────────────┐
│ 选择评价要素      │────────────────│ 省级专家经验法    │
└─────────────────┘                └──────────────────┘
            │
            ▼
┌─────────────────┐                ┌──────────────────┐
│ 评价单元获取数据  │────────────────│ 属性提取          │
└─────────────────┘                └──────────────────┘
            │
            ▼
┌─────────────────┐                ┌──────────────────┐
│ 计算单因素评价评语 │────────────────│ 指数法            │
└─────────────────┘                │ 模型综合评判法    │
            │                       └──────────────────┘
            ▼
┌─────────────────┐                ┌──────────────────┐
│ 计算单因素的权重  │────────────────│ 层次分析法        │
└─────────────────┘                └──────────────────┘
            │
            ▼
┌─────────────────┐                ┌──────────────────┐
│ 计算耕地地力综合指数 │──────────────│ 累加法            │
└─────────────────┘                │ 累乘法            │
            │                       │ 加法与乘法相结合  │
            ▼                       └──────────────────┘
┌─────────────────────┐            ┌──────────────────┐
│ 确定地力综合指数分级方案 │──────────│ 等距法            │
└─────────────────────┘            │ 累计频率曲线法    │
            │                       └──────────────────┘
            ▼
┌─────────────────┐                ┌──────────────────┐
│ 评价成果          │────────────────│ 电子图件          │
└─────────────────┘                │ 电子表格          │
            │                       │ 电子报告          │
            ▼                       └──────────────────┘
┌─────────────────┐
│ 归入国家地力等级体系 │
└─────────────────┘
```

耕地地力评价技术流程

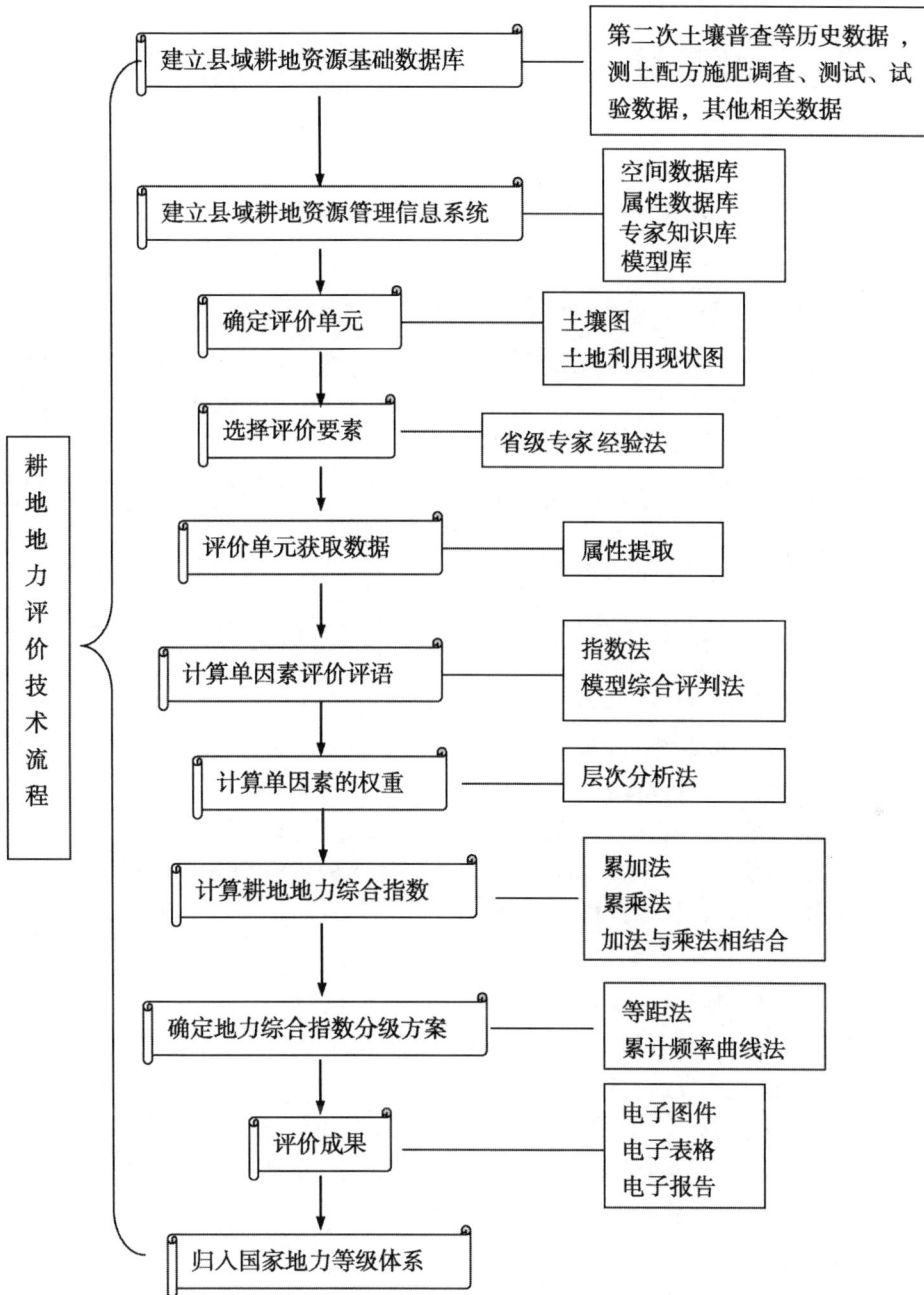

图 2 - 5   衡水市耕地地力评价的技术路线

（1）多种形式的耕地地力要素信息的输入输出功能；

（2）耕地地力信息的存储及管理功能；

（3）多途径的耕地地力分析功能；

（4）定量化、自动化的耕地地力评价。

2. 耕地资源管理信息系统结构

采用模块化结构设计，将整个系统按功能逐步由上而下、从抽象到具体，逐层分解为具有相对独立的功能、又具有一定联系的模块，每一模块可用简便的程序实现具体的、特定的功能。各模块可独立运行使用，实现相应的功能，也可根据需要进行连接和删除，形成多层次的模块结构，系统模块结构见图 2 - 6。

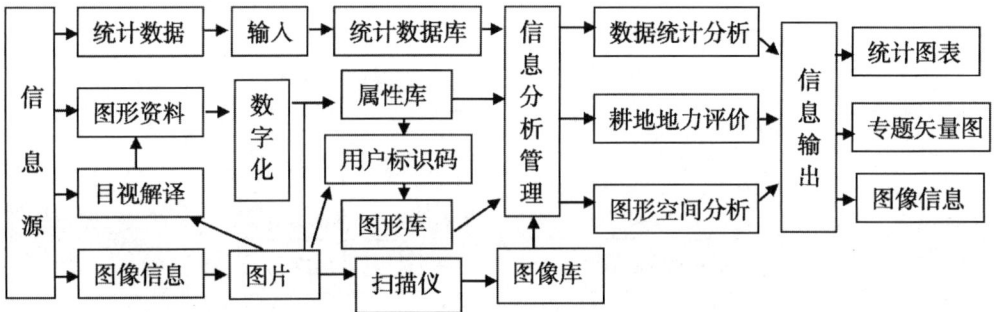

图 2 - 6   衡水市耕地资源管理信息系统模块结构

（1）输入输出模块：完成各类信息的输入及输出。

（2）耕地地力评价模块：完成评价单元划分、参评因素提取及权重确定、评价分等定级等过程，支持进行耕地地力评价。

（3）统计分析模块：完成耕地地力调查统计数据的各种分析。

（4）空间分析模块：对耕地地力及其相关矢量专题图进行分析管理，完成坐标转换、空间信息查询检索、叠加分析等工作。

（5）遥感分析模块：进行遥感图像的几何校正、增强处理、图像分类、差值图像等处理，完成土地利用及其动态、耕地地力信息的遥感分析。

（三）耕地资源管理信息系统应用模型

耕地资源管理信息系统包括评价单元划分、参评因素选取、权重确定及耕地地力等级确定的各类应用模型，支持完成定量化、自动化的整个耕地地力评价过程（图 2 - 7）。评价单元是土地评价的基本单元，以土壤类型、土地利用类型等多种方法进行划分，应用较多的是以地貌类型—土壤类型—植被类型的组合划分方法，耕地资源管理信息系统中耕地地力评价单元的划分采用叠加分析模型，通过土壤、土地利用等图的叠加自动生成评价单元图。采用叠加分析模型，通过评价单元图与各评价因素图的叠加分析，从各专题图上提取评价数据。

二、资料收集与整理

耕地地力评价是以耕地的各性状要素为基础，广泛地收集与评价有关的各类自然和社会经济因素资料，为评价工作做数据准备。本次耕地地力评价收集的资料主要包括以下几个方面：

```
┌──────────┐    ┌──────────┐    ┌──────────┐    ┌──────────┐
│ 确定评价指标 │──▶│  数据准备  │──▶│  数据处理  │──▶│ 工作空间建立 │
└──────────┘    └──────────┘    └──────────┘    └──────────┘
                                                         │
                                                         ▼
┌──────────┐    ┌──────────┐    ┌──────────┐    ┌──────────┐    ┌──────────┐
│  地力评价  │◀──│  构建模型  │◀──│  关联属性  │◀──│  构建图集  │◀──│  数据导入  │
└──────────┘    └──────────┘    └──────────┘    └──────────┘    └──────────┘
```

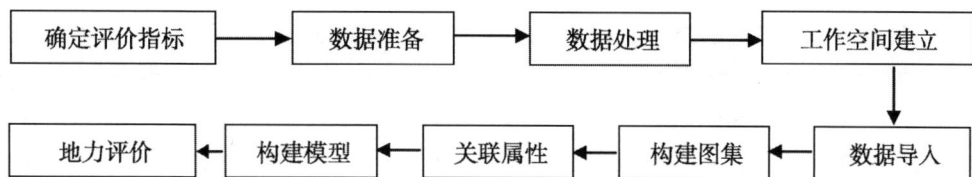

图 2 – 7　耕地地力评价构建流程

1. 野外调查资料

按野外调查点获取，主要包括地形地貌、土壤母质、水文、土层厚度、表层质地、耕地利用现状、灌排条件、作物长势产量、管理措施水平等。

2. 室内化验分析资料

包括土壤有机质、碱解氮、有效磷、缓效钾、速效钾等大量元素含量，有效锌、有效铁、有效锰、有效铜及水溶性硼、有效硫等微量元素含量，以及 pH 值等。

3. 社会经济统计资料

主要资料：根据衡水市统计局 2011 年编写的衡水市统计年鉴中的数据资料，以行政区划为基本单位的人口、土地面积、作物及蔬菜瓜果面积，以及各类投入产出等社会经济指标数据。

4. 基础图件及专题图件

包括 1：50000 比例尺地形图、行政区划图、土地利用现状图、地貌类型分区图、土壤图等。

5. 遥感资料

为了更加客观准确地获取衡水市耕地利用及地力状况，通过数字遥感图像分析，更新土地利用现状图，准确确定耕地空间分布，并根据作物长势分析耕地地力状况。

三、属性数据库的建立

属性数据库的内容包括收集、调查和分析化验的数据资料。按照数据字典的要求，对数据资料进行规范整理后，输入数据录入系统。

主要应用全国耕地地力调查表数据录入工具，全国测土配方施肥数据汇总软件，县域耕地资源管理信息系统，Excel、Access 等软件平台。

属性数据的获取是把属性数据通过空间内插、以点带面、属性提取、数据关联等手段插入管理单元图：

1. 数据来源及获取方式

通过空间内插、以点带面的方法，从采样点数据中导入 pH 值、质地、有机质、有效锌、速效钾、有效磷、耕层厚度等数据库，通过数据关联从土种属性数据中获得障碍层深度数据；通过属性提取从分区图中获得成土母质、剖面构型、灌溉能力、农田基础设施等数据。

2. 数据的质量控制

（1）数值型资料：注意量纲、上下限、小数点位数、数据长度等。

（2）地名：注意汉字多音字、繁简体、简全称等问题。

（3）土壤类型、地形地貌、成土母质等：注意相关名称的规范性，避免同一土壤类型、地形地貌或成土母质表述不同。

（4）土壤和植株测试数据：

① 严格按照规范要求，设置足够的空白、平行和增加质量控制样，严格按照规程规定的测试方法。

② 严格执行数据质量审核制度。测试结果通过仪器数据接口直接读入数据库，如果是手抄录入测试结果，先对所有填写好的数据表格审核定稿后再录入，数据录入应有专人负责，数据录入后还应仔细检查，避免数据录入过程中出现错误。保证数据录入无误后，再根据文件名编码规范命名后保存在数据库中。同时，将县级数据上报到省级数据库中。

③ 对可疑数据的筛选和剔除。根据当地耕地养分状况、种植类型和施肥情况等，确定检测数据与录入的调查信息是否吻合。采取对 5%～10% 的数据重点审查，确定审查检测数据大值和小值的界限，对于超出界限的数据进行重点审核。经审核可信的数据保留，对检测数据明显偏高或偏低，不符合实际情况的数据一是剔除，二是返回检验室重新测定，若检验分析后，检测结果仍不符合实际，可能是该点在采样等其他环节出现了问题，予以剔除。

④ 耕地面积数据以当地政府公布的数据（土地详查面积）为准。

四、空间数据库的建立

采用图件扫描后屏幕数字化的方法建立空间数据库。图件扫描的分辨率为 300 dpi，彩色图用 24 位真彩，单色图用黑白格式。数字化图件包括：土地利用现状图、土壤图、地貌类型图、施肥分区图、行政区划图等。

数字化软件统一采用 Arcinfo，坐标系为 1954 北京大地坐标系，比例尺为 1：50000。具体矢量化过程为：首先在 Arcinfo 的投影变换子系统中建立相应地区的相同比例尺的标准图幅框，在镶嵌配准子系统中将扫描后的各栅格图与标准图框进行配准。在输入编辑子系统中采用手动、自动、半自动的方法跟踪图形要素完成数字化工作。生成点文件，线文件与多边形文件。其中多边形文件的建立要经过多次错误检查与建立拓扑关系。采用以上矢量化方法，主要图层配置见表 2－5。

表 2－5　图层配置

序号	图层名称	图层属性	连接属性表
1	线状（支流）水系	线层	湖泊、面状河流属性表
2	土地利用现状图	多边形	土地利用现状属性数据
3	行政区划图	线层	行政界线属性数据
4	土壤图	多边形	土种属性数据表
5	土壤类型图	多边形	土壤类型表

序号	图层名称	图层属性	连接属性表
6	土壤采样点位图	点层	土壤、植株样品分析化验结果数据表
7	菜地采样点位图	点层	土壤、植株样品分析化验结果数据表
8	公路	线层	交通道路属性数据
9	农村道路	线层	交通道路属性数据
10	灌溉干渠	线层	湖泊、面状河流属性表

五、耕地资源管理信息系统的建立与应用

耕地资源管理信息系统以研究区域内耕地资源为管理对象，以土地利用现状与土壤类型的结合为管理单元，通过对辖区内耕地资源信息采集、管理、分析和评价，为农民、农业技术人员以及农业决策者合理安排作物布局、科学施肥、节水灌溉等农事措施提供耕地资源信息服务和决策支持。耕地资源管理信息系统的建立及应用表现如下：

（一）信息的处理

数据分类及编码是对系统信息进行统一而有效管理的重要依据和手段，为便于耕地地力信息的存储、分析和管理，实现系统数据的输入、存储、更新、检索查询、运算，以及系统间的数据交换和共享，需要对各种数据进行分类和编码。

目前，对于耕地地力分析与管理系统数据尚没有统一的分类和编码标准，在衡水市系统数据库建立中则主要借鉴了相关的已有分类编码标准。如土壤类型的分类和编码，以及有关土壤养分的级别划分和编码，主要依据第二次土壤普查的有关标准。土地利用类型的划分则采用由全国农业区划委员会制订的土地资源详查的划分标准。其他如耕地地力评价结果、文件的统一命名等则考虑应用和管理的方便，制订了统一的规范，为信息的交换和共享提供了接口。

（二）信息的输入及管理

1. 图形数据的入库与管理

（1）数据整理与输入：为保证数据输入的快速准确，首先需对专题图件进行精确性、完整性、现实性的分析，并对专题图的有关内容进行分层处理，根据系统设计要求选取入库要素。图形信息的输入采用手扶跟踪数字化和扫描矢量化的方法，相应的属性数据采用键盘录入。

（2）图形编辑及属性数据连接：数字化的几何图形可能存在悬挂线段、多边形标识点错误和小多边形等错误，利用 Arcinfo 提供的点、线和区属性编辑修改工具，进行图面的编辑修改、制图综合。对于图层中的每个图形单元均有一个标识码来唯一确定，它既存在位置数据中，又存放在相应的属性文件中，作为属性表的一个关键字段，由此将空间数据和属性数据连接在一起。可分别在数字化过程中以及图形编辑中完成图形标识码的输入，对应标识码添加属性数据信息。

（3）坐标变换与图形拼接：GIS 空间分析功能的实现要求数据库中的地理信息以相同的坐标为基础。地图的坐标系来源于地图投影，我国基本比例尺地图比例尺大于1∶500000地图采用高斯—克里格投影，1∶1000000 地图采用等角圆锥投影。比例尺大于1∶100000 地图则以经纬线作其图廓，以方里网注记。图件经扫描或数字化仪数字化产生的坐标是一个随机的平面坐标系，不能满足空间分析操作的要求，应转换为统一的大地经纬坐标或方里网实地坐标。应用软件提供的坐标转换等功能实现坐标的转换及误差的消除。

由于研究区域范围以及比例尺的关系，整个研究区地图可能分为多幅，从而需要进行图幅的拼接。一方面，图幅的拼接可以在扫描矢量化以前，进行扫描图像间的拼接；另一方面，则在矢量化以后根据地物坐标进行图形的拼接。

（4）图形信息的管理：经过对图形信息的输入和处理，分别建立了相应的图形库和属性库。Arcinfo 软件通过点、线和区文件的形式实现对图形的存储管理，可采用 Excel、Foxpro 等直接进行其相应属性数据的操作管理。

2. 统计数据的建库管理

对统计数据内容进行分类，考虑系统有关模块使用统计数据的方便，按照 Microsoft Access等建库要求建立数据库结构，键盘录入各类统计数据，进行统一的管理。

3. 图像信息的建库管理

以遥感图像分析处理软件 Envi 进行管理，该软件具有图像的输入输出、纠正处理、增强处理、图像分类等各种功能，其分析处理结果可以转为 BMP、JPG、TIF 等普通图像格式，由此可通过 Photoshop 等软件与其他景观照片等图像进行统一管理，建立图像库。

（三）系统软硬件及界面设计

1. 系统硬件

根据耕地地力分析管理的需要，耕地地力分析管理系统的基本硬件配置为：高档微机、数字化仪、喷墨绘图仪、扫描仪、打印机等。

2. 系统软件

耕地资源管理信息系统的基本操作系统为 Win 2000 或 Win XP 系统。考虑基层应用的方便及系统应用，所采用的通用地理信息系统平台是目前应用较为广泛的 Arcgis，该软件可以满足耕地地力分析及管理的基本需要，且为汉化界面，人机友好。主要利用 Arcgis 有关模块实现对空间图形的输入输出、管理、完成有关空间分析操作。遥感图像分析管理采用图像处理 Envi 软件，完成各类遥感影像的分析处理。采用 VB 语言、.NET 语言等编制系统各类应用模型，设计完成系统界面。以数据库管理软件 Microsoft、Access 等进行调查统计数据的管理。

（四）系统界面设计

界面是系统与用户间的桥梁。具有美观、灵活和易于理解、操作的界面，对于提高用户使用系统工作效率，充分发挥系统功能有很大作用。耕地资源管理信息系统界面，根据系统多层次的模块化结构，主要采用 VB 语言设计编写，以 Windows 为界面。为便于系统的结果演示，则将 VB 与 MO（Map Object）结合，直接调用和查询显示耕地地力的各类分析结果，通过菜单操作完成系统的各种功能。

第三章 耕地土壤的立地条件与农田基础设施

第一节 耕地土壤立地条件

一、地形地貌特点及分类

衡水市总面积 8838km²，耕地面积 565014hm²。地势由西南向东北倾斜，平原中地形变化较大，高差多为 30～50cm，有的可达 1m，构成明显的岗、坡、洼等不同地貌类型。缓岗为古河道遗留下来的自然堤，一般沿古河道呈带状分布，比附近地面相对高出 1～3.5m。饶阳、安平境内缓岗地貌十分普遍。微斜平地分布最广，是缓岗向洼地过渡的地貌单元。洼地分布也很多，仅万亩以上大型洼地就有 46 个，其中冀州市、桃城区界内的千顷洼为全市最大洼地，总面积为 75km²。

由于河流沉积、风力及人为活动的影响，地形略有改变。根据这些因素和地面起伏的实际情况，全区的小地形可分为以下几种：

1. 缓岗

河流在洪水期挟带大量泥沙的河水溢出河床后，在主流旁沉积起较多的悬浮物，形成相对高起的缓岗（自然堤）。现在河流很少有大的洪水发生，即使发生，多不会溢出河道。缓岗一般都是河流故道遗留下来的，多沿古河流呈带状分布。

滏阳河以西的滹沱河扇形地面，由于滹沱河改道频繁，相互掩埋，多数缓岗已不明显。在深州市北部及安平县、饶阳县境内可见由滹沱河改道形成的缓岗，一般高差 1～2m。安平县和饶阳县境内的缓岗发育较好，比附近地面高出 1～3.5m。滏阳河以东是黄河、漳河泛滥区，支流河道较多，多形成以主流为主的大小不同的缓岗。

缓岗地形的排水条件较好，地下水位较深，其上发育的土壤已脱离浅层地下水影响，多为褐土化潮土或褐土。

2. 平地

衡水市平地有微斜高平地和微斜低平地两种类型。

微斜高平地由河流泛滥主流带形成，一般与缓岗相连，地势相对低平，地面开阔，起伏较小，微向河床的垂直方向倾斜，上面有小洼地。土壤有轻度盐渍化，局部地区可达到中度盐渍化，沉积物多为沙壤质土，土壤发育良好。

微斜低平地是处于微斜高平地或缓岗以下的缓平地区。地形平坦开阔，有微度起伏。沉积物以夹胶泥的壤质土为主，表层为轻壤质的盐渍化较重，中壤质的盐渍化较轻，土壤有一定的发育。

3. 临洼坡地

临洼坡地为洼地与低平地的过渡地段，俗称"二坡地"。一般面积较小，地面坡度较大。沉积物多沙黏相间。盐渍化较重，大部分为重度盐化土壤或盐碱荒地。

4. 洼地

衡水市境内有大小洼地2000多处，万亩以上的洼地46处。有古河流的河槽及决口大溜的溜沟等槽状洼地；缓岗之间由于静水沉积形成的相对洼地（碟形洼地）；河流淤积所形成的小型洼地。

（1）槽状洼地：为河流故道残存的老河槽或决口大溜冲刷形成的溜沟。目前大部分已经垦殖。由于地形低洼，自然流势明显，汛期多为沥水排泄的通道，汇水又过水，受涝严重。

（2）碟形洼地：多分布在滏阳河以东地区，该区历史上是黄河、漳河泛滥区，支流河流较多，每次决口迁徙都形成平行缓岗，在缓岗间形成大小不等的浅平封闭洼地，状似浅碟。洼地中心部分与四周岗地的高差不等，一般小型碟形洼地高差30~50cm，大型的在1m左右。洼地四周为缓岗，多为沙壤土或轻壤土，形成充分排水的地区，洼地中心则形成积水内涝区。全市最大的碟形洼地是衡水湖。

（3）浅平洼地：多为过去河流决口所形成，地形低洼，土壤沙黏间层较多，一般与微斜平地下部相连或与槽状洼地相通；雨季短期积水或季节性积水，积水程度随降水量大小而异，一般0.3~1.0m。饶阳县东部和武强县内有一大片浅平洼地（俗称北大洼），是滹沱河的滞洪区。

5. 沙丘

河流故道及其附近或河流决口处，水流速度甚急，沉积物多系沙质，在河流断绝以后，沙粒即可随风移动，遇到障碍或风速减低，则逐渐停积，形成沙丘。衡水市的沙丘主要分布在古河道两岸以及近代河流决口处，多沿古河道呈带状分布，顶线若断若续，形成与风向垂直的沙梁，沙丘间有平铺沙地或大小不等的洼地。滹沱河、大沙河、索沪河、清凉江和江江河两岸均有大量沙丘存在。沙丘上一般与周围地面相对高差在1m至十几米。目前已有草木生长，为固定沙丘，不再移动。

6. 河漫滩

河漫滩是河水经常能够浸漫的河边滩地。滹沱河河漫滩发育较好，南运河和滏阳河发育很差。

二、成土母质类型及特征

土壤就是地球陆地表面上能够生长植物的疏松表层。土壤可分为自然土壤与农业土壤。自然土壤是不受人类影响而形成的；农业土壤是在自然土壤的基础上通过人类生产活动而发展起来的，除了受自然因素的影响外，更主要的是受人类生产活动的支配。因此，农业土壤既是农业的基本资料又是劳动的产物。一般说有五大成土因素，其中包括气候、地形、母质、植被和时间，人为耕作条件有时也是农业土壤形成的因素。

土壤母质就是形成土壤的原料，是形成土壤的物质基础。裸露在地表的岩石，经过风化作用破坏成疏松大小不等的岩屑颗粒，产生了形成土壤的材料，同时改变了它的化学组成和性质，成了土壤母质。衡水经过漫长的地质年代，地质构造活动频繁，各地母岩性质差异复杂多变。

衡水地区的土壤母质主要是近代河流沉积物。由于河水及河流的不断迁徙改道，河流冲积物的类型极复杂。另外，强盛的季风将沿河一带的沙质冲积物作近距离搬运，形成沙丘。根据全国第二次土壤普查资料全区的土壤母质类型主要有：

1. 沙质沉积物

中常水位以下，河水流行于浅平河槽中，在局部地区，因河水流速流向的变异，主要为沙质沉积物。洪水季节，河槽水深流急，急流地段为沙质沉积物，一旦河水陡涨，堤岸溃决，在决口处形成沙质沉积物，有时也形成大面积平铺沙地。

2. 沙壤质沉积物

因河水流速流向的变异，沉积时进行了一系列的分选作用。中常水位以下，河水流行于浅平的河槽中，主要为沙壤沉积物。平行河床两岸漫溢地带以及决口后的漫流地段，水中的悬浮物大量沉积，分选不明显，在靠近决口地段或主流地段，主要为沙壤质沉积物。

3. 轻壤质沉积物

在距平行河床两岸漫溢地带以及决口后的漫流地段稍远处，主要以轻壤质沉积物为主。

4. 中壤质沉积物

在距平行河床两岸漫溢地带以及决口后的漫流地段的更远处或在洪水季节，河水满槽，一旦河水猛涨，堤岸溃决，洪水即分为指状股流向低洼地区流去，乃至洼地前，水势减弱，流速减缓，由于河水的分选作用，主要是中壤质沉积物。

5. 黏质沉积物

洪水流入洼地后，形成静水沉积，以黏质沉积物为主。

6. 沙质风积物

衡水地区季风盛行，河流冲击物质地比较粗、结持力松散的沙土，易被风力搬运，堆成沙丘，因此在沿河及在河道两岸的沙丘很多，沙丘均较矮，间距很疏。有时在村庄角落，风力受阻，堆积成丘。

三、水文状况及分布

流经衡水境内的较大河流有潴龙河、滹沱河、滏阳河、滏阳新河、滏东排河、索泸河—老盐河、清凉江、江江河、卫运河—南运河9条，分属海河水系的4个河系。其中潴龙河属大清河系，滹沱河、滏阳河、滏阳新河属子牙河系，滏东排河、索泸河—老盐河、清凉江、江江河属南大排水河系，卫运河—南运河属漳卫南运河系。

河北省衡水水文水资源勘测局报道，衡水市水资源量为7.35亿立方米（其中地下水资源6.18亿立方米，自产径流1.95亿立方米，重复计算量0.78亿立方米），人均水资源量185立方米，仅为全省人均水平的48%，全国人均水平的8%，世界人均水平的2%。全市多年平均降水量为522.5mm，降水量的年内分配很不均匀，全年降水量70%~80%集中在6~9月，尤其有多发生在七、八月的一场或几场暴雨，非汛期降水较少，特别是春天时常出现几个月无降水。由于干旱少雨，地上水缺乏，境内的河流几乎常年干涸。除石津渠每年约有1亿~2亿立方米的水浇灌几十万亩耕地外，其他河道基本无水可用。引黄工程引来的一些黄河水主要保证电厂的用水需要。所以，地下水一直是衡水市工业、农业、人民生活用水的依赖水源。

各区县地下水使用情况见表3-1。各地地下水开采量极为不均，在某些年份容易造成严重超采，衡水地区由于地下水超采，各种面源污染与点源污染，导致衡水地区地下水受到不同程度的污染。

根据相关文献报道，衡水市地下水水质的污染因素首要为氟化物、溶解性总固体、硫酸盐、氯化物和总硬度5项，其次为亚硝酸盐、氨氮、高锰酸盐指数、氟化物等。从整体上讲，氟化物、溶解性总固体、总硬度含量有增大趋势，氯离子有下降趋势，硫酸盐目前变化趋势不大，但根据溶滤作用和浓缩作用原理，随着氯离子含量的下降，硫酸盐的含量有上升趋势。

表3-1　衡水市各县地下水站取水量表　　　　　单位：m^3/y

年　份	区　域				
	冀州市 阎家寨站	枣强县 马郎站	桃城区 侯家林站	景县 王沙窝东站	深州市 下博站
2010	21165.0	33754.0	72535.0	42612.0	23967.0
2009	30081.2	25431.7	44474.2	39742.1	25622.3
2008	31350.7	16656.4	29523.7	47688.9	21103.1
2007	22450.4	17352.9	79798.0	37410.6	36276.7
2006	24322.6	25860.2	86420.5	45991.7	37050.8

四、地质状况

衡水市辖区内地层，自上而下依次为第四系、第三系及古生界和元古界地层。

第二节　农田基础设施

一、农田水利

衡水市在历史上是旱、涝、碱灾害严重地区之一。新中国成立以来，投入了大量人力、物力、财力，挖河、筑堤、修渠、打井、建站、除害兴利，修建了大量水利工程。这些工程设施在防洪、除涝、抗旱、治碱、灌溉、生活及工业供水等方面发挥了重要作用。

新中国成立以来，先后疏浚了江江河、清凉江、索泸河，开挖了滏阳新河、滏东排河，扩建了卫运河，加固了滹沱河堤防，发挥了显著的防洪除涝效益。同时扩建、改建了衡水湖蓄水工程，蓄水能力达到1.88亿立方米；兴建和改善了石津灌区的灌溉工程，疏通了引卫、引黄渠道，在此基础上又新开辟了西线引水线路，提高了蓄水保证率。沿主要河道修建了拦河闸、扬水站，共建成 10 个流量以上的闸涵 201 座，扩挖 5 亩以上的坑塘 450 个，一个流量以上排灌站 34 座，共开（扩）挖整治分干渠道 300 余条，加固整修河堤 1200km。近年，全市机电井保有量 71431 眼（深井 24289 眼），已配套 71174 眼，地下防渗管道埋设 1900.59 万米，有效灌溉面积 47.8 万公顷，占耕地总面积的 55.9%；旱涝保收面积达 38.4 万公顷，占耕地总面积的 44.1%。机电排灌面积达 43.83 万公顷，节水面积达 27.01 万公顷。

二、农业机械

衡水市农机经营机制转化为以个体经营为主，农机保有量相农业机械数量急剧增长。近年，全市农业机械总动力达到 621.93 万千瓦，其中，柴油发动机 515.71 万千瓦，汽油发动机 3.95 万千瓦，电动机动力 102.25 万千瓦。大中型拖拉扒 5023 台，小型拖拉机 19.4 万台，大中型拖拉机配套农具 8066 台，小型拖拉机配套农具 25.86 万台。农用排灌机械 25.18 万台，农用排灌机械动力 218.6 万千瓦，其中：柴油机 16.62 万台，148.98 万千瓦，电动机 8.56 万台，69.64 万千瓦。农用水泵 12.96 万台，节水配套机械 1355 套。收获机械中，联合收割机 3761 台，机动脱粒机 24258 台，机动喷雾机 30693 部。农副产品加工机械 46.35 万千瓦。其中粮食加工机械 9136 台，棉花加工机械 1471 台，油料加工机械 1983 台。农用运输机械 10.54 万辆，农业机械化水平明显提高。

2011 年，全市农业机械总动力达到 912.3 万千瓦；其中柴油发动机动力 7223419 千瓦，汽油发动机动力 477071 千瓦，电动机动力 1421397 千瓦。大中型农用拖拉机 18268 台；小型拖拉机 231041 台；农用排灌电动机 104123 台，农用排灌柴油机 131248 台，联合收割机 10039 台，机动脱粒机 12912 台，农用运输车 121410 台。机耕、机播、机收面积分别为 52.1 万公顷、76.7 万公顷、42.7 万公顷。

农业机械化水平的提高，促进了农业和农村经济的快速发展，同时也促进了农业机械新技术的广泛推广应用。近年来，全市积极组织推广了节种、节肥、节水为主的机械化节本增效新技术和精量半精量播种、秸秆还田、免耕播种等多项先进农机技术。全市农机的快速发展，保持了农机机构的稳定性，完善了农机管理、供应、维修、教育培训、科研推广生产制造体系。

三、农村电力

全市农村通电率达到了 100%，农村用电量为 138 764 万千瓦，农业人口年人均用电量 518.75 度，其中年人均生活用电量 110.90 度。全市电力排灌面积 45.7 万公顷，农村供电所 123 个，小电厂发电量为 14350 万千瓦/小时。全市有高压线路 17389.7km，低压线路 18442.69km。110kV 变电站 25 座，35kV 变电站 98 座，配电变压器容量 2381370kV，3510.4kV 配电变压器 62 台，31010.4kV 配电变压器 39032 台。

四、农用物资

农用物资主要包括化肥、农药、农用塑料薄膜和农用柴油、汽油等。全市共有肥料制造企业 10 余家，化肥施用量（折纯量）27.2 万吨，其中氮肥 11.30 万吨，磷肥 5.63 万吨，钾肥 2.59 万吨，复合肥 7.72 万吨。农用塑料薄膜使用量 2.0 万吨，其中：地膜使用量 10215 吨，地膜覆盖面积 165675hm^2，占耕地面积的 19.4%。全市有农药生产企业，年产值 2.3 亿元，年产量 1.66 万吨。农药年施用量 0.8 万吨，亩用量 0.89kg。

第四章　耕地土壤属性

第一节　耕地土壤类型

一、土壤类型及分布

土壤分类是认识土壤空间分布规律，了解不同土壤之间理化、生物学性状和质量差异的基本方法，也是合理利用土壤资源，制订农业规划，提高科学种田水平，改良土壤的基础。按照土壤发育阶段、土壤母质以及土壤的表层质地、土体构型等因素，把土壤划分若干类型，然后给以科学的命名。

根据全国第二次土壤普查资料统计，衡水市共有 3 个土纲，4 个土类，7 个亚类，26 个土属，111 个土种。面积最大为潮土土类。全市潮土亚类面积 43.40 万公顷，占土地总面积的 62.10%，广泛分布于各县市区，是农用土地主要土壤类型。其土层深厚，质地多变，但以轻壤土为主，部分为沙质和黏质。土壤矿质养分较为丰富，但有机质、速效氮、磷养分缺乏，易受旱、涝、盐碱化威胁，历年以种植业为主。脱潮土面积 14.33 万公顷，占全市土地总面积的 20.4%，广泛分布于古河道自然堤缓岗及高平地处。该土类地下水质好，无洪涝盐碱威胁，水利条件好的地段，多是粮、棉高产区。

根据全国第二次土壤普查资料统计，衡水市各类型土壤具体分布见附表 5。

二、土壤类型特征及生产性能

1. 潮土亚类

潮土面积 435302.6hm^2，占全区土壤面积的 62.2%。潮土一般处在微斜高平地的下部，地势低平，坡降平缓，坡度比一般都小于 1/4000，排水不畅，径流滞缓。地下水埋深小于 3m，地下水升降频繁，变幅 1.0～2.0m。按土壤质地和剖面构型可划分为沙质、沙壤质、轻壤质、中壤质、黏质及夹黏、夹壤、夹沙 8 大类。

本亚类按母质类型可划分为：沙质冲积潮土、沙壤质冲积潮土、轻壤质冲积潮土、中壤质冲积潮土、黏质冲积潮土 5 个土属。其土体构型可分为通体均质、夹沙、夹壤、夹黏 4 种类型，分述如下：

（1）沙质冲积潮土：面积 10773.81hm^2，占潮土亚类的 2.5%。根据土体构型可分为沙质潮土、沙质小蒙金潮土、沙质底壤潮土 3 个土种。沙质冲积潮土以通体沙质土为主，少部夹有壤层。多呈黄白色。沙土中含有较多的金云母片。物理沙砾含量 90%～100%，土壤松散无结构，易被风吹蚀，土壤肥力低，土壤有机质含量 2.50～9.10

g/kg，全氮 0.08 ~ 0.57g/kg，全磷 0.49 ~ 0.58g/kg，有效磷 1.0 ~ 6.5mg/kg，全钾 16.0 ~ 17.9g/kg，速效钾 18.0 ~ 83.1mg/kg。其理化性质随着壤质土的出现有明显差异。沙质冲积潮土适宜种植耐沙、耐旱、耐瘠薄的作物。以花生、甘薯、豆类、西瓜、果树为主，个别水肥状况较好种者种小杂粮。

（2）沙壤质冲积潮土：面积 90283.79hm²，占潮土亚类的 20.7%。根据土体构型可划分为沙壤质潮土、沙壤质小蒙金潮土、沙壤质蒙金潮土等 5 个土种。沙壤质冲积潮土以通体沙壤质为主，少部夹壤层或黏层，一般是 40 ~ 50cm 出现，厚度约 20 ~ 40cm，呈间层存在。多呈浅灰棕色，心土层和底土层有锈纹锈斑，屑粒状结构。物理沙砾含量 80% ~ 90%，其物理性状和生产特性介于沙质和两合土之间，潜在肥力较低，有机质缺乏。土壤有机质含量一般 6.0 ~ 10.1g/kg，全氮 0.32 ~ 1.09g/kg，全磷 0.46 ~ 0.62g/kg，有效磷 2.4 ~ 6.4mg/kg，全钾 17.0 ~ 18.6g/kg，速效钾 82.3 ~ 118.2mg/kg。土壤物理性质较好，通透性好，土性暖，疏松易耕，适宜经济作物生长，除一般粮食作物外，花生、甘薯、瓜类、豆类较多。

（3）轻壤质冲积潮土：面积 226713.9hm²，占潮土亚类的 52.1%。轻壤质冲积潮土分布广泛，是潮土亚类最有代表性的土壤类型。根据土体构型可划分为轻壤质潮土、轻壤质蒙金潮土、轻壤质体黏潮土、轻壤质底黏潮土、轻壤质腰沙潮土、轻壤质漏沙潮土、轻壤质底沙潮土 7 个土种。轻壤质冲积潮土土体构型比较复杂，沙、壤、黏在剖面中重复出现，部位极不一致，心土以下有锈纹锈斑。通体有石灰反应。屑粒或团粒结构。浅灰棕色，物理沙粒含量 70% ~ 80%。肥力属中等水平。土壤有机质含量一般 0.05 ~ 4.87g/kg，全氮 0.30 ~ 0.77g/kg，全磷 0.54 ~ 0.67g/kg，有效磷 2.9 ~ 5.1mg/kg，全钾 16.8 ~ 23.0g/kg，速效钾 85.6 ~ 157.2mg/kg。保肥性能较好。土体构型包括通体轻壤质、夹黏、夹沙 3 种类型，其理化性质随夹黏、夹沙的出现而发生变化，夹沙者有漏水漏沙问题，属"漏沙"型土壤。夹黏者保水保肥性能较强，是典型的"蒙金"型土壤，适宜建设高产稳产田。容重 1.23 ~ 1.43g/cm³，孔隙度46.4% ~ 53.9%。轻壤质冲积潮土沙黏适中，土壤疏松，空隙较多，土壤水分物理性状最佳。耕性、通透性良好，气、热状况也较好，有适度的透水性及储水和抗旱抗涝能力，土体水、肥、气、热等因素协调，肥力水平较高，是高产土壤。

（4）中壤质冲积潮土：面积 88105.92hm²，占潮土亚类的 52.1%。根据土体构型可分为中壤质潮土、中壤质腰沙潮土、中壤质漏沙潮土、中壤质底沙潮土 4 个土种。中壤质冲积潮土土体构型比较简单，以通体中壤质土为主，少部夹有沙层，多在深位出现，土色灰棕，故群众习称为"黑土"。心土层以下有锈纹锈斑。通体有石灰反应。屑粒或团粒结构。物理沙粒含量在 55% ~ 70%。土壤有机质含量一般为 8.55 ~ 14.62g/kg，全氮 0.57 ~ 1.03g/kg，全磷 0.59 ~ 0.93g/kg，有效磷 1.3 ~ 7.4mg/kg，全钾 17.1 ~ 20.3g/kg，速效钾 107.1 ~ 226.4mg/kg。保肥性能较强。中壤质冲积潮土保水保肥性能较好，肥力较高，后劲足，不发小苗发老苗，壮籽粒。适宜种植耐肥作物如小麦、玉米、高粱、谷子等，不适宜种植棉花、花生、甘薯等。

（5）黏质冲积潮土：面积 19425.21hm²，占潮土亚类的 4.5%。根据土体构型可分为黏质潮土、黏质底沙潮土 2 个土种。黏质冲积潮土以通体黏质土为主。局部小面积有夹沙层的且部位靠下，在 70～80cm 左右出现。土色灰棕。心土层以下有锈纹锈斑，结构面上有胶膜。通体有石灰反应。小粒或碎块状结构。物理沙粒含量＜55%。质地黏重，群众称为"胶泥土"。黏质土是河流静水沉积物，有机质和矿质养分含量均较高，而且全剖面上下层差距较小，一般有机质含量 10g/kg 以上，全氮 0.8g/kg 以上，全磷 0.62g/kg，有效磷 10mg/kg 左右，全钾 20g/kg 左右，速效钾 162.2mg/kg。保水保肥能力强，适宜种植喜肥喜水的玉米、高粱等粮食作物。

2. 脱潮土亚类

脱潮土面积 143088.3hm²，占全区土壤面积的 20.4%，占潮土土类的 20.6%。地下水埋深大于 4m，地下水沿毛管上升不及地表。生态环境为中生杂草类，并混有半干旱生草类。脱潮土是以潮化为主，兼有褐土过程的半水成土壤。其剖面性态为表土及亚表土系植物根系集中分布的层段，疏松多孔。比较干燥，为浅棕色或浅灰棕色，屑粒至团粒状结构，其下则为较坚实的犁底层，一般成层状。心土为浅灰棕色，孔隙多，且有假菌丝体的沉积，一般为碎块状结构，较表土层坚实。底土则为潜水经常活动的层段，具有明显的锈纹锈斑，结构差，冲积层次明显，生物作用微弱，空隙少，无植物根系。底土之下则为经常浸润在潜水之下的母质层。脱潮土质地以沙壤质、轻壤质为主，脱潮土所处地区是棉花集中产区。

本亚类按母质类型划分为沙质冲积脱潮土、沙壤质冲积脱潮土、轻壤质冲积脱潮土、中壤质冲积脱潮土 4 个土属。其土体构型可分为夹沙、夹壤、夹黏 3 大类。

（1）沙质冲积脱潮土：面积 2360.79hm²，占脱潮土亚类的 1.6%。地下水埋深大于 4m，矿化度小于 2g/L，40cm 以上以脱潮化过程为主，根据土体构型，沙质冲积脱潮土只包括沙质脱潮土 1 个土种。沙质冲积脱潮土土体构型单一，以通体沙质土为主，浅灰棕色，心土层可见少量假菌丝体。物理沙粒含量 90%～100%，土壤松散无结构，易被风蚀，堆积成沙丘或掩埋好地。土壤肥力很低，土壤有机质含量 1.39～1.52g/kg，全氮 0.19～0.26g/kg，全磷 0.40～0.51g/kg，有效磷 0.5～3.0mg/kg，全钾 17.7g/kg，速效钾 30.1～38.2mg/kg。土壤保肥力差，总孔隙度为 47.6%，故疏松通透，漏水漏肥，是典型的"气死龙王爷"的地。

（2）沙壤质冲积脱潮土：面积 25720.41hm²，占脱潮土亚类的 18%。地下水埋深大于 4m，矿化度 1～2g/L，40cm 以上以脱潮化过程为主，根据土体构型，分为沙壤质脱潮土、沙壤质小蒙金脱潮土、沙壤质蒙金脱潮土、沙壤质底黏脱潮土 4 个土种。沙壤质冲积脱潮土以通体沙壤质土为主，少部夹壤层或黏层，出现部位一般是 40～50cm，有时 70～80cm 出现，夹层厚度约 20～40cm，呈间层存在，浅灰棕色。心土层可见假菌丝体，尤以有夹壤夹黏者最为显著。屑粒状结构，物理沙粒含量 80%～90%，土壤潜在肥力很低，土壤有机质含量 6.8～8.7g/kg，全氮 0.35～0.86g/kg，全磷 0.47～0.58g/kg，有效磷 2.3～6.0mg/kg，全钾 16.1～17.9g/kg，速效钾 63.6～158.0mg/kg。土壤保肥力较差，耕层以下有夹壤层或黏层者，保水保肥性能增强，属"蒙金"型土壤。容重 1.33～1.35g/cm³，总孔隙度 50.2%～49.4%，故疏松通透，易保墒抗旱，但保水保肥不强。适宜种植果树、棉花、花生、甘薯。

（3）轻壤质冲积脱潮土：面积 106731.1hm²，占脱潮土亚类的 74.6%，是脱潮土中分布最广，面积最大，最有代表性的土壤。地下水埋深大于4m，矿化度小于2g/L。根据土体构型，分为轻沙壤质脱潮土、轻沙壤质蒙金脱潮土、轻壤质体黏脱潮土、轻壤质底黏脱潮土、轻壤质漏沙脱潮土、轻壤质底沙脱潮土6个土种。轻壤质冲积脱潮土以通体轻壤土为主，少部夹沙层或黏层，夹层一般出现在40~80cm，呈间层存在，浅灰棕色。心土层可见假菌丝体。屑粒状或碎块状结构，物理沙粒含量70%~80%，土性良好，不沙不黏，耕性好。轻壤土肥力属中等水平，后劲差，后期需追肥和大量施用基肥。土壤有机质含量7.6~13.5g/kg，全氮0.4~8.5g/kg，全磷0.56~0.71g/kg，有效磷3.0~6.0mg/kg，全钾17.8~18.6g/kg，速效钾122.0~172.0mg/kg。土壤保肥力较好。土体构型包括通体轻壤质、夹黏、夹沙3种类型，其理化性随着夹黏夹沙的出现有明显差异，其保水保肥亦发生变化。夹沙者属于"漏沙"型土壤。夹黏者保水保肥性能增强，属"蒙金"型土壤，适宜建设稳产高产田，容重1.31~1.53g/cm³，总孔隙度42.7%~50.9%，通气透水性能好。轻壤质土适宜种植多种作物，如棉花、甘薯。

（4）中壤质冲积脱潮土：面积8275.99hm²，占脱潮土亚类的5.8%。地下水埋深大于4m，矿化度1~2g/L。根据土体构型，分为中壤质脱潮土、中壤质底沙脱潮土2个土种。中壤质冲积脱潮土以通体中壤土居多，夹沙者较少，土色浅灰棕色。心土层可见假菌丝体。核状或粒状结构，物理沙粒含量55%~70%，质地偏黏，潜在养分含量高，速效养分含量亦高。土壤有机质含量11.9~13.3g/kg，全氮0.77~0.94g/kg，全磷0.88~0.93g/kg，有效磷7.3~32.7mg/kg，全钾17.0~18.8g/kg，速效钾146.3~195.3mg/kg。土壤保肥力较强。土体构型包括通体中壤质和夹沙2种类型，其理化性随着夹沙层的出现有明显差异，属于"漏沙"型土壤。容重1.21~1.33g/cm³，总孔隙度50.2%~54.7%。中壤质脱潮土质地较黏重，土壤颗粒较细，地面易发生裂缝、起坷垃。中壤质脱潮土保肥性能较好，肥力较高，适宜种植耐肥作物如小麦、玉米、高粱、谷子等，不适宜种棉花、花生、甘薯。

3. 盐化潮土亚类

盐化潮土面积115705.23hm²，占潮土土类的16.7%。地下水埋深小于3m，矿化度2.5~10g/L，高矿化度地下水沿毛管上升经蒸发浓缩于地表，形成盐化土，生长着耐盐及盐生类植被，是本市农业生产上的主要障碍因素之一。

盐化潮土属受地下水作用的潮土附加盐化过程的土壤。其剖面性质保留了潮土的一系列特征：冲积层次明显，碳酸钙含量较高，矿质养分丰富，心、底土有锈纹锈斑，土色发暗等。盐分在地表形成盐斑和盐霜。耕层含盐量1~10g/kg，盐分多集中在0~10cm的表土层，在剖面中呈"T"字形分布，盐化潮土生物累积极弱，施肥少，熟化程度低，有机质含量多为2.25~8.09g/kg，有效磷2~3mg/kg。盐化潮土土体构型表土多为沙壤或轻壤，心、底土质地较复杂，沙土、沙壤、中壤、重壤不一。盐分组成以硫酸盐、氯化物—硫酸盐、硫酸盐—氯化物为主。

按表土层质地及盐分组成全区共分为轻壤质硫酸盐盐化潮土、中壤质硫酸盐盐化潮土、沙壤质氯化物—硫酸盐盐化潮土、轻壤质氯化物—硫酸盐盐化潮土、中壤质氯化物—硫酸盐盐化潮土、黏质氯化物—硫酸盐盐化潮土、沙质硫酸盐—氯化物盐化潮土、沙壤质硫酸盐—氯化物盐化潮土、轻壤质硫酸盐—氯化物盐化潮土、中壤质硫酸盐—氯化物盐化潮土 10 个土属。

（1）轻壤质硫酸盐盐化潮土：面积 3197.24hm²，占盐化潮土亚类的 2.8%。地下水埋深 2.5m 左右，矿化度 2 ~ 5g/L，可溶盐组成成分以硫酸盐为主。根据土体构型和盐化程度分为轻壤质底黏硫酸盐轻度盐化潮土、轻壤质硫酸盐轻度盐化潮土、轻壤质硫酸盐中度盐化潮土 3 个土种。轻壤质硫酸盐盐化潮土以通体轻壤质为主，夹黏者极少，且部位靠下。硫酸盐盐化潮土早春返盐，地表有白色粉末或枝状的盐霜及盐渍层，呈微碱性反应，pH 值多在 8.2 ~ 8.6，表土含盐量 2.94 ~ 5.67g/kg，心土、底土含盐量多在 1g/kg 左右，随着夹黏层的出现盐分含盐随之增加。土色较暗，多呈灰棕。心土底土有锈纹锈斑，土壤养分较低，有机质含量 6.80 ~ 9.23g/kg，全氮 0.34 ~ 0.54g/kg，全磷 0.32 ~ 0.45g/kg，有效磷 4.1 ~ 9.0mg/kg，全钾 20.0 ~ 21.0g/kg，速效钾 89.9 ~ 165.0mg/kg，容重 1.24 ~ 1.40g/cm³，总孔隙度 47.6% ~ 53.6%，通气透水性较好，盐分在剖面中垂直运行有明显的季节性变化，春旱季水盐随毛管上升，地表积盐强烈，雨季盐分随水下移，形成临时性脱盐现象。农作物以小麦、玉米、棉花为主，尚有少部耐盐作物，农田中生有大量茶棵、曲菜、芦草等，局部盐斑上出现少量碱蓬、猪毛菜、剪刀股等。

（2）中壤质硫酸盐盐化潮土：面积 263.77hm²，占盐化潮土亚类的 0.23%。地下水埋深 2.5m 左右，矿化度 2 ~ 5g/L，可溶盐组成成分以硫酸盐为主。根据土体构型和盐化程度分为中壤质硫酸盐轻度盐化潮土、中壤质硫酸盐中度盐化潮土、中壤质底沙硫酸盐重度盐化潮土 3 个土种。轻壤质硫酸盐盐化潮土以通体中壤质为主，夹沙者极少，且部位靠下。早春返盐，地表盐渍层有白色盐霜，呈微碱性反应，pH 值多在 8.7 ~ 9.0，表土含盐量 2.95 ~ 8.83g/kg，心土、底土含盐量随着剖面深度增加而减少，随表土层含盐的增加，盐分在剖面中垂直分布"T"字形越明显。夹沙层出现使含盐量降低。土色较暗，多呈灰棕。心底土有锈纹锈斑，土壤养分随着盐化程度的加重而较低，有机质含量 6.51 ~ 8.83g/kg，全氮 0.25 ~ 0.41g/kg，全磷 0.41 ~ 0.59g/kg，有效磷 4.0 ~ 8.3mg/kg，全钾 19.6 ~ 21.7g/kg，速效钾 98.6 ~ 177.8mg/kg，容重 1.29 ~ 1.45 g/cm³，总孔隙度 45.7% ~ 51.7%。农作物以小麦、玉米、高粱为主，随着土壤含盐量增加而出现一些耐盐作物，农田中生有大量碱蓬、海蔓荆、剪刀股、猪毛菜、茶棵、曲菜、柽柳等盐生植被。

（3）沙壤质氯化物—硫酸盐盐化潮土：面积 4599.47hm²，占盐化潮土亚类的 3.98%。地下水埋深 2.5m 左右，矿化度 2 ~ 5g/L，为 $Cl^- - SO_4^{2-} - Na^+$ 型水。根据土体构型和盐化程度分为沙壤质氯化物—硫酸盐轻度盐化潮土、沙壤质氯化物—硫酸盐中度盐化潮土、沙壤质底黏氯化物—硫酸盐中度盐化潮土、沙壤质氯化物—硫酸盐重度盐化潮土 4 个土种。沙壤质氯化物—硫酸盐盐化潮土以通体沙壤质为主。地表有 0.2 ~ 1.0cm 厚的盐结皮，其下为 0.5 ~ 5.0cm 的蓬松层，可见白色粉末状盐结晶，阴离子组成以硫酸根离子为主，氯离子次之，阳离子以钠、钾离子为主。pH 值多在 7.9 ~ 8.4，表土含盐量 2.39 ~ 7.88g/kg，心土、底土含盐量随着剖面深度增加而减少，随着质地的变化增减，心、底土一般含盐量不超过 1g/kg。土色较暗，多呈灰棕，心、底土有锈纹锈斑，有机质含量 4.98 ~ 11.26g/kg，全氮 0.36 ~ 0.64g/kg，全磷 0.51～0.94g/kg，有效磷 2.0～6.5mg/kg，全钾 16.9～19.0g/kg，速效钾 55.9～86.3mg/kg，容重 1.20～1.25g/cm³，总孔隙度 53.2%～55.19%。通气透水性能较好，有利于盐分的淋洗。农作物以小麦、玉米、红薯、棉花为主，野生植被有羊角菜、海蔓荆、猪毛菜、曲菜等。

（4）轻壤质氯化物—硫酸盐盐化潮土：面积 34513.41hm²，占盐化潮土亚类的 29.83%，是氯化物—硫酸盐盐化潮土最大的土属。地下水埋深 2.5m 左右，矿化度 2～5g/L，为 $Cl^- - SO_4^{2-} - Na^+$ 型水。根据土体构型和盐化程度分为轻壤质蒙金氯化物—硫酸盐轻度盐化潮土、轻壤质漏沙氯化物—硫酸盐轻度盐化潮土、轻壤质氯化物—硫酸盐重度盐化潮土等 11 个土种。轻壤质氯化物—硫酸盐盐化潮土土体构型较为复杂，夹黏夹沙者较多，一般出现部位较深，早春地表可见白色粉末状盐结晶，阴离子组成以硫酸根离子为主，氯离子次之，阳离子以钠、钾离子为主。春末夏初蒸发量大时，表层氯离子显著增高，形成 0.2～1.0cm 厚的盐结皮，盐结皮较脆，其下有 0.5～5.0cm 的蓬松层，pH 值多在 7.5～8.6，表土含盐量 2.03～9.93g/kg，随着含盐量增加，地表盐斑增多，农作物缺苗断垄严重。心土、底土含盐量小于 1g/kg。土色较暗，多呈灰棕，心土、底土有锈纹锈斑，有机质含量 2.63～11.39g/kg，全氮 0.27～0.69g/kg，全磷 0.13～0.66g/kg，有效磷 2.5～9.8mg/kg，全钾 16.8～18.6g/kg，速效钾 87.8～167.5mg/kg，容重 1.25～1.36g/cm³，总孔隙度 49.1%～53.2%。通气透水性能较好，雨季有利于盐分的淋洗。农作物以小麦、玉米、高粱、棉花为主，重度盐化土常见一些耐盐性作物。农田中常见的野生植被有茶棵、海蔓荆、曲菜等，盐斑处生长有碱蓬、猪毛菜等盐生植被。

（5）中壤质氯化物—硫酸盐盐化潮土：面积 609.751hm²，占盐化潮土亚类的 5.28%，是氯化物—硫酸盐盐化潮土最大的土属。地下水埋深 2.5m 左右，矿化度 2～5g/L，为 $Cl^- - SO_4^{2-} - Na^+$ 型水。根据土体构型和盐化程度中壤质氯化物—硫酸盐轻度盐化潮土、中壤质底沙氯化物—硫酸盐中度盐化潮土、中壤质底沙氯化物—硫酸盐重度盐化潮土等 4 个土种。中壤质氯化物—硫酸盐盐化潮土剖面中多夹有沙层，部位靠下，厚度大于 50cm。早春地表可见白色粉末状盐结晶，阴离子组成以硫酸根离子为主，氯离子次之，阳离子以钠、钾离子为主。春末夏初蒸发量大时，表层氯离子显著增高，形成 0.2～1.0cm 厚的盐结皮，盐结皮较脆，其下有 0.5～5.0cm 的蓬松层，pH 值多在 7.9～8.3，表土含盐量 2.43～8.45g/kg，随着含盐量增加，地表盐斑增多，农作物缺苗亦严重。心土、底土含盐量 1g/kg 左右。土色较暗，多呈灰棕，心、底土有锈纹锈斑，有机质含量 7.20～9.78g/kg，全氮 0.25～0.55g/kg，全磷 0.27～0.71g/kg，有效磷 3.0～5.0mg/kg，全钾 17.2～19.0g/kg，速效钾 39.1～99.0mg/kg，容重 1.25～1.52g/cm³，总孔隙度 43.1%～53.2%。农作物以小麦、玉米、高粱为主，重度盐化土常见一些耐盐性作物。野生植被农田中常见的有茶棵、曲菜等，盐斑上可见碱蓬等盐生植被。

（6）黏质氯化物—硫酸盐盐化潮土：面积 241.53hm²，占盐化潮土亚类的 0.21%。地下水埋深 2m 左右，矿化度 2～5g/L，为 $Cl^- - SO_4^{2-} - Na^+$ 型水。根据土体构型和盐化程度可分为黏质氯化物—硫酸盐中度盐化潮土、黏质底沙氯化物—硫酸盐轻度盐化潮土、黏质底沙氯化物—硫酸盐中度盐化潮土 3 个土种。黏质氯化物—硫酸盐盐化潮土土体构型以底沙者居多。早春地表可见白色粉末状盐结晶，春末夏初蒸发量大时，表层氯离子显著增高，形成 0.2~1.0cm 厚的盐结皮，盐结皮较脆，其下有 0.5~5.0cm 的蓬松层，呈微碱性反应，pH 值多在 8.0~9.1，表土含盐量 4.00~6.58g/kg，心土、底土含盐量 1g/kg 左右。土色呈灰棕，有机质含量 7.16~16.21g/kg，全氮 0.34~0.63g/kg，全磷 0.53~0.62g/kg，有效磷 1.2~9.5mg/kg，全钾 19.5~21.0g/kg，速效钾 134.2~173.7mg/kg，容重 1.20~1.45g/cm³，总孔隙度 45.7%~55.1%。农作物以玉米、高粱为主，农田中常见的有茶棵、曲菜等。

（7）沙质硫酸盐—氯化物盐化潮土：面积 426.60hm²，占盐化潮土亚类的 0.37%。地下水埋深 2.5m 左右，矿化度 2~5g/L，为 $SO_4^{2-}-Cl^--Na^+$ 型水。根据土体构型和盐化程度可分为沙质硫酸盐—氯化物轻度盐化潮土、沙质硫酸盐—氯化物中度盐化潮土 2 个土种。沙质硫酸盐—氯化物盐化潮土土体为均质。表层含盐量 1.99~4.99g/kg，呈盐斑状态存在，盐斑处地表发黑、潮湿。呈微碱性反应，pH 值 8.9 左右，心土、底土含盐量 1g/kg 左右。土壤养分极低，有机质含量 1.00~1.98g/kg，全氮 0.29~0.31g/kg，全磷 1.4g/kg，有效磷 10.9mg/kg，全钾 1.70~1.80g/kg，速效钾 38.2~39.8mg/kg，容重 1.10~1.25g/cm³，总孔隙度 53.2%~58.8%。土壤疏松通透，返盐容易，脱盐快。土色较暗，呈暗灰棕。农作物以花生、红薯为主，农田中常见的有茶棵、曲菜等。

（8）沙壤质硫酸盐—氯化物盐化潮土：面积 14307.64hm²，占盐化潮土亚类的 12.36%。地下水埋深 2~2.5m，矿化度 2~5g/L，为 $SO_4^{2-}-Cl^--Na^+$ 型水。根据土体构型和盐化程度可分为沙壤质蒙金硫酸盐—氯化物中度盐化潮土、沙壤质硫酸盐—氯化物重度盐化潮土等 10 个土种。沙壤质硫酸盐—氯化物盐化潮土土体构型比较复杂，夹黏者较多。表层含盐量 1.68~5.99g/kg，盐斑处地表发黑、潮湿。呈微碱性反应，pH 值 7.5~9.5，心土、底土含盐量 1g/kg 左右。表面有一薄层盐结皮，结皮不易和下部土层脱落，稍高处地表有白色盐霜，土壤可溶盐阴离子组成以氯离子为主，硫酸根离子次之，阳离子以钠、钾离子为主。土壤养分极低，有机质含量 6.58~11.90g/kg，全氮 0.34~0.90g/kg，全磷 0.40~1.19g/kg，有效磷 1.1~11.3mg/kg，全钾 16.1~21.0g/kg，速效钾 35.1~152.9mg/kg，容重 1.20~1.42g/cm³，总孔隙度 46.8%~55.1%。心、底土有锈纹锈斑。农作物以棉花、花生、红薯为主，农田中有常见的茶棵、曲菜等，局部盐斑处生有盐蓬、碱蓬等。

（9）轻壤质硫酸盐—氯化物盐化潮土：面积 45997.14hm²，占盐化潮土亚类的 39.75%。地下水埋深 1.5~2.5m，矿化度 2.5~10g/L，为 $SO_4^{2-}-Cl^--Na^+$ 型水。根据土体构型和盐化程度可分为轻壤质漏沙硫酸盐—氯化物轻度盐化潮土、轻壤质漏沙硫酸盐—氯化物中度盐化潮土、轻壤质蒙金硫酸盐—氯化物重度盐化潮土等 17 个土种。轻壤质硫酸盐—氯化物盐化潮土土体构型极为复杂，夹沙夹黏者很多，出现部位不一，厚度不等。表层含盐量 2.00~10.0g/kg，地表发黑、潮湿。表面有一层盐结皮，结皮不易和下部土层脱落，稍高处地表有白色盐霜，土壤可溶盐阴离子组成以氯离子为主，硫酸根离子次之，阳离子以钠、钾离子为主，呈微碱性反应，pH 值 7.2~8.7，心土、底土含盐量 1g/kg 左右，心土、底土有锈纹锈斑。土壤有机质含量 4.76 ~ 11.17g/kg，全氮 0.29 ~ 1.19g/kg，全磷 0.22 ~ 0.63g/kg，有效磷 1.3 ~ 19.0mg/kg，全钾 17.0 ~ 18.2g/kg，速效钾 76.6 ~ 145.6mg/kg，容重 1.21 ~ 1.64g/cm³，总孔隙度 38.6% ~ 54.7%。农作物主要有小麦、玉米、高粱、棉花。农田中常见有茶棵、曲菜，盐斑处生有盐蓬、碱蓬、柽柳、马绊草、小芦草等。

（10）中壤质硫酸盐—氯化物盐化潮土：面积 11548.69hm²，占盐化潮土亚类的 9.98%。地下水埋深 2.5m 左右，矿化度 2.5 ~ 10g/L，为 $SO_4^{2-} - Cl^- - Na^+$ 型水。根据土体构型和盐化程度可分为中壤质漏沙硫酸盐—氯化物重度盐化潮土、中壤质硫酸盐—氯化物重度盐化潮土等 9 个土种。中壤质硫酸盐—氯化物盐化潮土土体构型较复杂，夹沙者较多。表层含盐量在 2.00 ~ 6.10g/kg，地表发黑、潮湿。表面有一层盐结皮，结皮不易和下部土层脱落，稍高处地表有白色盐霜，土壤可溶盐阴离子组成以氯离子为主，硫酸根离子次之，阳离子以钠、钾离子为主，呈微碱性反应，pH 值 7.7 ~ 8.7，心土、底土含盐量 1g/kg 左右，心、底土有锈纹。土壤有机质含量 2.97 ~ 10.07g/kg，全氮 0.32 ~ 0.80g/kg，全磷 0.28 ~ 0.61g/kg，有效磷 2.6 ~ 8.0mg/kg，全钾 17.0 ~ 19.0g/kg，速效钾 90 ~ 497.6mg/kg，容重 1.40 ~ 1.48g/cm³，总孔隙度 44.6% ~ 47.6%。农作物以玉米、高粱、棉花为主，重度盐渍土上有禾子等耐盐作物。农田中常见有茶棵、曲菜等，盐斑处生有盐蓬、碱蓬等盐生植被。

4. 草甸盐土亚类

面积 4279.81hm²，占全区土壤面积的 0.61%。草甸盐土一般多以斑状分布于中度盐化潮土或重度盐化潮土区内，盐分累积形态呈结盐皮、盐渍斑存在。表层盐分含盐量在 1% 以上，农作物不能生长，只生长稀疏柽柳、盐蒿、黄须等耐盐作物。根据母质类型和盐分组成划分为沙壤质硫酸盐—氯化物草甸盐土、轻壤质硫酸盐—氯化物草甸盐土、中壤质硫酸盐—氯化物草甸盐土、轻壤质氯化物草甸盐土 4 个土属。

（1）沙壤质硫酸盐—氯化物草甸盐土：面积 315.65hm²，占草甸盐土亚类的 7.4%。地下水埋深 1.5 ~ 2.0m，矿化度 5 ~ 10g/L，为 $SO_4^{2-} - Cl^- - Na^+$ 型水。根据土体构型和盐化程度只分为沙壤质硫酸盐—氯化物草甸盐土 1 个土种。沙壤质氯化物草甸盐土土体构型单一。表层含盐量 12.18g/kg，心土、底土含盐量 1 ~ 4.77g/kg，随质地的变化而改变。土色较暗，多呈浅灰棕。土壤有机质含量 6.56g/kg，容重 1.56g/cm³，总孔隙度 41.6%。土壤板结，通透性不良，不利于雨季盐分的淋洗。农作物不能生长，只生长少量盐蓬、碱蓬等盐生植被。

（2）轻壤质硫酸盐—氯化物草甸盐土：面积 2741.87hm²，占草甸盐土亚类的 64%。地下水埋深小于 2.0m，矿化度 5 ~ 10g/L，个别点高达 30g/L，为 $SO_4^{2-} - Cl^- - Na^+$ 型水。根据土体构型和盐化程度可分为轻壤质硫酸盐—氯化物草甸盐土、轻壤质蒙金硫酸盐—氯化物草甸盐土、轻壤质腰沙硫酸盐—氯化物草甸盐土 3 个土种。轻壤质硫酸盐—氯化物草甸盐土，表层含盐量 10.67 ~ 13.14g/kg，心土、底土含盐量 2.09 ~ 12.01g/kg，个别地方心、底土含盐量更高。土色较暗，多呈浅灰棕。土壤有机质含量 5.89 ~ 9.93g/kg，容重 1.54 ~ 1.78g/cm³，总孔隙度 33.3% ~ 42.3%。土粒分散度高，严重板结，结构很差，雨季盐分的自然淋溶作用很微弱。农作物不能生长，多为光板地，含盐量稍低处生长一些盐蓬、碱蓬等盐生植被。

（3）中壤质硫酸盐—氯化物草甸盐土：面积 531.21hm²，占草甸盐土亚类面积的 12.4%。地下水埋深小于 2.5m，矿化度 5 ~ 10g/L，个别点大于 10g/L，为 SO_4^{2-} - Cl^- - Na^+ 型水。根据土体构型和盐化程度可分为中壤质漏沙硫酸盐—氯化物草甸盐土、中壤质底沙硫酸盐—氯化物草甸盐土 2 个土种。中壤质硫酸盐—氯化物草甸盐土，表层含盐量 11.34 ~ 19.04g/kg，土壤有机质含量 7.24g/kg，容重 1.50g/cm³，总孔隙度 43.8%。土壤板结，通透性很差，雨季脱盐不明显。多为光板地，地形稍洼处生长一些盐蓬等盐生植被。

（4）轻壤质氯化物草甸盐土：面积 695.75hm²，占草甸盐土亚类面积的 16.2%。地下水埋深在 2.5m 左右，矿化度 10 ~ 30g/L，为 SO_4^{2-} - Cl^- - Na^+ 型水。根据土体构型和盐化程度可分为轻壤质氯化物草甸盐土、轻壤质底沙氯化物草甸盐土 2 个土种。轻壤质氯化物草甸盐土，表层含盐量 20.79 ~ 22.40g/kg，地表结实，颜色发黑，表面有盐结晶，盐分组成以氯化物为主。土壤有机质含量 9.13g/kg，容重 1.96g/cm³，总孔隙度 35.9%。土壤板结，盐分自然淋洗脱盐率极低。自然植被有盐蓬等。

5. 半固定风沙土亚类

面积 981.92hm²，是流动风沙土随植被相继滋生，沙流逐渐成为半固定状态，故地形较缓，沙面变紧，根系聚积抗蚀力增强，沙害减轻，地表有薄层结皮，土色稍暗，在固定较久处，剖面开始分化。植被稀少。根据地表特征和剖面形态划分为沙质半固定风沙土，通体沙质，仅此一属。

6. 新积土亚类

面积 588.22hm²，占全区土壤面积的 0.08%，只划出石灰性新积土 1 个亚类。是河流沉积物堆积，地表可见稀疏白茅等植被生长。因是新近流水沉积物，有时遇到高水位还会被淹没，故土壤沉积层次极明显，没有腐殖质出现，没有发生层次。新积土碳酸钙大于 5%，故划为"石灰性新积土"，通体沙质，仅 1 个土属。

第二节　土壤养分状况及分级评述

测土配方施肥项目开展以来，按《测土配方施肥技术规范》要求，衡水市已全部完成土样的化验工作，化验土壤的项目包括 pH 值、有机质、全氮、碱解氮、有效磷、缓效钾、速效钾、有效铁、有效铜、有效锰、有效锌、水溶性硼、有效硫等项目。在进行土壤样品数据整理时，结合专业经验，采用 $\bar{x} \pm 3s$ 法判断分析数据中的异常值：根据一组数据的测定结果，由大到小排列，把大于 $\bar{x} + 3s$ 和小于 $\bar{x} - 3s$ 的测定值视为异常值去掉。基本摸清了该市耕地的养分状况。

一、耕地土壤大量元素状况

土壤养分是指土壤中能够直接或者经转化后被植物根系吸收的矿质营养成分。据估算，作物生长发育所需要的养分 70% 来自土壤。在自然土壤中，土壤养分主要来源于土壤矿物质和土壤有机质，其次是大气降水、坡渗水和地下水。在耕作土壤中，还来源于施肥和灌溉。

土壤养分包括氮（N）、磷（P）、钾（K）、钙（Ca）、镁（Mg）、硫（S）、铁（Fe）、硼（B）、钼（Mo）、锌（Zn）、锰（Mn）、铜（Cu）和氯（Cl）等元素。根据作物对它们的需要量可以划分为大量元素、中量元素和微量元素。大量元素包括氮、磷、钾；中量元素包括钙、镁、硫；微量元素包括铁、锰、铜、锌、硼、钼、氯。这些元素只有在协调供应的条件下，才能达到优质、高效、高产的目的。土壤养分含量因土壤类型不同而不同。受成土条件、人为耕作、施肥等因素的影响，耕层土壤养分有明显差异。

（一）含量

衡水市耕地土壤大量元素养分平均含量（表4-1）表明，全市11个县市区中，有2个县市全氮含量高于平均水平；有5个县市碱解氮含量高于平均水平；有7个县市有效磷含量高于平均水平；有2个县市缓效钾含量高于平均水平；有6个县市速效钾含量高于平均水平。其中，以有效磷的变异系数最大，全氮次之，缓效钾变异系数最小（表4-2）。

表4-1 衡水市土壤耕层大量元素含量与分布

行政区	全氮 （g/kg）	碱解氮 （mg/kg）	有效磷 （mg/kg）	缓效钾 （mg/kg）	速效钾 （mg/kg）
安平县	0.95	56.43	22.82	529.6	152.00
阜城县	0.90	73.03	22.50	1317.4	146.60
故城县	0.99	60.99	32.76	649.30	119.37
冀州市	0.79	73.53	15.08	840.73	108.49
景县	0.88	78.04	19.36	1049.09	149.80
饶阳县	—	76.43	29.04	941.77	105.13
深州市	1.15	83.79	25.79	942.42	146.84
桃城区	0.82	76.09	26.68	793.76	115.42
武强县	0.96	72.98	24.45	—	109.16
武邑县	0.87	70.43	17.70	932.20	148.30
枣强县	1.07	103.03	12.33	790.75	134.44
全市	1.00	75.86	22.24	1002.88	126.74

表 4 – 2　衡水市耕层土壤大量元素含量及其变异

土壤养分	平均值	标准差	最大值	最小值	变异系数（%）
全氮（g/kg）	1.00	0.41	17.49	0.05	40.77
碱解氮（mg/kg）	75.86	22.60	876.00	0.90	30.11
有效磷（mg/kg）	22.24	12.27	99.10	2.10	55.19
速效钾（mg/kg）	126.74	43.00	300.00	16.00	33.93
缓效钾（mg/kg）	1002.88	253.17	3360.00	100.00	25.24

　　按第二次土壤普查大量养分分级标准（表 4 – 3）衡量，该市土壤有效磷平均值属2 级、速效钾平均值属 3 级，处于高等以上水平。碱解氮平均值属 4 级，处于中等水平。全氮平均值处于 3 和 4 级交界处，中等偏上水平。分析此次所有土样化验及农户调查结果，虽然近几年该市农民在有机肥及化肥施用方面有了较大改进，但是由于不同地块，不同农户的管理水平、施肥方式等方面存在较大差异，施肥量、施肥种类也不尽相同，从而造成了不同地块的地力水平，养分含量差异较大。

表 4 – 3　第二次土壤普查土壤大量养分分级标准

土壤养分	1 级（丰）	2 级（富）	3 级（高）	4 级（中）	5 级（低）	6 级（少）
有机质（g/kg）	>40	30～40	20～30	10～20	6～10	<6
全氮（g/kg）	>2	1.5～2	1～1.5	0.75～1	0.5～0.75	<0.5
碱解氮（mg/kg）	>150	120～150	90～120	60～90	30～60	<30
有效磷（mg/kg）	>40	20～40	10～20	5～10	3～5	<3
速效钾（mg/kg）	>200	150～200	100～150	50～100	30～50	<30

（二）土壤养分动态变化规律与分级

　　1982 年，全市共取耕地土样 744 个，平均 900 亩内取代表性一个土样。大量元素测定结果见表 4 – 4。通过土壤平衡施肥技术的推广，以及"沃土工程"、"旱作农业"、"配方施肥"等项目的实施，采取秸秆还田、增施有机肥、种植绿肥及科学施用化肥等技术措施，土壤肥力状况有了较大幅度地提高。1982～2011 年耕地土壤肥力监测结果显示：土壤全氮、有效磷含量均比第二次土壤普查提高 47.05%、344.8%，速效钾含量比第二次土壤普查降低 10.75%（表 4 – 4），没有查到 1982 年全市土壤碱解氮汇总的数据，所以这里无法进行分析。

表4-4　耕地土壤大量元素动态变化

年　份	养分含量	平均含量	含量范围	增减率（%）
1982	全　氮（g/kg）	0.68	—	—
	碱解氮（mg/kg）	—	—	—
	有效磷（mg/kg）	5	—	—
	速效钾（mg/kg）	142	—	—
2011	全　氮（g/kg）	1.00	0.05~17.49	46.57
	碱解氮（mg/kg）	75.86	0.90~876.00	30.79
	有效磷（mg/kg）	22.24	2.10~99.10	344.73
	速效钾（mg/kg）	126.74	16.00~300.00	-10.75

1. 碱解氮

根据全市土壤养分测定结果，参照第二次土壤普查时土壤养分分级标准，对土壤碱解氮含量进行了分级，耕层土壤碱解氮含量见表4-5。

表4-5　耕层土壤碱解氮含量

级　别	碱解氮含量（mg/kg）	2011 年	
		耕地面积（hm²）	占总耕地（%）
1 级	>150	104	0.02
2 级	120~150	8656	1.53
3 级	90~120	106586	18.86
4 级	60~90	341314	60.41
5 级	30~60	106034	18.77
6 级	<30	2319	0.41

此次调查的全市耕地耕层土壤碱解氮含量属于 4 级水平。碱解氮含量大于 150 mg/kg 的 1 级地 104hm²，占 0.02%，主要分布在景县、武邑县、桃城区等县区；碱解氮含量 120~150mg/kg 的 2 级地 8656hm²，占 1.53%，主要分布在枣强县、武邑县等县市；碱解氮含量 90~120mg/kg 的 3 级地 106586hm²，占 18.86%，主要分布在景县、冀州市等县市；碱解氮含量 60~90mg/kg 的 4 级地 341314hm²，占 60.41%，在全市各个县市均有分布；碱解氮含量 30~60mg/kg 的 5 级地 106034hm²，占 18.77%，主要分布在安平县、故城县等县市；碱解氮含量 <30mg/kg 的 6 级地 2319hm²，占 0.41%，分布在故城县、饶阳县等县市。

2. 有效磷

根据全市土壤养分测定结果，参照第二次土壤普查时土壤养分分级标准，对土壤有效磷含量进行了分级，耕层土壤有效磷含量分级与动态变化见表4-6。

据资料记载，1982年，衡水市土壤有效磷含量一般为3～5mg/kg，平均5.0mg/kg，属5级（低）。全市有效磷含量在10mg/kg以上的土壤占2.59%，为高磷土壤，主要分布在深州市、饶阳县等，大部分为潮土，这些地块由于施氮磷肥较多。有效磷含量在5～10mg/kg的土壤占23.68%，为中磷土壤，分布于冀州市、饶阳县、安平县等。由于经常施用有机肥，土壤结构良好，肥力高。全市土壤有效磷含量以5级为主，占耕地总面积的41.01%，其次是6级地，占耕地总面积的32.72%，再次是4级地，占耕地总面积的23.68%。

此次调查的全市耕地土壤有效磷含量属于2级水平，以2级和3级为主。全市有效磷含量大于40mg/kg的1级地40515hm^2，占7.15%，主要分布在故城县、深州市等县市；有效磷含量20～40mg/kg的2级地255495hm^2，占45.10%，分布在该市大部分县市区；有效磷含量10～20mg/kg的3级地247904hm^2，占43.76%，分布在全市大部分县市；有效磷含量5～10mg/kg的4级地20979hm^2，占3.70%，在各县市零星分布；有效磷含量3～5mg/kg的5级地1595hm^2，占0.28%，主要分布在深州市、武邑县等县市；有效磷含量<3mg/kg的6级地61hm^2，占0.01%，主要分布在安平县。

此次调查结果与第二次土壤普查结果相比，土壤有效磷含量大幅度提高，由以5级、6级为主上升为以2级、3级为主。平均含量增加17.24mg/kg，提高了344.8%，这与近年来农民大量施用二铵和含磷复合肥有关。

表4-6 耕层土壤有效磷含量分级及动态变化

级　别	有效磷含量（mg/kg）	2011年		1982年	
		耕地面积（hm^2）	占总耕地（%）	耕地面积（hm^2）	占总耕地（%）
1级	>40	40515	7.15	0	0
2级	20～40	255495	45.10	0	0
3级	10～20	247904	43.76	15186	2.59
4级	5～10	20979	3.70	138837	23.68
5级	3～5	1595	0.28	240444	41.01
6级	<3	61	0.01	191839	32.72

3. 速效钾

参照第二次土壤普查时土壤养分分级标准，对土壤速效钾含量进行了分级，耕层土壤速效钾含量分级与动态变化见表4-7。1982年土壤速效钾含量以3级为主，3级地最多，占耕地总面积的51.23%。

此次调查的全市耕地耕层土壤速效钾含量属于3级水平。全市速效钾含量大于200mg/kg的1级地26908hm^2，占4.76%，各县市区零星分布；速效钾含量150～200mg/kg的2级地131160hm^2，占23.21%，在该市大部分地区均有分布；速效钾含量100～150mg/kg的3级地296911hm^2，占52.55%，在各县市区均有分布；速效钾含量

50~100mg/kg 的 4 级地 105691hm²，占 18.71%，在该市大部分地区均有分布；速效钾含量 30~50mg/kg 的 5 级地 3944hm²，占 0.70%，主要分布在安平县、故城县、饶阳县等；含量 <30mg/kg 的 6 级地 399hm²，占 0.07%，分布在饶阳县。

此次调查结果与 1982 年第二次土壤普查结果相比，土壤速效钾含量降低 15.26 mg/kg，降低了 10.75%。农民长期保持重氮磷轻钾肥的习惯，造成部分县市区土壤钾出现耗竭，这是全市钾含量降低的主要原因之一。

表 4-7　耕层土壤速效钾含量分级及动态变化

级　别	速效钾含量（mg/kg）	2011 年		1982 年	
		耕地面积（hm²）	占总耕地（%）	耕地面积（hm²）	占总耕地（%）
1 级	>200	26908	4.76	783321	8.15
2 级	150~200	131160	23.21	2538331	26.40
3 级	100~150	296911	52.55	4867274	50.63
4 级	50~100	105691	18.71	1385393	14.41
5 级	30~50	3944	0.70	39550	0.41
6 级	<30	399	0.07	0	0

二、耕地土壤中量元素状况

中量元素是指植物体内含量相对较高的营养元素，通常包括钙、镁、硫 3 种。土壤有效硅被视为有益元素，其植物体内含量很大，此次调查也作为中量元素进行分析。中量元素是植物细胞的重要组成部分，参与细胞的化学反应和生理活动。土壤中含量较高，基本能够满足作物生长需要。随着大量元素、微量元素肥料的大量施用，在一年两熟、作物高产的条件下，硅元素局部呈现缺乏现象，适量施用具有较明显的增产效果，开始成为土壤肥料研究的内容。衡水市各县市的中量元素含量情况见表 4-8。只有有效硫所有县市均测定了，交换性钙、有效镁、有效硅只有安平县、阜城县和武邑县进行了测定。

表 4-8　衡水市各县市区土壤耕层中量元素含量

行政区	交换性钙（g/kg）	有效镁（g/kg）	有效硫（mg/kg）	有效硅（mg/kg）
安平县	6.23	1.85	49.72	92.66
阜城县	5.68	1.46	47.85	105.61
故城县	—	—	21.1	—
冀州市	—	—	32.89	—
景县	—	—	47.79	—

行政区	交换性钙（g/kg）	有效镁（g/kg）	有效硫（mg/kg）	有效硅（mg/kg）
饶阳县	—	—	53.95	—
深州市	—	—	43.01	—
桃城区	—	—	81.05	—
武强县	—	—	16.11	—
武邑县	5.46	0.28	20.70	101.32

三、耕地土壤微量元素状况

微量元素是指植物体内含量相对氮、磷、钾来说少一些的元素，但这在植物正常生长发育及生理代谢进程中是不可缺少的元素，微量元素在植物体内的含量一般在0.01%以下，有的甚至每千克中只有几毫克，包括铁、锰、铜、锌、硼、钼、氯。作物需要的微量元素数量很少，一般土壤微量元素的含量是能满足植物需要的。但其有效性受土壤条件影响很大，如土壤中碳酸钙含量及pH值高会导致微量元素不足。微量元素缺乏，会发生特殊的营养缺乏症，使植物不能正常生长，会成为进一步提高产量的障碍因素。目前国内外施用微量元素肥料的已很普遍，对提高作物的产量和改善品质起了一定作用。本次土壤样品的采集，主要分析了微量元素中的有效铁、锰、铜、锌等，这些元素对耕地地力和环境质量起着重要作用。

1. 含量

全市微量元素平均含量及变异情况见表4-9、表4-10。

表4-9　衡水市各县市区土壤耕层中、微量元素含量与分布

行政区	有效铁（mg/kg）	有效锰（mg/kg）	有效铜（mg/kg）	有效锌（mg/kg）	水溶性硼（mg/kg）	有效钼（mg/kg）
安平县	13.25	4.61	1.54	0.74	0.48	0.154
阜城县	9.26	6.36	1.07	0.77	0.43	0.145
故城县	8.21	6.48	1.39	2.05	0.67	—
冀州市	5.70	9.18	0.92	1.92	—	—
景县	8.66	9.79	1.16	1.13	0.46	0.148
饶阳县	11.99	14.98	1.13	1.20	0.84	—
深州市	8.25	11.50	1.25	1.84	0.81	—
桃城区	5.27	4.68	1.34	0.77	0.82	—
武强县	5.44	6.60	1.22	1.30	—	—
武邑县	4.74	6.00	0.73	1.16	0.32	0.109
枣强县	5.97	11.66	1.17	1.10	—	—
全市	8.59	10.04	1.22	1.37	0.61	0.139

　　全市 11 个县市区中,有 4 个县市有效铜含量高于平均水平;有 4 个县市有效铁含量高于平均水平;有 4 个县市有效锰含量高于平均水平;有 3 个县市有效铜含量高于平均水平;有 4 个县市有效锌含量高于平均水平;有 4 个县市水溶性硼含量高于平均水平;有 3 个县市有效钼含量高于平均水平。耕地土壤微量元素平均含量以有效铜的变异系数最大,其次是有效锌和有效铁,有效锰含量各地变异较小,这可能与土壤母质、人类活动和长期的施肥习惯有关,据调查近几年部分农民开始使用锌肥,很少使用铁肥和锰肥。由于水溶性硼和有效钼各县市测定的点比较少,而且部分县市没有进行测定,所以这里不进行详细分析。

表 4-10　耕层土壤微量元素含量及其变异

养　分	平均值	标准差	最大值	最小值	变异系数（%）
有效铁（mg/kg）	8.59	5.90	537.00	1.00	68.64
有效锰（mg/kg）	10.04	4.96	134.60	0.10	49.38
有效铜（mg/kg）	1.22	1.28	87.00	0.001	104.95
有效锌（mg/kg）	1.37	1.41	98.00	0.05	103.43

　　与第二次土壤普查微量养分分级标准相比（表 4-11）,此次调查的全市耕地耕层有效铁、有效锰含量属于 3 级水平,有效铜、有效锌含量属于 2 级水平,分级面积及比例见表 4-12。

表 4-11　第二次土壤普查微量养分分级标准

养　分	1 级（很高）	2 级（高）	3 级（中）	4 级（低）	5 级（很低）
有效铁（mg/kg）	>20	20~10	10~4.5	4.5~2.5	<2.5
有效锰（mg/kg）	>30	30~15	15~5.0	5.0~1.0	<1.0
有效铜（mg/kg）	>1.8	1.8~1	1~0.2	0.2~0.1	<0.1
有效锌（mg/kg）	>3	3~1	1~0.5	0.5~0.3	<0.3

表 4-12　耕地土壤微量养分含量分级面积及比例

养　分	级　别	1	2	3	4	5
有效铁	范围（mg/kg）	>20	10~20	4.5~10	2.5~4.5	<2.5
	耕地面积（hm²）	889	114595	398847	46737	3945
	占总耕地（%）	0.16	20.28	70.59	8.27	0.70

续表

养　分	级　别	1	2	3	4	5
有效锰	范围（mg/kg）	>30	15～30	5～15	1～5	<1
	耕地面积（hm²）	0	39103	438045	87865	0
	占总耕地（%）	0.00	6.92	77.53	15.55	0.00
有效铜	范围（mg/kg）	>1.8	1～1.8	0.2～1	0.1～0.2	<0.1
	耕地面积（hm²）	34877	345090	180043	3103	1901
	占总耕地（%）	6.17	61.08	31.87	0.55	0.34
有效锌	范围（mg/kg）	>3	1～3	0.5～1	0.3～0.5	<0.3
	耕地面积（hm²）	24223	308035	214651	15262	2842
	占总耕地（%）	4.29	54.52	37.99	2.70	0.50

2. 动态变化规律与分级

1982 年化验结果显示，大部分土壤存在不同程度的缺乏微量元素状况。1982～2011 年耕地土壤微量元素监测结果表明，土壤有效铁、有效锰、有效铜、有效锌含量分别比第二次土壤普查提高了 30.15%、123.11%、19.61%、140.35%，其中有效锌提高幅度最大，有效铜提高幅度最小（表 4-13）。此次调查的全市耕地耕层土壤有效铁、有效锰含量属 3 级水平，有效铜、有效锌含量属 2 级水平，与第二次土壤普查时相比，有效锰、有效锌上升了 1 个等级。

表 4-13　土壤微量元素含量

年　份	养　分	平均含量（mg/kg）	级别	增减率（%）
1982	有效铁	6.60	3	—
	有效锰	4.50	4	—
	有效铜	1.02	2	—
	有效锌	0.57	3	—
2011	有效铁	8.59	3	30.15
	有效锰	10.04	3	123.11
	有效铜	1.22	2	19.61
	有效锌	1.37	2	140.35

根据作物对微量元素敏感的临界水平（表 4-14）判断，该市土壤微量元素含量均在作物适宜水平以上，尤以有效铁、锰含量为高。在生产实践中要注意微量元素含量过高会引起养分过剩，从而出现营养失调症状，例如锌过剩常易诱发缺铁症。

目前，常用的锌、锰、铜、铁、钼肥主要是硫酸盐类和铵盐类化合物，以及由其配制的各种冲施肥和叶面肥。硫酸盐类和铵盐类化合物可用作基施、追肥、蘸根、叶面喷施、浸种，以基施效果最佳，简便易行，一般每公顷用量为硫酸锌、硫酸锰、硫酸铜 15～20kg，硼砂、硼酸15～25kg，钼酸铵15～30kg。近年来，各地微肥推广应用的结果表明，在土壤微量元素含量较低或对微量元素敏感的作物上施用微肥，具有较明显的提高产量和改善品质效果，微肥的应用结合不同区域类型的土壤养分含量状况。

表4-14 作物对微量元素敏感的临界水平

养 分	适 宜	边缘值	缺 乏
有效铁（mg/kg）	>4.5	2.5～4.5	<2.5
有效锰（mg/kg）	>1.0	—	<1.0
有效铜（mg/kg）	>0.2	—	<0.2
有效锌（mg/kg）	>1.0	0.3～1.0	<0.3

第三节　其他土壤属性

一、土壤质地

衡水市土壤质地有沙质、壤质等不同质地，不同质地的土壤具有不同的特征。

1. 沙土

这类土壤大于0.01mm的颗粒达80%以上，土壤具有以下特征：①颗粒间孔隙大，降雨或灌溉后渗漏严重，保水性很弱，抗旱能力也弱；②土壤疏松有利于作物出苗和根系下扎，耕作容易，耕性良好，通透性好；③通气良好，有机质分解快，矿质养分含量少，保水保肥能力差，养分易流失；④水少气多，土温上升快，土性发暖，容易出苗。

因此，沙土的生产特征是：养分瘠薄，不保水保肥，不耐旱，发小苗不发老苗。改良沙土的关键是提高土壤的蓄水保肥能力。如增施有机肥，在风沙严重的河漫滩上植树种草固定沙土。

2. 黏土

这类土壤颗粒小于0.01mm的物理性黏粒占60%以上，其中水、肥、气、热状况与沙土正好相反。

（1）土壤黏重，有黏结性，湿张性很大，湿时软，干时坚硬，耕作困难。

（2）土壤孔隙细小，降雨或灌溉后，土壤保水吸水性比较强，透水性不好，如遇大雨则地表易积水，形成内涝。

（3）通气不良，有机质分解慢，养分容易积累，矿质营养多，保水保肥能力强，养分不易流失。

（4）水分含量高，但无效水含量比沙土高。温度上升慢，土性发冷，早春不利于发芽出土。

因此，黏土的生产特征是：土温低，养分高，不耐涝。保水保肥能力强，发老苗而不发小苗。改良黏土的关键是提高土壤的通气透气能力。可采用容沙改土,增施有机肥,种植绿肥,开沟排水等措施进行改良。

3. 壤土

这类土壤颗粒小于 0.01mm 的物理黏粒占 20% ~ 60%,其特征介于沙土和黏土之间。由于沙黏配合适当,农业生产性良好。具有保水保肥性能,通气透气性强,又具有可耕性,这类土壤是农业生产上较为理想的土壤质地类型。

(1)沙壤土质地疏松、易耕作,但保肥保水力弱,养分含量低,后劲不足,易拿苗,不发苗,作物生长不好,产量较低。

(2)轻壤土质地较松、耕性和通透性较好,抗涝不抗旱,养分含量中等,保水保肥能力较差,作物生长后期后劲不足,产量往往偏低。

(3)中壤土适耕性长,耕性良好,通透性和保肥保水能力适中,供肥性良好,不黏不硬,抗旱抗涝,土壤中水、肥、气、热状况协调,适宜种植各种作物及蔬菜。

(4)重壤土质地黏重,养分含量较高,保肥性强,不发小苗,有后劲,但耕性差,有湿黏、干硬现象,影响作物的正常生长。

二、土壤 pH 值

土壤酸碱性是土壤化学性质、盐基状况的综合反映,也是影响土壤肥力的重要因素之一。土壤中养分的转化和供应,微量元素的有效性和微生物活动,都与土壤酸碱性有关。土壤酸碱性的主要指标用 pH 值高低来表示。衡水市土壤 pH 值平均值为 8.12,变化幅度 5.2 ~ 8.9,标准差 0.35,变异系数 4.31%。

三、有机质

土壤有机质包括植物残体、施入的有机肥料与经过微生物作用产生的腐殖质。有机质是土壤的重要组成部分,是土壤养分的仓库,其含量的高低是衡量土壤肥力的重要指标之一。有机质中含有作物生长所需的各种养分,可以直接或间接地为作物生长提供氮、磷、钾、钙、镁、硫和各种微量元素,不仅是植物营养的重要来源,也是微生物生活和活动的能源。与土壤的发生演变,肥力水平和许多属性密切相关。而且对土壤结构形成及通气性、渗透性、缓冲性、交换性能和保水保肥性能产生重要影响,在改善土壤物理性质、调节水肥气热等各种肥力因素状况起着重要作用。因此,土壤有机质含量的高低是评价耕地地力的重要指标之一。农业生产实践表明,同一类型的土壤,有机质含量在一定范围内,土壤肥力和作物产量将随着有机质含量的增加而逐渐提高。对耕作土壤来说,培肥的中心环节是保持和提高土壤有机质含量。

全市耕层有机质平均含量为 14.54g/kg,变化范围 5.0 ~ 43.5g/kg,变异系数 26.24%。96% 面积的耕层土壤有机质含量大于 10g/kg。与第二次土壤普查结果 8.7 g/kg 相比,增加 5.84g/kg,提高了 67.12%。

根据全市土壤养分测定结果,对全市土壤有机质含量进行了分级,耕层土壤有机质含量分级与动态变化情况见表 4 – 15。

1. 1982 年土壤有机质

第二次土壤普查时全市有机质平均含量为 8.7g/kg，变化幅度 6 ~ 10g/kg。根据全国土壤养分分级标准，属于 5 级水平，占耕地总面积的 71.14%，4 级地占耕地总面积的 22.19%，4 级、5 级地占总耕地面积的 93.33%（表 4 - 15）。整体有机质含量为中下等水平。有机质含量在 20g/kg 以上的土壤占全市总面积的 0.01%，有机质含量在 10 ~ 20g/kg 的土壤占 22.19%，有机质含量在 6 ~ 10g/kg 的土壤占 71.14%，有机质含量在 6g/kg 以下的土壤占 6.66%。

表 4 – 15 土壤耕层有机质含量动态变化与分级

级　别	有机质含量（g/kg）	2011 年		1982 年	
		耕地面积（hm²）	占总耕地（%）	耕地面积（hm²）	占总耕地（%）
1 级	>40	0	0	0	0
2 级	30 ~ 40	179	0.03	0	0
3 级	20 ~ 30	20776	3.68	931	0.01
4 级	10 ~ 20	518682	91.80	2133066	22.19
5 级	6 ~ 10	23907	4.23	6839919	71.14
6 级	<6	1470	0.26	639953	6.66

2. 2011 年土壤有机质状况

衡水市各县市土壤有机质含量见表 4 – 16。参照第二次土壤普查时土壤养分分级标准，此次调查的全市耕地耕层土壤有机质含量大多属于 4 级水平，含量大于 40g/kg 的 1 级地几乎没有。有机质含量为 30 ~ 40g/kg 的 2 级地 179hm²，占 0.03%，主要分布在饶阳县；有机质含量 20 ~ 30g/kg 的 3 级地 20776hm²，占 3.68%，主要分布在饶阳县、深州市、安平县；有机质含量 10 ~ 20g/kg 的 4 级地 518682hm²，占 91.80%，全市各县市区均有分布；有机质含量 6 ~ 10g/kg 的 5 级地 23907hm²，占 4.23%，主要分布在深州市和冀州市等；有机质含量 <6g/kg 的 6 级地 1470hm²，占 0.26%，各县市区零星分布（表 4 – 15）。

表 4 – 16 衡水市各县市土壤有机质含量

行政区	有机质（g/kg）	行政区	有机质（g/kg）
安平县	16.4	深州市	16.5
阜城县	13.8	桃城区	14.3
故城县	14.2	武强县	13.4
冀州市	15.2	武邑县	14.2
景县	13.2	枣强县	13.1
饶阳县	15.5	全　市	14.5

3. 有机质动态变化

自1982年全国土壤普查以来，衡水市耕地土壤有机质发生了很大变化，近30年，全市有机质平均增加5.84g/kg，提高了67.12%，由1982年的以4级、5级为主提升为以4级为主。这反映出该市施肥中存在的问题：有机肥施用各地区很不均衡，造成土壤有机质含量高低差异较大。

第四节　土壤属性与养分现状的关系

一、有机质

（一）耕层土壤有机质含量与土壤质地的关系

通过对土壤质地和耕层土壤有机质含量分析表明，土壤有机质含量最高的质地是中壤质，平均含量14.98g/kg，变化幅度5.00～37.40g/kg；而土壤有机质含量最低的质地为重壤质，平均含量13.16g/kg，变化幅度5.06～32.95g/kg。各质地土壤有机质平均值由大到小的顺序为：中壤质、轻壤质、沙壤质、重壤质（表4-17），各种质地间土壤有机质含量差别不大。

表4-17　不同土壤质地与耕层土壤有机质含量的分布特点

质　地	最小值（g/kg）	最大值（g/kg）	平均值（g/kg）
轻壤质	3.81	43.50	14.52
中壤质	5.00	37.40	14.98
重壤质	5.06	32.95	13.16
沙壤质	5.30	34.70	14.35

（二）耕层土壤有机质含量与土壤分类的关系

通过对耕层土壤有机质含量和土壤分类之间的关系进行统计分析，潮土土壤有机质平均含量14.56g/kg，变化幅度5.00～43.50g/kg；盐土土壤有机质平均含量13.14g/kg，变化幅度5.24～18.15g/kg（表4-18）。

表4-18　不同土类耕层土壤有机质含量的分布特点

土　类	最小值（g/kg）	最大值（g/kg）	平均值（g/kg）
潮土	5.00	43.50	14.56
盐土	5.24	18.15	13.14

土壤有机质含量最高的亚类是脱潮土，平均含量14.92g/kg，变化幅度5.22～29.60g/kg；而土壤有机质含量最低的亚类是草甸盐土，平均含量为13.14g/kg，变化幅度5.24～18.15g/kg。各土类土壤有机质平均值由大到小顺序为：脱潮土、潮土、盐化

潮土、草甸盐土（表4-19）。

表4-19　不同亚类耕层土壤有机质含量的分布特点

土　类	亚　类	最小值（g/kg）	最大值（g/kg）	平均值（g/kg）
潮土	潮土	5.00	43.50	14.57
	脱潮土	5.22	29.60	14.92
	盐化潮土	5.24	30.03	13.44
盐土	草甸盐土	5.24	18.15	13.14

二、碱解氮

（一）耕层土壤碱解氮含量与土壤质地的关系

通过对土壤质地和耕层土壤碱解氮含量分析表明，土壤碱解氮含量最高的质地是中壤质，平均含量77.74mg/kg，变化幅度9.00~574.00mg/kg；而土壤碱解氮含量最低的质地为重壤质，平均含量72.31mg/kg，变化幅度49.00~122.50mg/kg。各质地土壤碱解氮含量平均值由大到小的顺序为：中壤质、轻壤质、沙壤质、重壤质（表4-20），各种质地间土壤碱解氮含量差别不大。

表4-20　不同土壤质地与耕层土壤碱解氮含量的分布特点

质　地	最小值（mg/kg）	最大值（mg/kg）	平均值（mg/kg）
轻壤质	24.50	301.00	76.29
中壤质	9.00	574.00	77.74
重壤质	49.00	122.50	72.31
沙壤质	35.00	84.00	72.73

（二）耕层土壤碱解氮含量与土壤分类的关系

通过对耕层土壤碱解氮含量和土壤分类之间的关系进行统计分析，潮土碱解氮平均含量75.93mg/kg，变化幅度0.90~876.00mg/kg；盐土碱解氮平均含量72.87mg/kg，变化幅度42.24~106.74mg/kg（表4-21）。

表4-21　不同土壤耕层土壤碱解氮含量分布特点

土　类	最小值（mg/kg）	最大值（mg/kg）	平均值（mg/kg）
潮土	0.90	876.00	75.93
盐土	42.24	106.74	72.87

土壤碱解氮含量最高的亚类是潮土，平均含量76.70mg/kg，变化幅度0.90~876.00mg/kg；而土壤碱解氮含量最低的亚类是脱潮土，平均含量为68.21mg/kg，变化

幅度 18.90 ~ 187.98mg/kg。各土类土壤碱解氮平均值由大到小顺序为：潮土、盐化潮土、草甸盐土、脱潮土（表 4 - 22）。

表 4 - 22　不同亚类耕层土壤碱解氮含量的分布特点

土 类	亚 类	最小值（mg/kg）	最大值（mg/kg）	平均值（mg/kg）
潮土	潮土	0.90	876.00	76.70
	脱潮土	18.90	187.98	68.21
	盐化潮土	24.57	187.72	72.89
盐土	草甸盐土	42.24	106.74	72.87

三、有效磷

（一）耕层土壤有效磷含量与土壤质地的关系

通过对土壤质地和耕层土壤有效磷含量分析表明，土壤有效磷含量最高的质地是重壤质，平均含量 24.62mg/kg，变化幅度 5.59 ~ 85.55mg/kg，而土壤有效磷含量最低的质地为轻壤质，平均含量 21.58mg/kg，变化幅度为 2.10 ~ 99.10mg/kg。各质地土壤有效磷含量平均值由大到小的顺序为：重壤质、中壤质、沙壤质、轻壤质（表 4 - 23），但各种质地间土壤有效磷含量差别不大。

表 4 - 23　不同土壤质地与耕层土壤有效磷含量的分布特点

质 地	最小值（mg/kg）	最大值（mg/kg）	平均值（mg/kg）
轻壤质	2.10	99.10	21.58
中壤质	2.60	98.60	23.48
重壤质	5.59	85.55	24.62
沙壤质	2.10	99.00	22.84

（二）耕层土壤有效磷含量与土壤分类的关系

通过对耕层土壤有效磷含量和土壤分类之间的关系进行统计分析，潮土土壤有效磷平均含量 22.21mg/kg，变化幅度 2.10 ~ 99.10mg/kg；盐土土壤有效磷平均含量 20.75mg/kg，变化幅度 8.46 ~ 44.21mg/kg（表 4 - 24）。

表 4 - 24　不同土类耕层土壤有效磷含量的分布特点

土 类	最小值（mg/kg）	最大值（mg/kg）	平均值（mg/kg）
潮土	2.10	99.10	22.21
盐土	8.46	44.21	20.75

土壤有效磷含量最高的亚类是潮土，平均含量 22.98mg/kg，变化幅度 2.10 ~

99. 10mg/kg；而土壤有效磷含量最低的亚类是脱潮土，平均含量为 15.13mg/kg，变化幅度 2.20～79.60mg/kg。各土类土壤有效磷平均值由大到小顺序为：潮土、盐化潮土、草甸盐土、脱潮土（表 4 - 25）。

表 4 - 25 不同亚类耕层土壤有效磷含量的分布特点

土　类	亚　类	最小值（mg/kg）	最大值（mg/kg）	平均值（mg/kg）
潮土	潮土	2.10	99.10	22.98
	脱潮土	2.20	79.60	15.13
	盐化潮土	4.12	61.70	21.74
盐土	草甸盐土	8.46	44.21	20.75

四、速效钾

（一）耕层土壤速效钾含量与土壤质地关系

通过对土壤质地和耕层土壤速效钾含量分析表明，土壤速效钾含量最高的质地是中壤质，平均含量 134.86mg/kg，变化幅度 17.00～300.00mg/kg；而土壤速效钾含量最低的质地为沙壤质，平均含量 104.26mg/kg，变化幅度为 16.00～292.00mg/kg。各质地土壤速效钾含量平均值由高到低的顺序为：中壤质、轻壤质、重壤质、沙壤质（表 4 - 26），轻、中壤速效钾比较接近，重、沙壤速效钾比较接近。

表 4 - 26 不同土壤质地与耕层土壤速效钾含量的分布特点

质　地	最小值（mg/kg）	最大值（mg/kg）	平均值（mg/kg）
轻壤质	19.00	310.00	131.07
中壤质	17.00	300.00	134.86
重壤质	42.15	266.59	108.20
沙壤质	16.00	292.00	104.26

（二）耕层土壤速效钾含量与土壤分类的关系

通过对耕层土壤速效钾含量和土壤分类之间的关系进行统计分析，潮土土壤速效钾平均含量 126.98mg/kg，变化幅度 16.00～300.00mg/kg；盐土土壤速效钾平均含量 109.80mg/kg，变化幅度 69.55～149.36mg/kg（表 4 - 27）。

表 4 - 27 不同土类耕层土壤速效钾含量的分布特点

土　类	最小值（mg/kg）	最大值（mg/kg）	平均值（mg/kg）
潮土	16.00	300.00	126.98
盐土	69.55	149.36	109.80

土壤速效钾含量最高的亚类是潮土，平均含量 128.94mg/kg，变化幅度 16.00 ~ 300.00mg/kg；而土壤速效钾含量最低的亚类是脱潮土，平均含量为 108.10mg/kg，变化幅度 31.00 ~ 292.00mg/kg。各土类土壤速效钾平均值由大到小顺序为：潮土、盐化潮土、草甸盐土、脱潮土（表 4 - 28）。

表 4 - 28　不同亚类耕层土壤速效钾含量的分布特点

土　类	亚　类	最小值（mg/kg）	最大值（mg/kg）	平均值（mg/kg）
潮土	潮土	16.00	300.00	128.94
	脱潮土	31.00	292.00	108.10
	盐化潮土	36.00	296.00	128.02
盐土	草甸盐土	69.55	149.36	109.80

五、有效铁

（一）耕层土壤有效铁含量与土壤质地的关系

通过对土壤质地和耕层土壤有效铁含量分析表明，土壤有效铁含量最高的质地是中壤质，平均含量 8.81mg/kg，变化幅度 1.08 ~ 51.00mg/kg；而土壤有效铁含量最低的质地为重壤质，平均含量 5.58mg/kg，变化幅度 1.65 ~ 13.65mg/kg。各质地有效铁含量平均值由大到小的顺序为：中壤质、沙壤质、轻壤质、重壤质（表 4 - 29），但中壤质、沙壤质、轻壤质之间差别不大。

表 4 - 29　不同土壤质地与耕层土壤有效铁含量的分布特点

质　地	最小值（mg/kg）	最大值（mg/kg）	平均值（mg/kg）
轻壤质	1.00	53.70	8.56
中壤质	1.08	51.00	8.81
重壤质	1.65	13.65	5.58
沙壤质	2.57	25.70	8.78

（二）耕层土壤有效铁含量与土壤分类的关系

通过对耕层土壤有效铁含量和土壤分类之间的关系进行统计分析，潮土土壤有效铁平均含量 8.61mg/kg，变化幅度 1.00 ~ 53.70mg/kg；盐土土壤有效铁平均含量 6.96mg/kg，变化幅度 5.95 ~ 7.80mg/kg（表 4 - 30）。

表 4 - 30　不同土类耕层土壤有效铁含量的分布特点

土　类	最小值（mg/kg）	最大值（mg/kg）	平均值（mg/kg）
潮土	1.00	53.70	8.61
盐土	5.95	7.80	6.96

土壤有效铁含量最高的亚类是潮土，平均含量 9.14mg/kg，变化幅度 1.00 ~ 537.00mg/kg；而土壤有效铁含量最低的亚类是脱潮土，平均含量 5.54mg/kg，变化幅度 1.43 ~ 15.87。各土类土壤有效铁平均值由大到小顺序为：潮土、草甸盐土、盐化潮土、脱潮土（表 4 - 31）。

表 4 - 31　不同亚类耕层土壤有效铁含量的分布特点

土　类	亚　类	最小值（mg/kg）	最大值（mg/kg）	平均值（mg/kg）
潮土	潮土	1.00	537.00	9.14
	脱潮土	1.43	15.87	5.54
	盐化潮土	1.49	13.73	6.01
盐土	草甸盐土	5.95	7.80	6.96

六、有效锰

（一）耕层土壤有效锰含量与土壤质地的关系

通过对耕层土壤有效锰含量和土壤分类之间的关系进行统计分析，土壤有效锰含量最高的质地是沙壤质，平均含量 11.60mg/kg；而土壤有效锰含量最低的质地为重壤质，平均含量 7.01mg/kg，变化幅度 2.27 ~ 14.30mg/kg。各质地土壤有效锰含量平均值由大到小的顺序为：沙壤质、中壤质、轻壤质、重壤质（表 4 - 32）。沙壤质与中壤质接近。

表 4 - 32　不同土壤质地与耕层土壤有效锰含量的分布特点

质　地	最小值（mg/kg）	最大值（mg/kg）	平均值（mg/kg）
轻壤质	0.10	103.00	9.40
中壤质	1.34	134.60	11.56
重壤质	2.27	14.30	7.01
沙壤质	1.30	24.20	11.60

（二）耕层土壤有效锰含量与土壤分类的关系

通过对耕层土壤有效锰含量和土壤分类之间的关系进行统计分析，潮土土壤有效锰平均含量 10.06mg/kg，变化幅度 0.10 ~ 134.60mg/kg；盐土土壤有效锰平均含量 5.08mg/kg，变化幅度 4.86 ~ 5.19mg/kg（表 4 - 33）。

表 4 - 33　不同土类耕层土壤有效锰含量的分布特点

土　类	最小值（mg/kg）	最大值（mg/kg）	平均值（mg/kg）
潮土	0.10	134.60	10.06
盐土	4.86	5.19	5.08

土壤有效锰含量最高的亚类是潮土，平均含量 10.42mg/kg，变化幅度 0.40 ~ 134.60mg/kg；而土壤有效锰含量最低的亚类是草甸盐土，平均含量 5.08mg/kg，变化幅度 4.86 ~ 5.19mg/kg。各土类土壤有效锰平均值由大到小顺序为：潮土、脱潮土、盐化潮土、草甸盐土（表 4 – 34）。

表 4 – 34　不同亚类耕层土壤有效锰含量的分布特点

土　类	亚　类	最小值（mg/kg）	最大值（mg/kg）	平均值（mg/kg）
潮土	潮土	0.40	134.60	10.42
	脱潮土	0.10	23.89	7.80
	盐化潮土	1.80	15.30	6.76
盐土	草甸盐土	4.86	5.19	5.08

七、有效铜

（一）耕层土壤有效铜含量与土壤质地的关系

通过对耕层土壤有效铜含量和土壤分类之间的关系进行统计分析，土壤有效铜含量最高的质地是轻壤质，平均含量 1.25mg/kg，变化幅度 0.001 ~ 17.00mg/kg；而土壤有效铜含量最低的质地为重壤质，平均含量 1.01mg/kg，变化幅度 0.120 ~ 5.26mg/kg。各质地土壤有效铜含量平均值由大到小的顺序为：轻壤质、沙壤质、中壤质、重壤质（表 4 –35），但各种质地间土壤有效铜含量差别不大。

表 4 – 35　不同土壤质地与耕层土壤有效铜含量的分布特点

质　地	最小值（mg/kg）	最大值（mg/kg）	平均值（mg/kg）
轻壤质	0.001	17.00	1.25
中壤质	0.001	8.60	1.11
重壤质	0.120	5.26	1.01
沙壤质	0.001	27.16	1.17

（二）耕层土壤有效铜含量与土壤分类的关系

通过对耕层土壤有效铜含量和土壤分类之间的关系进行统计分析，潮土土壤有效铜平均含量 1.22mg/kg，变化幅度 0.001 ~ 17.16mg/kg；盐土土壤有效铜平均含量 1.25mg/kg，变化幅度 1.16 ~ 1.34mg/kg（表 4 – 36）。

表 4 – 36　不同土类耕层土壤有效铜含量的分布特点

土　类	最小值（mg/kg）	最大值（mg/kg）	平均值（mg/kg）
潮土	0.001	17.16	1.22
盐土	1.16	1.34	1.25

土壤有效铜含量最高的亚类是盐化潮土，平均含量 1.27mg/kg，变化幅度 0.105 ~ 4.19mg/kg；而土壤有效铜含量最低的亚类是脱潮土，平均含量 1.03mg/kg，变化幅度 0.001 ~ 27.16mg/kg。各土类土壤有效铜平均值由大到小顺序为：盐化潮土、草甸盐土、潮土、脱潮土（表 4 - 37）。

表 4 - 37　不同亚类耕层土壤有效铜含量的分布特点

土　类	亚　类	最小值（mg/kg）	最大值（mg/kg）	平均值（mg/kg）
潮土	潮土	0.064	18.30	1.24
	脱潮土	0.001	27.16	1.03
	盐化潮土	0.105	4.19	1.27
盐土	草甸盐土	1.16	1.34	1.25

八、有效锌

（一）耕层土壤有效锌含量与土壤质地的关系

通过对耕层土壤有效锌含量和土壤分类之间的关系进行统计分析，土壤有效锌含量最高的质地是沙壤质，平均含量 1.47mg/kg，变化幅度 0.05 ~ 11.20mg/kg；而土壤有效锌含量最低的质地为轻壤质，平均含量 1.34mg/kg，变化幅度 0.09 ~ 98.00mg/kg。各质地有效锌含量平均值由大到小的顺序为：沙壤质、重壤质、中壤质、轻壤质（表 4 - 38），各种质地土壤有效锌含量差别不大。

表 4 - 38　不同土壤质地与耕层土壤有效锌含量的分布特点

质　地	最小值（mg/kg）	最大值（mg/kg）	平均值（mg/kg）
轻壤质	0.09	98.00	1.34
中壤质	0.17	21.57	1.35
重壤质	0.47	5.01	1.36
沙壤质	0.05	11.20	1.47

（二）耕层土壤有效锌含量与土壤分类的关系

通过对耕层土壤有效锌含量和土壤分类之间的关系进行统计分析，潮土土壤有效锌平均含量 1.37mg/kg，变化幅度 0.05 ~ 98.00mg/kg；盐土土壤有效锌平均含量 1.15mg/kg，变化幅度 1.02 ~ 1.41mg/kg（表 4 - 39）。

表 4 - 39　不同土类耕层土壤有效锌含量的分布特点

土　类	最小值（mg/kg）	最大值（mg/kg）	平均值（mg/kg）
潮土	0.05	98.00	1.37
盐土	1.02	1.41	1.15

土壤有效锌含量最高的亚类是脱潮土，平均含量1.90mg/kg，变化幅度0.05～9.58mg/kg；而土壤有效锌含量最低的亚类是盐化潮土，平均含量1.05mg/kg，变化幅度0.11～3.37mg/kg。各土类土壤有效锌平均值由大到小顺序为：脱潮土、潮土、草甸盐土、盐化潮土（表4-40）。

表4-40　不同亚类耕层土壤有效锌含量的分布特点

土　类	亚　类	最小值（mg/kg）	最大值（mg/kg）	平均值（mg/kg）
潮土	潮土	0.09	98.00	1.29
	脱潮土	0.05	9.58	1.90
	盐化潮土	0.11	3.37	1.05
盐土	草甸盐土	1.02	1.41	1.15

第五节　不同作物类型土壤养分状况

一、有机质及大量元素

根据调查的不同目标作物类型土壤有机质和大量养分状况分析，结果表明（表4-41），有机质含量最高的为蔬菜，平均含量15.83g/kg；含量最低的为果树，平均含量11.98g/kg。全氮含量最高的为果树，平均含量1.15g/kg；含量最低的为蔬菜，平均含量0.79g/kg。碱解氮含量最高的为蔬菜，平均含量99.79mg/kg；含量最低的为玉米，平均含量65.21mg/kg。有效磷含量最高的为果树，平均含量36.59mg/kg；含量最低的为棉花，平均含量15.50mg/kg。缓效钾含量最高的为小麦，平均含量1059.22mg/kg；含量最低的为蔬菜，平均含量881.28mg/kg。速效钾含量最高的为果树，平均含量为144.59mg/kg；含量最低的为玉米，平均含量93.89mg/kg。

表4-41　不同作物类型土壤有机质及大量元素含量

作物种类	有机质（g/kg）	全氮（g/kg）	碱解氮（mg/kg）	有效磷（mg/kg）	缓效钾（mg/kg）	速效钾（mg/kg）
小麦	14.72	1.02	76.78	23.94	1059.22	128.91
玉米	13.05	0.87	65.21	20.00	959.67	93.89
棉花	13.47	0.98	81.92	15.50	918.04	119.84
蔬菜	15.83	0.79	99.79	36.14	881.28	95.07
果树	11.98	1.15	79.39	36.59	917.62	144.59

二、中微量元素

根据调查的不同目标作物类型土壤中微量养分状况分析，结果表明（表4-42），有效铁含量最高的为玉米，平均含量 11.14mg/kg；含量最低的为蔬菜，平均含量 5.85mg/kg。有效锰含量最高的为玉米，平均含量 13.27mg/kg；含量最低的为蔬菜，平均含量 8.14mg/kg。有效铜含量最高的为果树，平均含量 1.35mg/kg；含量最低的为蔬菜，平均含量 0.58mg/kg。有效锌含量最高的为蔬菜，平均含量 1.97mg/kg；含量最低的为玉米，平均含量 1.31mg/kg。水溶性硼含量最高的为果树，平均含量 0.79mg/kg；含量最低的为蔬菜，平均含量 0.35mg/kg。有效硫含量最高的为玉米，平均含量 49.09mg/kg；含量最低的为蔬菜，平均含量 32.43mg/kg。

表 4 - 42　不同作物类型土壤中微量元素含量特点

作物种类	有效铁 （mg/kg）	有效锰 （mg/kg）	有效铜 （mg/kg）	有效锌 （mg/kg）	水溶性硼 （mg/kg）	有效硫 （mg/kg）
小麦	9.31	12.47	1.17	1.47	0.70	45.99
玉米	11.14	13.27	1.05	1.31	0.40	49.09
棉花	6.08	10.15	1.15	1.53	0.57	34.31
蔬菜	5.85	8.14	0.58	1.97	0.35	32.43
果树	8.06	11.46	1.35	1.63	0.79	40.86

第五章 耕地地力评价

第一节 耕地地力分级

本次耕地地力调查，结合衡水市实际情况，选取 8 个对耕地地力影响比较大、区域内变异明显，在时间序列上具有相对稳定性、与农业生产有密切关系的因素，建立评价指标体系。以 1 : 50000 土壤图、土地利用现状图、行政区划图 3 种图件叠加形成的图斑为评价单元。按照地力等级的划分指标，通过对 3841 个评价单元综合评价指数（IFI值）的计算，对照分级标准，对全市耕地进行评价，衡水市耕地等级共划分为 6 个级别。

一、耕地地力等级面积统计

利用 ARCINFO 软件，对评价图属性库进行操作，检索统计耕地各等级的面积及图幅总面积。以 2011 年衡水市耕地总面积 565014hm² 为基准，按面积比例进行平差，计算各耕地地力等级面积，汇总结果见表 5 - 1。

该市耕地总面积为 565014hm²，占全市土地总面积的 63.93%，其中 1 级地 47500hm²，占耕地总面积的 8.41%；2 级地 104515hm²，占耕地总面积的 18.50%；3 级地 173650hm²，占耕地总面积的 30.73%；4 级地 159409hm²，占耕地总面积的 28.21%；5 级地 63867hm²，占耕地总面积的 11.30%；6 级地 16073hm²，占耕地总面积的 2.85%。说明该市以 3 级地为主，所占比例最大；其次是 2 级地；第三是 4 级地；第四是 5 级地；第六是 2 级地；6 级地面积和所占比例最少。

表 5 - 1 衡水市耕地地力等级统计

等 级	1 级地	2 级地	3 级地	4 级地	5 级地	6 级地	总 计
面积（hm²）	47500	104515	173650	159409	63867	16073	565014
百分比（%）	8.41	18.50	30.73	28.21	11.30	2.85	100

二、耕地地力等级地域分布

衡水市 2 级、3 级、4 级地面积较大；1 级、5 级地面积较少；6 级地面积最少。其中 1 级地主要分布在安平县、桃城区等；2 级地主要分布在深州市、阜城县、桃城区、饶阳县等；3 级地主要分布在故城县、武邑县、深州市、景县等；4 级地主要分布在景县、冀州市、故城县等；5 级地主要分布在枣强县、冀州市等；6 级地主要分布在武强县、武邑县、景县等。各级地具体空间分布见附图。

将耕地地力等级分布图与衡水市行政区划图进行叠加分析，从耕地地力等级行政区域分布数据库中按权属字段检索出各等级的记录，各级地在各县市区的分布状况见表5－2。

表 5－2　耕地地力等级的地域分布 （hm²）

行政区	1 级地	2 级地	3 级地	4 级地	5 级地	6 级地	总计
安平县	19501	14426	961	0	0	0	34888
阜城县	1030	15595	17748	8967	1231	622	45193
故城县	0	0	39611	21300	361	0	61272
冀州市	0	1023	5633	32912	19071	1101	59740
景县	0	1232	28535	40747	7168	1571	79253
饶阳县	3863	11559	15019	4638	1058	1486	37623
深州市	6503	36498	21826	2692	138	0	67657
桃城区	15791	15675	2448	411	152	0	34477
武强县	0	285	7710	12796	2553	6856	30200
武邑县	812	8222	31491	8830	343	3672	53370
枣强县	0	0	2668	26116	31792	765	61341
全市	47500	104515	173650	159409	63867	16073	565014

三、耕地地力评价结果符合性检查

针对上述耕地地力评价结果，采取实地考查和当地专家审核验证相结合的方式，证明该评价结果符合衡水市耕地地力分布的实际情况。本市耕地地力等级，1 级、5 级、6 级地比较少，1 级地在土壤条件各方面均具为最佳条件，并且拥有良好的灌溉能力和农业基础设施；6 级地农田基础设施不够完善或无灌溉条件，灌溉条件也不能充分保证，剖面构型、质地等土壤条件亦有不足，而且存在剧烈侵蚀，有沙化或者盐碱化障碍因素；5 级地农田基础设施不完善，灌溉条件不能保证，剖面构型、质地等条件中也不够好，稍强于 6 级地；2 级地在全市大部分县市均有分布，拥有比较好的灌溉条件和设施，在剖面构型、质地等土壤条件方面也比较好，仅次于 1 级地；该市主要以 3 级、4 级地面积分布较多，这些耕地具有一定的灌溉条件和农业基础设施，而且大多数在剖面构型、质地等土壤条件方面均有不同程度的不足。总体来看，本市耕地地力等级以衡水湖、滹沱河为中心，靠近河流两侧的耕地地力等级比较高，随着地势向南北升高，地力等级逐渐降低。

第二节 耕地地力等级分述

衡水市耕地共分为6个级别，具体每个级别的耕地所占面积及其分布如下。

一、1级地

（一）面积与分布

1级地，综合评价指数0.9125～0.9984，面积47500hm²，占耕地总面积的8.41%。主要分布在安平县、桃城区等地区（表5－3）。

表5－3　1级地在衡水市各县市的面积分布

行政区	面积（hm²）	占1级地面积（%）	占总耕地面积（%）
安平县	19501	41.05	3.45
阜城县	1030	2.17	0.18
故城县	0	0.00	0.00
冀州市	0	0.00	0.00
景县	0	0.00	0.00
饶阳县	3863	8.13	0.68
深州市	6503	13.69	1.15
桃城区	15791	33.24	2.79
武强县	0	0.00	0.00
武邑县	812	1.71	0.14
枣强县	0	0.00	0.00
全市	47500	100	8.41

（二）合理利用

该类耕地土壤在衡水市是最好的，各种评价指标均良好。地面平坦，土壤受风蚀、水蚀影响较小。土层较为疏松，养分水平较高，供排水条件良好，保水、保肥性能良好，利用上几乎没有限制因素，适宜各种作物生长，是高产、稳产的农业生产基地。应切实加强保护，严格控制建设用地占用，做到用地养地结合，持续利用。在今后的农业生产中应该注意：一是增施有机肥，实行秸秆还田，增加土壤有机质含量，适量补充微肥，尤其是硼肥和锌肥；二是调整肥料投入比例，实现平衡施肥，提高肥料利用率，防止资源浪费和土壤污染。

二、2 级地

（一）面积与分布

2 级地，综合评价指数 0.8755 ~ 0.9125，面积 104515hm^2，占耕地总面积的 18.50%。主要分布在深州市、阜城县、桃城区、饶阳县等（表 5 - 4）。

表 5 - 4　2 级地在衡水市各县市的面积分布

行政区	面积（hm^2）	占 2 级地面积（%）	占总耕地面积（%）
安平县	14426	13.80	2.55
阜城县	15595	14.92	2.76
故城县	0	0.00	0.00
冀州市	1023	0.98	0.18
景　县	1232	1.18	0.22
饶阳县	11559	11.06	2.05
深州市	36498	34.92	6.46
桃城区	15675	15.00	2.77
武强县	285	0.27	0.05
武邑县	8222	7.87	1.46
枣强县	0	0.00	0.00
全市	104515	100	18.50

（二）合理利用

该类耕地分布在全市各个县市，土体构型较为良好，土层较深厚，质地优良，水浇条件良好，养分水平较高，保肥保水性能较好，可种植作物种类较广泛，在农业生产上存在两个不利方面，一是在成土母质方面有些欠缺；二是部分耕地养分比例失衡。其合理应用主要从土壤入手，注意增施有机肥，培肥地力，可采用深耕等措施改良土壤。同时，与增加农田基本建设相结合，建设稳定高产农田。合理确定氮、磷、钾与微肥的施用时期、施用比例、数量和方法，最大限度地发挥土壤的增产潜力。

三、3 级地

（一）面积与分布

3 级地，综合评价指数 0.8385 ~ 0.8755，面积 173650hm^2，占耕地总面积的 30.73%。主要分布在故城县、武邑县、深州市、景县等地区（表 5 - 5）。

（二）合理利用

该类耕地为全市分布最多的耕地，在成土母质、质地、剖面构型各项中均有一项或几项不足，部分地区养分状况偏低。首先，可通过增施有机肥，培肥地力，增加秸秆还田质量和数量。再者，根据种植作物合理确定氮、磷、钾与微肥的施用时期、施用比例、数量和方法，适当减少磷肥施用量，稳定钾肥用量。

表5-5　3级地在衡水市各县市的面积分布

行政区	面积（hm²）	占3级地面积（%）	占总耕地面积（%）
安平县	961	0.55	0.17
阜城县	17748	10.22	3.14
故城县	39611	22.81	7.01
冀州市	5633	3.24	1.00
景　县	28535	16.43	5.05
饶阳县	15019	8.65	2.66
深州市	21826	12.57	3.86
桃城区	2448	1.41	0.43
武强县	7710	4.44	1.36
武邑县	31491	18.13	5.57
枣强县	2668	1.54	0.47
全市	173650	100	30.73

四、4级地

（一）面积与分布

4级地，综合评价指数0.8105～0.8385，面积159409hm²，占耕地总面积的28.21%。主要分布在景县、冀州市、故城县等（表5-6）。

表5-6　4级地在衡水市各县市的面积分布

行政区	面积（hm²）	占4级地面积（%）	占总耕地面积（%）
安平县	0	0.00	0.00
阜城县	8967	5.63	1.59
故城县	21300	13.36	3.77
冀州市	32912	20.65	5.82
景　县	40747	25.56	7.21
饶阳县	4638	2.91	0.82
深州市	2692	1.69	0.48
桃城区	411	0.26	0.07

行政区	面积（hm²）	占4级地面积（%）	占总耕地面积（%）
武强县	12796	8.03	2.26
武邑县	8830	5.54	1.56
枣强县	26116	16.38	4.62
全市	159409	100	28.21

（二）合理利用

该类耕地大量分布在全市各个县市，土壤质地较粗糙，土体结构不够优良，多数存在黏土层障碍因素。这类土壤主要从3个方面进行改良，一是加强农田基本建设，因地制宜兴修水利，完善灌排设施；二要采取深耕措施并结合客土（掺沙）改良土壤；三要增施有机肥，加大秸秆还田力度，增加土壤团粒结构，改善土壤物理化学性状。

五、5级地

（一）面积与分布

5级地，综合评价指数0.7645～0.8105，面积63867hm²，占耕地总面积的11.30%。主要分布在枣强县、冀州市等地区（表5-7）。

表5-7 5级地在衡水市各县市的面积分布

行政区	面积（hm²）	占5级地面积（%）	占总耕地面积（%）
安平县	0	0.00	0.00
阜城县	1231	1.93	0.22
故城县	361	0.57	0.06
冀州市	19071	29.86	3.38
景县	7168	11.22	1.27
饶阳县	1058	1.66	0.19
深州市	138	0.22	0.02
桃城区	152	0.24	0.03
武强县	2553	4.00	0.45
武邑县	343	0.54	0.06
枣强县	31792	49.78	5.63
全市	63867	100	11.30

（二）合理利用

该类耕地主要分布在饶阳县，少量分布在其他县市。土壤质地较粗，土层较薄，养分含量低。其改良利用主要从以下几方面：一是充分挖掘水资源潜力，提高农田抗旱能力；二是合理施肥，种地与养地相结合；三是通过有机肥和客土方法改善土壤结构，提高保水保肥能力；四要加强耕作管理，尤其是深耕措施的应用；五要合理调整种植结构，绿肥和经济作物轮作，改良土壤理化性能。

六、6 级地

（一）面积与分布

6 级地，综合评价指数 0.6354 ~ 0.7645，面积 16073hm²，占耕地总面积的 2.84%，主要分布在武强县、武邑县、景县等（表 5 - 8）。

表 5 - 8　6 级地在衡水市各县市的面积分布

行政区	面积（hm²）	占 6 级地面积（%）	占总耕地面积（%）
安平县	0	0.00	0.00
阜城县	622	3.87	0.11
故城县	0	0.00	0.00
冀州市	1101	6.85	0.19
景　县	1571	9.77	0.28
饶阳县	1486	9.25	0.26
深州市	0	0.00	0.00
桃城区	0	0.00	0.00
武强县	6856	42.66	1.21
武邑县	3672	22.85	0.65
枣强县	765	4.76	0.14
全市	16073	100	2.84

（二）合理利用

该类耕地主要分布在山区，土壤颗粒较粗，养分含量低，无灌溉设施。采取的主要措施是大力营造防风林、农田防护林、以涵养水源防风固土。采用合理的种植制度，可选择耐旱、耐贫瘠的杂粮和经济作物。沙质漏肥型中低产田要混土掺泥，增施有机肥，种植绿肥植物，调整种植结构，改良土壤理化性能和结构。

第六章 蔬菜地生产现状及合理利用

第一节 蔬菜生产历史与现状

一、蔬菜生产历史

衡水市地处平原，蔬菜栽培历史悠久，但过去农民种植蔬菜主要为了满足自己的需要，并以分散种植为主。衡水市的主要蔬菜品种为韭菜、大白菜、胡萝卜、大葱、西红柿、茄子等。新中国成立后，通过兴修水利，旱地变为水浇地，为蔬菜种植创造了条件。新中国成立初期，农业生产由一家一户的小农经济发展到农村集体经济合作社，由集体统一经营蔬菜生产，在满足社员的蔬菜供应后，将多余的上市销售。过去蔬菜品种基本为本地品种，产量低，经济效益差。长期以来，蔬菜生产只限于个别乡（镇）种植，设施简陋，品种单一，农户分散经营，就地供应，菜价起伏大，淡旺季现象严重。

近年来，经过各级党委、政府和农业等部门的共同努力，初步构建了布局合理、结构优化、有效供给、功能多样、优质高效的现代蔬菜发展新格局。蔬菜产业与粮食产业、畜牧业一起构成了全市农业经济的三大支柱产业，呈现出快速健康发展势头，形成了桃城的樱桃西红柿及特菜，武邑、武强深冬黄瓜，饶阳大棚西红柿、甜瓜、温室葡萄，阜城西瓜、樱桃西红柿，故城韭菜、大蒜以及冀州辣椒和食用菌等一大批规模种植、配套齐全、优势明显的特色区域蔬菜生产基地。全市通过省级认证的无公害产品标准化生产示范瓜菜基地40个，无公害瓜菜产品认证数108个，绿色食品企业19家，认证产品38个，无公害蔬菜基地面积达59万亩。饶阳、武邑、桃城、阜城被列为全国蔬菜产业重点县，冀州被命名为中国辣椒之乡和中国食用菌之乡，饶阳、武邑被命名为河北蔬菜之乡，武强、阜城分别被命名为河北黄瓜之乡和河北西瓜之乡，冀州被命名为河北辣椒之乡和河北食用菌之乡。饶阳蔬菜、漫河西瓜、邓庄特菜等蔬菜品牌的知名度和影响力不断扩大。衡水市各县市蔬菜种植面积、种类见表6-1。但是，衡水市蔬菜生产布局分散、设施面积比例低，规模化、专业化、标准化水平不高；产品结构不合理，大宗菜、低档菜品种面积较大，名特优新品种、高档精细菜所占比例少、蔬菜知名品牌少；市场体系不完善、布局不合理，多是地头、马路市场，经营和交易方式落后；组织化、产业化的程度低、链条短，整体效益不高。

表 6 - 1　衡水市各县市蔬菜种植面积和种类

行政区	种植面积（万亩）	主栽蔬菜种类
桃城区	9.86	樱桃西红柿、韭菜等
冀州市	10.79	食用菌、天鹰椒
枣强县	7.08	甜瓜、西瓜等
武邑县	17.79	黄瓜、豇豆等
深州市	12.94	黄瓜、茄子等
武强县	6.21	黄瓜、辣椒等
饶阳县	32.63	西红柿、茄子等
安平县	4.37	大白菜、黄瓜等
故城县	21.39	韭菜、茴香等叶菜类
景　县	9.26	黄瓜、大白菜等
阜城县	12.37	西瓜、甜瓜、樱桃西红柿
开发区	0.045	西红柿、菠菜、大白菜
衡水湖	1.11	菠菜、豆角、黄瓜等

二、蔬菜生产现状

衡水市 2012 年瓜菜播种面积 145.9 万亩，其中设施瓜菜 82.6 万亩，占 56.6%。瓜菜总产量 515.1 万吨，总产值 73.79 亿元。蔬菜产业与粮食产业、畜牧业一起构成了全市农业经济的三大支柱产业，呈现出快速健康发展势头。

1. 领导重视，措施得力

为加快推进蔬菜产业发展，衡水市从 2010 年开始，每年重点抓 50 个新增日光温室、大棚专业村建设，专业村年新增温室 100 亩或大棚 200 亩以上。市委、市政府对新增日光温室、大棚专业村建设高度重视，列为年终考核内容。市政府每年下发《关于全市蔬菜产业发展指导意见》，并多次召开调度会和现场会，安排部署蔬菜生产工作。各县市区也根据本地实际，出台了一系列的资金扶持政策和具体的工作措施，有力地推动了各项工作的开展。2012 年全市新增设施菜面积 9.14 万亩，全市 50 个新增温室、大棚蔬菜专业村新建温室、大棚面积 13355 亩，超额完成计划任务，建设质量较高。新建温室墙体厚、跨度大，多采用无立柱钢骨架或混凝土骨架结构，绝大部分应用保温被、卷帘机等新设施。

2. 资金扶持力度大，各级发展设施菜积极性高

衡水市各县市区纷纷制订了发展设施菜的优惠扶持政策。阜城县、饶阳县、武邑县、桃城区、深州市、枣强县和故城县均结合本地实际，利用扶贫开发等项目资金，制订了发展设施菜的具体补贴政策。饶阳县加大对"四条"产业带内新建百亩以上棚室大方的扶持力度，其中大广高速产业带内新建百亩以上棚室大方的，一个温室补贴

4000 元，一个冷棚补贴 2000 元；其他三条产业带内新建百亩以上棚室大方的，一个温室补贴 2000 元，一个冷棚补贴 1000 元。整合扶贫资金用于蔬菜产业发展，扶贫村每新建一个标准棚室，经验收合格的每个补贴 2000 元。对新建成方连片百亩以上棚室大方的，每个大方补贴基础设施建设资金 1 万元。桃城区对新增日光温室，区财政给予农户补贴 1.5 元/m²；新增塑料大棚，区财政给予农户补贴 1 元/m²；新增日光温室或塑料大棚 50 亩以上且成方连片的村，区财政补贴改善生产条件资金 3 万元；新增日光温室或塑料大棚 100 亩以上且成方连片的村，区财政补贴改善生产条件资金 5 万元；新增日光温室或塑料大棚 200 亩以上且成方连片的村，区财政补贴改善生产条件资金 10 万元。阜城县、深州市、枣强县和故城县也结合本地实际，制订了发展设施菜的具体补贴意见。各级各项优惠政策的出台，调动和激发了广大农户发展设施蔬菜的积极性。

3. 蔬菜专业合作社职能更加健全完善，与京津超市对接取得明显成效

按照省政府和省农业厅的安排部署，自 2011 年以来，依托蔬菜专业合作社或机关企业，开展了开拓京津市场，实现农超对接，争创蔬菜品牌，提高蔬菜产业效益的活动。目前，衡水市蔬菜专业合作社共 356 家，基地规模达 23 万亩，京津市场年销量 31 万吨，占预计总产量的 5%。其中 80% 以上达到"五统一"（生产品种统一、种植计划统一、田间管理统一、产品品牌统一、销售服务统一），共有近 35 个注册商标，其中 6 个达到省级以上名牌。蔬菜专业合作社的建立和发展对提高菜农的组织化程度和市场竞争力起到了重要作用。

4. 蔬菜产品质量安全明显提高，品牌化建设取得新突破

蔬菜产品质量安全检测体系建设步伐加快，监管能力和水平逐年提升，优质、安全、生态的蔬菜生产大幅提高。2012 年，全市共推广防虫网 20.3 万亩、诱杀虫板 17.35 万亩、秸秆反应堆 14.19 万亩、生物防治 17.52 万亩，其中雄蜂授粉 4000 亩。无公害综合生产技术的大面积推广，进一步提高了衡水市蔬菜质量，全市蔬菜抽检合格率达到 98.8%。饶阳县目前生防基地发展到 15 个村 2.2 万亩，9 个合作社的 13 个产品通过了无公害认证，祥湾果蔬专业合作社和绿景蔬菜专业合作社 2 个基地通过了有机认证，近年来蔬菜产品省市抽检合格率 100%。

5. 社会资金投入明显增加

近两年来，在设施蔬菜生产中，工商资本对于蔬菜市场的资本投资增加迅速，农业龙头企业的发展壮大，加快和推动了衡水市设施蔬菜发展的提档升级，例如，饶阳县众悦农业科技有限公司、桃城区天丰蔬菜种植专业合作社、阜城县格瑞扶贫种苗培育基地、武邑县泰昌农业投资有限公司等。

第二节　蔬菜地合理利用

蔬菜是人民生活中不可缺少的重要辅食，随着人民生活水平的提高，人们越来越重视蔬菜的安全及其营养保健功能。因此，人们越来越重视无公害蔬菜和有机蔬菜等安全放心菜的生产和食用。但是，生产无公害蔬菜不是轻而易举的事情，它受很多因素的影响，而如何正确选择与施用肥料，则是生产无公害蔬菜的关键措施之一。由于受传统观

念的影响，蔬菜产量成为许多菜农追求的主要目标，而蔬菜的质量安全却成为次要的了，因此菜农常常不加节制地使用化学肥料。这种施肥方式不仅严重浪费了肥料资源，增加成本，恶化了土壤环境，而且直接导致了农产品品质下降，继而通过食物链影响人体健康。因此，科学合理施肥就成为生产无公害蔬菜的重要保证。但是，要做到科学合理施肥，就必须了解蔬菜的需肥特性、土壤肥力特征、不同蔬菜种类对营养元素的要求及蔬菜的营养失调症状等知识，这样才能做到对症施肥、合理施肥、有效施肥。

一、蔬菜管理中存在的主要施肥问题

通过对全市部分菜农的调查发现，农民在蔬菜施肥上存在很大的盲目性和误区，严重影响了蔬菜产量和品质的提高，归纳起来主要有以下几方面。

1. 无机养分投入过大，有机养分投入不足，导致土壤肥力下降

人们受传统认识"蔬菜施肥越多越增产"的误导影响，导致在蔬菜生产过程中肥料投入不计成本，盲目投肥。这种施肥方式虽在短期内能获得高产和一定的经济效益，但必然导致肥料浪费和环境恶化。近几年，由于设施农业和高效农业的发展，复种指数明显增加，这必然导致土壤肥力下降。许多菜农为维护眼前利益，在蔬菜施肥中大量投入化肥等无机肥料，而很少投入秸秆、鸡粪等有机肥料，造成土壤有机质含量降低、土壤板结、土壤中生物活性降低、通气透水性差、保水保肥能力降低等一系列问题。据研究，一般大田水稳性团聚体为 14.5%，菜地为 50.12%，大棚菜田与露地菜田相比，水稳性团聚体更高，并且随种植年限的增长而增加，非毛管孔隙度更低，耕层逐年变浅，生态环境恶化，病害加重，导致农药用量加大，蔬菜商品质量低劣，这已成为生产无公害蔬菜的障碍因子。

2. 蔬菜施肥重氮轻磷钾，土壤养分平衡失调

由于氮肥施用后有明显的可视效果，因此菜农有偏施氮肥的习惯，但是却忽视了磷肥、钾肥的施用。这种不平衡的施肥方式，不仅导致土壤养分失调，致使部分养分耗竭，部分过量浪费，进而导致土壤和大气、水体等环境的污染。有些蔬菜需钾量又多，有的对钾的需求比氮还高，这种施肥方式造成氮量过多，钾量却不足，蔬菜抗逆能力下降。另外，蔬菜施氮肥过多，易造成蔬菜中 $NO_3^- - N$ 含量超标。据农业部农产品检测中心 2000 年冬季对郑州地区 17 个蔬菜品种中 66 个样品检测结果表明，亚硝酸盐检出率为 42.3%，超标率 16.7%，含量最高为 76mg/kg，超过标准 10 倍之多。

3. 大水漫灌导致肥料损失严重

据统计，目前大部分蔬菜灌水仍以大水漫灌为主，喷灌、滴灌等节水节肥技术并没有大规模推广。随着大水漫灌，肥料则随水冲施或撒施。这种浇水施肥方式容易造成养分的下移淋溶损失。

4. 肥料品种选择不合理和施肥方法不当

部分农民施肥仅凭经验，不考虑地力和蔬菜种类，过去用什么肥料，用多少，年年如此。据调查，农民在肥料使用上，根据销售人员推荐购买的占 15%，根据技术人员建议购买的占 20%，根据周围人群使用情况购买的占 55%，根据自己的种植习惯购买的占 10%。

一些菜农在大棚中施用挥发性强的碳酸氢铵，又不及时覆土，因此造成了一定程度的氮素损失。在复合肥使用上，作追肥的比例较大，造成盲目施肥和磷、钾资源的浪费。蔬菜追肥基本上是采用随水追肥的方式。在大量施用氮肥的情况下，大量的铵离子将进行硝化作用，迅速转化成硝态氮而随水下移，到达根系难以吸收的深度，既造成养分损失又污染地下水源。由于蔬菜生产中盲目施肥的现象非常普遍，因而土壤出现了不同程度的盐害问题。一方面，蔬菜吸收不完的养分自然会大量残留在土壤中；另一方面，由于棚室栽培蔬菜的条件特殊，土壤得不到雨水冲洗，也加重了可溶性盐在土壤中逐年积累。

5. 土壤次生盐害严重

盲目大量施肥，导致土壤溶液浓度增高，电导率和渗透压加大，盐害常有发生，尤其是设施蔬菜更为严重。据研究，种 8 年的大棚菜地土壤水溶性盐总量超过 0.2%，电导率超过 0.8ms/cm，已轻度盐渍化，直接影响蔬菜的产量与品质。在盐渍化严重的地块，蔬菜的根系不能正常吸水，受害蔬菜表现为植株矮小，生长发育不良，叶色干枯，根系变褐以至于死亡。

二、蔬菜地合理利用技术

（一）培肥地力，提高蔬菜品质与产量

蔬菜是高度集约化栽培作物，收获量大，复种指数高，因此蔬菜需要肥沃的土壤和大量的肥料补充。蔬菜地的培肥应按照用养结合、因地制宜、综合治理、逐年改良的原则进行。有机肥料和无机肥料配合施用，无机肥料具有养分释放速效的特点，但是需要多次追施，以保证肥料的养分释放高峰与蔬菜的养分吸收高峰相吻合，如果施用时间不当和施入不及时，就会出现营养生长过剩或短期营养不足，造成减产。而有机肥料保肥性比较好，可以缓慢释放养分，保证作物长期的养分需求。将有机、无机肥料配合施用，可以协调养分的释放速度，提供作物长期有效的营养。另外，有机肥可改善土壤结构，增加土壤保水保肥能力，改善土壤的通气性，为有益的微生物菌群提供良好的生存环境，抑制致病菌的存活，提高蔬菜产量及品质，达到培肥土壤的效果。

同时，有机肥也能缓冲土壤重金属污染，治理土壤盐害。新菜田必须在深耕土层的基础上施用大量有机肥料，一般两三年深翻一次；在保证经济效益的基础上，变单一种蔬菜连作为多种蔬菜作物合理轮作。有机肥料用量一般露地施腐熟有机肥 $60000kg/hm^2$ 以上，保护地施腐熟有机肥 $120000kg/hm^2$。

（二）合理施肥，大力推广测土配方施肥技术

测土配方施肥技术是根据土壤供肥性能、蔬菜需肥规律与肥料效应，在有机肥为基础的条件下，产前提出氮、磷、钾和微肥的适宜用量和比例，以及相应的施肥技术。测土配方施肥包括测土、配方、施肥三个环节。测土是摸清土壤的家底，掌握土壤的供肥性能。配方就像医生看病、对症处方，其核心是根据土壤、作物状况和产量要求，产前确定施用的肥料品种与数量。施肥是配方的执行，合理安排基肥和追肥比例，规定施用时间和方法，发挥肥料的最大增产作用。

1. 土壤的测试时期、内容及方法

一般是在前茬作物收获后，土壤尚未耕翻前，采集耕层土壤测试，多采用常规方法对土壤有机质、全氮、有效磷、速效钾、全盐量、pH 值等项目进行测定。

2. 蔬菜施肥量的确定

蔬菜施肥量的确定用土壤养分平衡法计算，其公式为

施肥量 =（作物单位产量吸收量 × 目标产量 − 土壤养分测定值 × 0.15
　　　　 × 有效养分校正系数）÷ 肥料中养分含量（%）÷ 肥料当季利用率（%）

3. 蔬菜作物需肥量

根据有关书刊收集了四大类蔬菜氮、磷、钾含量及形成 1000kg 商品菜所需养分数量（见表 6-2），以供配肥时参考。

表 6-2　每公斤蔬菜所需要养分数量

蔬　　菜		每公斤蔬菜所需养分量（mg/kg）		
种类	名称	氮（N）	磷（P_2O_5）	钾（K_2O）
叶菜类	花椰菜	10.87	2.09	4.91
	菠菜	2.48	0.86	5.29
	芹菜	2.00	0.93	3.88
	小白菜	1.61	0.94	3.91
茄果类	番茄	3.86	1.15	4.40
	茄子	3.24	0.94	4.49
	黄瓜	2.73	1.30	3.47
	辣椒	5.19	1.07	6.46
豆类	豇豆	4.05	2.53	8.75
	菜豆	3.37	2.26	5.93
根菜类	萝卜	2.16	0.26	2.95
	胡萝卜	2.43	0.75	5.68

4. 土壤养分供应量的确定

可以用土壤养分测定值代表土壤可提供本季作物利用的养分量，再乘以 0.15 及土壤养分利用系数，即可计算为每公顷土壤可提供速效养分的数量。根据蔬菜生产特点，提出以下经验校正系数：

（1）蔬菜利用土地的系数：在蔬菜种植时，多有起畦的畦背与灌水的垄沟，土地不是百分之百地被利用。经测算一般种植蔬菜时需乘以 0.8 的校正系数。

（2）蔬菜季节调节系数：一般春茬蔬菜需增肥促长，土壤供给养分量乘以 0.7 的校正系数为宜；秋茬蔬菜需减肥控旺，土壤供给养分量乘以 1.2 的校正系数为宜。

（3）土壤速效养分利用系数：蔬菜施肥目前没有准确的利用系数数据，我国各省

配方施肥参数研究表明，碱解氮的校正系数为 0.3~0.7，有效磷（Olsen 法）的校正系数为 0.4~0.5，速效钾的校正系数为 0.5~0.85。

（4）肥料当季利用率：一般氮、磷、钾化肥利用率分别为氮 30%~45%、磷 25%~30%、钾 20%~50%；有机类肥料中腐熟人畜粪便肥类为 20%~40%，厩肥为 15%~30%，土杂肥为 5%~30%。

在施肥时，要注意防止一次用量过多而造成高盐危害，一般一次肥料施用量不应高于最大限量的 2/3，在施用氯化铵和氯化钾等氯化盐类肥料时要尤为小心。

（三）确定优化的施肥方式

1. 施足基肥

基肥又称为底肥，一般在播种或定植前结合土壤耕作采取分层施肥的办法，耕地前将有机肥撒施，配合深翻施于下层，速效性肥料施在上层并覆土。保证施腐熟的有机肥 60000~75000kg/hm^2，无机肥料的施用按配肥结果确定，特别注意减少氮肥的施用，增加磷、钾肥的投入。一般瓜类和茄果类蔬菜施磷酸二铵 450~750kg/hm^2、硫酸钾 600~900kg/hm^2 或三元素复合肥 1500kg/hm^2；叶菜类蔬菜施磷酸二铵 450~600kg/hm^2、硫酸钾 450~600kg/hm^2 或三元素复合肥 1200kg/hm^2。

2. 合理追肥

追肥是基肥的补充，应根据不同蔬菜、不同生长期的需肥特点，适时适量分期追肥。一般叶菜类在叶球形成期、根菜类在直根膨大期、茄果类在结果初期和盛果期需肥量大，应根据需要进行少量多次追肥。全生育期要配合进行叶面追肥，瓜类、茄果类蔬菜叶面追肥以氮、磷、钾混合液或多元复合肥为主，也可用 0.5% 尿素加 0.3% 磷酸二氢钾喷施，全生育期共喷两三次。另外，微量元素肥料也有良好作用，结果表明，瓜类蔬菜喷洒 1% 葡萄糖或蔗糖溶液可显著增加蔬菜的含糖量，或减轻霜霉病的发生；叶菜类蔬菜以尿素为主，喷施浓度为 0.3%~0.5%，用量 1125~1500kg/hm^2，全生育期共喷两三次；根菜类蔬菜叶面追肥以磷、钾肥为主，如 0.2% 磷酸二氢钾溶液、过磷酸钙及草木灰浸出液等；同时，还可根据土壤中微量元素的缺乏状况，喷施中微量元素肥料等。

第七章　中低产田改良利用

土壤改良利用是对各项土壤资料进行综合分析，针对土壤的不良性状和障碍因素，采取相应的物理或化学措施，改善土壤性状，提高土壤肥力，根据不同区域土壤特点、自然条件、经济条件，因地制宜地制订、实施切实可行的开发、利用规划，综合发展农、林、牧、副、渔生产，发挥土壤生产潜力，增加作物产量，提高经济效益、生态效益和社会效益。

一、中低产田类型

中低产田是指土壤中存在一种或多种制约农业生产的障碍因素，导致单位面积产量相对低而不稳的耕地。产量高、低的具体标准，因各地自然条件和生产水平差异较大，目前全国尚不统一。按照全国农业区划部门的规定，以当地大面积近3年平均亩产为基准，高于平均亩产20%以上的为高产田；低于平均亩产20%以下的为低产田；处于平均亩产±20%以内的为中产田。本书是结合衡水市的耕地实际情况，根据第五章该市耕地地力等级评价结果，1级、2级地定为高产田，3级、4级地定为中产田，5级、6级地定为低产田，衡水市各类农田面积及所占比例见表7－1。该市的中低产田为412999hm²，占耕地面积的73.10%。

表7－1　衡水市各类农田面积及所占比例

行政区	总面积（hm²）	高产田		中产田		低产田	
		面积（hm²）	比例（%）	面积（hm²）	比例（%）	面积（hm²）	比例（%）
安平县	34888	33927	97.25	961	2.75	0	0
阜城县	45193	16625	36.79	26715	59.11	1853	4.10
故城县	61272	0	0.00	60911	99.41	361	0.59
冀州市	59740	1023	1.71	38545	64.52	20172	33.77
景　县	79253	1232	1.55	69282	87.42	8739	11.03
饶阳县	37623	15422	40.99	19657	52.25	2544	6.76
深州市	67657	43001	63.56	24518	36.24	138	0.20
桃城区	34477	31466	91.27	2859	8.29	152	0.44
武强县	30200	285	0.94	20506	67.90	9409	31.16

行政区	总面积（hm²）	高产田		中产田		低产田	
		面积（hm²）	比例（%）	面积（hm²）	比例（%）	面积（hm²）	比例（%）
武邑县	53370	9034	16.93	40321	75.55	4015	7.52
枣强县	61341	0	0	28784	46.92	32557	53.08
全市	565014	152015		333059		79940	

中华人民共和国农业行业标准《全国中低产田类型划分与改良技术规范》（NY/T 310—1996）中根据土壤主导障碍因素及改良主攻方向把全国耕地土壤归并为干旱灌溉型、渍涝潜育型、盐碱耕地型、坡地梯改型、渍涝排水型、沙化耕地型、障碍层次型、瘠薄培肥型 8 个中低产田类型，分布在全国 7 个耕地类型区。衡水市中低产田类型包括干旱灌溉型、瘠薄培肥型、障碍层次型、沙化耕地型、盐碱耕地型 5 种类型，以干旱灌溉型、瘠薄培肥型、障碍层次型为主。

（一）干旱灌溉型

干旱灌溉型，指由于降雨量不足或季节分配不合理，缺少必要的调蓄工程，以及由于地形、土壤原因造成的保水蓄水能力缺陷等原因，在作物生长季节不能满足正常水分需要，同时又具备水资源开发条件，可以通过发展灌溉加以改造的耕地。其主导障碍因素是干旱缺水，以及与其相关的水资源开发潜力、开发工程量及田间工程配套情况等。该市干旱灌溉型耕地面积 79594hm²，占总耕地面积的 14.09%，主要分布在景县。

（二）瘠薄培肥型

瘠薄培肥型，指受气候、地形等难以改变的环境（干旱、无水源）影响，以及距离居民点远，施肥不足，土壤结构不良，养分含量低，产量低于当地高产农田，当前又无见效快，大幅度提高产量的治本性措施（如发展灌溉），只能通过长期培肥加以逐步改良的耕地，如山地丘陵雨养型梯田、坡耕地。该市瘠薄培肥型耕地面积 58959hm²，占总耕地面积的 10%，主要分布在冀州市。

（三）障碍层次型

障碍层次型，指土壤剖面构型存在严重缺陷的耕地，如土体过薄、剖面 1m 左右内有沙漏、砾石、黏盘、铁盘等障碍层次。该市障碍层次型耕地面积为 176hm²，占总耕地面积的 0.03%，主要分布在武强县。

二、中低产田主要障碍因素

中低产田产量不高的原因是多方面的，例如土层浅薄、有机质和矿质养分少、土壤质地过黏过沙、土体构型不好等。这些低产因素的形成与土壤形成过程的成土因素、人为影响有密切关系。该市土壤的主要障碍因素有以下几个方面。

1. 干旱缺水

衡水市全年平均降水量为 494.9mm，降水主要集中在夏季的 6~8 月，全年大部分时间气候干燥，天然降水远远不能满足作物生长的需要。农田灌溉主要靠抽取地下水，致使地下水位连年下降，难以满足农作物生长对水分的需求，成为农业种植增产增效最大的制约因素，严重影响了粮食种植业的持续稳定发展。

2. 耕层薄

长期浅耕，造成土壤耕层浅薄（仅有15cm左右），而犁底层逐年加厚，使土壤容重增大、孔隙度降低，影响了作物根系的伸展和对深层养分、水分的吸收利用。

3. 土质过沙

土壤多为沙壤、轻壤，漏水漏肥，保水保肥能力差。

4. 部分养分含量偏低

全国第二次土壤普查时，该市大部分土壤有机质、全氮、碱解氮、有效磷含量均属低级，尤其是有机质含量低，使土壤结构不良，水肥气热不能协调，这是土壤肥力较低的主要障碍。本次调查分析结果表明，目前该市土壤有机质平均含量为14.54g/kg、碱解氮平均含量为75.86mg/kg、有效磷平均含量为22.24mg/kg、速效钾平均含量为126.74mg/kg。有效磷平均值属2级、速效钾平均值属3级，均处于高等水平。碱解氮平均值属4级，含量略低，处于中等水平。全氮平均值属5级，处于低等水平。与第二次土壤普查结果相比，有机质、全氮、有效磷含量均比第二次土壤普查提高67.13%、47.05%、344.80%，速效钾含量比第二次土壤普查降低10.75%。土壤有效铁、有效锰、有效铜、有效锌含量分别比第二次土壤普查提高了30.15%、123.11%、19.61%、140.35%，其中有效锌提高幅度最大，有效铜提高幅度最小。

5. 农民技术素质和机械化水平较低

由于缺乏科学种田的知识、机械化水平尚未完全普及，耕作制度不合理，部分地块管理粗放，广种薄收，甚至进行掠夺性生产。同时，在肥料施用上，大量施用化肥造成土壤板结。

6. 土壤盐化

在沿河一带，由于地下水位高，排水不畅，造成土壤盐化，不同程度地影响了作物出苗、保苗和正常生长，甚至直接影响了作物的产量。

三、存在的主要问题

1. 中低产田面积较大

衡水市中低产田面积大、类型多。衡水市中低产田类型包括干旱灌溉型、瘠薄培肥型、障碍层次型、沙化耕地型、盐碱耕地型5种类型，以干旱灌溉型、瘠薄培肥型、障碍层次型为主。该市的中低产田总面积412999hm^2，占耕地面积的73.10%。

2. 土壤耕层浅，蓄水保肥能力差

经过多年的小型机械耕作、人畜结合以及多年的浅层旋耕，土壤耕层逐渐变浅，通透性变差，孔隙度下降。另外，有机肥施用量逐年减少，化肥施用量增大，造成土壤板结，犁底层过浅过硬，团粒结构变差。这些严重影响了作物根系的发育，从而影响了作物的最终产量。

3. 灌水不足，土壤得不到淋洗

目前衡水市部分县市灌排水体系功能尚不健全，未达到良性循环，在沿河一带，由于地下水位高，排水不畅，土体含盐得不到彻底淋洗。

4. 施肥结构不合理，增产潜能得不到充分发挥

主要表现在重化肥，轻有机肥；重氮、磷肥，轻钾肥；重大量元素肥料，轻微量元素肥料；重经济作物，轻粮食作物。由于施肥结构不合理，导致氮、磷、钾比例失调，增产潜能得不到充分发挥。

四、中低产田改造的基本原则

依据《国家粮食安全中长期规划纲要（2008~2020年）》，在12年间，需要再新增500亿公斤生产能力，以提高国家粮食安全的保障程度。在现有的耕地资源状况下，要实现这一目标，中低产田改造无疑是一个及其重要的措施。改造中低产田比垦荒投入少、用工省、见效快。多年来，改造中低产田的实践说明，低洼稻田、低湿地、盐碱地，一经改良，提高1个地力等级，通常可增产粮食900~1800kg/hm^2；坡耕地、瘠薄地和风沙地，可增产粮食600~1500kg/hm^2。针对不同土壤的障碍因素进行中低产田改造，是提高土地生产力的重要途径。

中低产田改造，既要考虑资源条件，又要兼顾当地群众的积极性和配套能力。通过中低产田改造实现水、田、林、机、路综合治理，桥、涵、闸等建筑物配套。达到田成方、林成网、渠相通、路相连、旱能灌、涝能排、渍能降。同时，采取相应的管护措施。

中低产田改造的基本原则是统一规划，综合治理，先易后难，分期实施，以点带面，分类指导，搞好技术开发，注意远近期结合，并与区域开发、生产基本建设等紧密衔接。中低产田改造不单纯是提高当年产量，应该着眼于根本性的土壤改良，提高耕地特别是提高综合生产能力的基本建设。针对不同类型中低产田采取工程、生物、农艺、化学等综合措施，清除或减轻制约产量的土壤障碍因素，提高耕地基础地力等级，改善农业生产条件。提高农业综合效益，达到粮食获得稳产、高产，实现农业增效、农民增收。在改造中低产田中，应通过调整种植业结构，增加养地作物，增施有机肥，并进行生态农业建设，进行水、土、田、林、路等的综合治理，提高土地的可持续生产能力。

五、改良利用措施

提高该市农业整体产量水平，改良利用好中低产田是当务之急。通过各项农艺措施培肥地力，使粮食获得稳产、高产，达到农业增效、农民增收。中低产田可以通过工程、生物、农艺、化学等综合措施，消除或减轻中低产田土壤限制农业产量提高的各种障碍因素，提高耕地基础地力。针对衡水市中低产田的不同类型采用相应的改良利用措施如下。

（一）干旱灌溉型

干旱灌溉型土壤改良主攻方向为发展灌溉。为此，提出以提高灌溉水、土壤水和降水利用率为中心，大力发展节水农业，提高土壤供、蓄水能力，科学用水，充分挖掘土

壤的增产潜力，确保农业丰产丰收。

1. 搞好农田水利基本建设，发展节水农业

衡水市地下水资源有限，要从发展节水农业中寻求出路，在加大节水农业水利设施建设力度上求突破，最大限度地节约用水，合理利用有限的水资源。其目标是通过大力推广定额用水，实施工艺节水、生物节水、农艺节水，加强节水灌溉工程建设等措施，最大限度地优化农业用水配置，全面提高灌溉水利用系数，实现粮食用水额每亩控制在 $240 \sim 260 m^3$，具体抓好以下措施：

（1）发展管道输水防渗系统。管道输水是利用管道将水直接送到田间灌溉，以减少水在明渠输送过程中的渗漏和蒸发损失，真正做到高效用水。节电 20% ～30%，省地 2% ～3%，增产幅度 10%。常用的管材有混凝土管、塑料硬（软）管及金属管等。该市应大力推广，以此来提高地下水的利用率。

（2）建立喷灌、滴灌、地下滴灌配套设施。

① 喷灌：喷灌是利用管道将有压水送到灌溉地段，并通过喷头分散成细小水滴，均匀地喷洒到田间，对作物进行灌溉的一种灌水方式，取消了田间灌水沟及畦埂，增加了 15% ～20% 的播种面积，节水增产效果显著。喷灌大大减少了田间渠系建设及管理维护和平整土地的工作量，灌水均匀，土壤不板结，水的利用率达 80%，作物增产幅度可达 20% ～40%。

② 滴灌：滴灌是利用塑料管道将水通过直径约 10mm 毛管上的孔口或滴头送到作物根部进行局部灌溉。它是目前最有效的一种节水灌溉方式，水分利用率可达 95%。滴灌较喷灌具有更高的节水增产效果，同时可以结合施肥，提高肥效 1 倍以上。滴灌可适用于果树、蔬菜、经济作物以及温室大棚灌溉。

③ 地下滴灌：地下滴灌是把滴灌管埋入地下作物根系活动层内，灌溉水通过微孔渗入土壤供作物吸收。有的在塑料管上隔一定距离钻一个小孔，埋入地下植物根部附近进行灌溉，群众俗称"渗灌"。地下滴灌具有蒸发损失少、省水、省电、省肥、省工和增产效益显著等优点，果树、棉花、粮食作物等均可采用。

2. 发展田间节水灌溉技术

（1）平整土地：土地平整，可使灌水均匀，达到节水目的；也可有效接纳雨水，避免地面径流，使降水全部进入土壤水库，蓄以待用。

（2）小畦灌溉：小畦灌溉是该市部分县市行之有效的一项田间节水灌溉技术，小畦灌溉的特点是水流流程短，灌水均匀，只要管理好，可显著减少深层渗漏，提高灌水均匀度和田间水利用率，减小灌水定额，达到节水和增产的目的。大畦大水漫灌不但造成水资源和肥料的浪费，还引起土壤团粒结构的破坏和地下水位上升，甚至导致土壤次生盐碱化的发生。推广小畦灌溉投入小，收效显著。

（3）长畦短灌：长畦短灌又称长畦分段灌溉，是将长畦划分为若干不打横向畦埂的小段，用软管或纵向输水沟将水送入各段灌溉，采用软管输水时灌水通常由远及近，采用输水沟输水时灌水则由近及远。长畦分段灌溉可以达到小畦灌溉同样的节水效果，而且减少了田间渠道，节约了耕地，也便于农机耕作。

（4）膜上灌溉：膜上灌溉是在地膜栽培的基础上，把膜侧行水改为膜上行水，通

过放苗孔直接向作物供水的一项田间节水增产灌溉技术。它类似滴灌，是一种局部灌溉，可有效地防止深层渗漏，地膜覆盖也大大减少了棵间无效蒸发。

3. 实施农业节水技术

（1）农艺节水技术：所谓农艺节水就是利用农业综合技术提高作物水分利用率，它是众多节水环节中较为关键的一环。

① 增施有机肥和平衡施肥：每年保证有机肥施用量 3000～4500 千克/亩，合理调整氮、磷、钾比例，以最经济的投入获得最佳的效益。增施有机肥不仅可以增加土壤有机质含量，形成团粒结构，而且使土壤容重变小，孔隙度增大，能使雨水和地表径流水渗入土层中变成毛管水保存起来，以减少蒸发。因此，增施有机肥既能提高土壤肥力，又可改善土壤结构，增大土壤涵蓄水分的能力，增强根系吸收水分的能力，达到以肥调水、提高水分生产率的效果。

② 深耕蓄水技术：指分期分层逐年加深耕层，或推广深松犁，深松深度可达 40cm 以上，打破犁底层，加深耕层疏松土壤厚度，增加土壤蓄水容量的土地翻耕方法。深耕后底层土壤容重由 $1.5g/cm^3$ 降到 $1.35g/cm^3$，孔隙度由 45% 增加到 54%。深耕后底层土壤根系下扎，增加对深层土壤水的利用量。深耕地根系深入到 1.5m 以下，而浅耕地根系分布在 1m 土层。作物根量深耕地比浅耕地增加 30% 以上。试验表明，采用"上翻下松"的深松耕作法，在一定深度内，作物增产幅度为 20%～50%，土壤蓄水增加 20%。

③ 秸秆还田和覆盖技术：秸秆堆沤、翻压和覆盖还田可以防止形成径流并减少水分蒸发。衡水市种植的农作物主要是小麦、玉米。小麦、玉米秸秆直接还田后，具有改善土壤结构、提高土壤养分含量、蓄水保墒和增产增收的作用。据测定，连续 3 年麦秸覆盖玉米田后，土壤容重降低 $0.06g/cm^3$，孔隙度增加 3.01%。有机质增加 0.13g/kg，速效氮增加 8.87mg/kg，有效磷增加 3.82mg/kg，速效钾增加 17.8mg/kg。麦秸覆盖的地表径流只相当于不覆盖的 37.3%，土壤侵蚀量只相当于不覆盖的 41.2%。玉米全生育期 0～20cm 耕层土壤含水量均有不同程度的提高，其中大喇叭口期平均增加 1.6%，抽雄期增加 1.7%，成熟期增加 2.4%，麦秸覆盖还田的比未还田的夏玉米平均亩增产 36.5kg，增产率 8.3%。

④ 地膜覆盖技术：地膜覆盖技术是一项人工调控土壤 – 作物间水分条件的栽培技术，是降低农田水分无效蒸发，提高用水效率的有效农业措施之一。采用农田地膜覆盖阻断了土壤水分的垂直蒸发和乱流，使水分横向迁移，增大了水分蒸发的阻力，有效抑制土壤水分的无效蒸发，抑蒸力可达 80% 以上。覆膜的抑蒸保墒效应促进了土壤 – 作物 – 大气连续体系中水分的有效循环，增加了耕层土壤贮水量，加大作物利用深层水分，改善作物吸收水分条件、水热条件及作物生长状况，有利于矿质养分的吸收利用。推广应用地膜覆盖的作物主要有棉花、花生、西瓜及蔬菜等。

（2）生物节水技术：根据衡水市的实际情况，提出了一系列适合当地的作物节水栽培技术措施。一是调整种植结构，种植耐旱作物。种植制度调整是选择优质、高效、节水的种植制度和作物结构，压缩部分虽然高产但效益低、耗水大的作物，增加传统的耐旱节水优质高效作物的种植。可以适当调整小麦/玉米种植面积，增加春播抗旱、耐旱作物面积，如春播地膜棉花、地膜花生、甘薯等。与小麦/玉米种植模式相比，春播作物地膜棉花每亩可节水 $50m^3$；甘薯是典型的耐旱作物，一生仅需要 $300 \sim 400mm$ 降水，一般不用浇水，每亩可节水 $200m^3$ 左右；花生每亩可节水 $30m^3$；夏播作物每亩可节水 $50m^3$；夏甘薯每亩可节水 $100m^3$。二是选用抗旱节水品种。通过选用节水抗旱作物品种实现水资源的高效利用，如小麦选用衡观 35、石麦 15、石家庄 8 号等高产、稳产、节水品种，玉米选用抗旱、抗逆性强的郑单 958、浚单 20 等品种。三是科学灌水。根据作物的"水分临界期"，保证关键期水分的需求，制订灌水方案，实施测墒灌溉。例如，小麦足墒播种，并在起身拔节期和扬花灌浆期分别浇 1 水；玉米保证浇足底墒水。四是推广小麦适期晚播和 15cm 等行距技术，防止地表水分的无效蒸发，提高水分利用率。

（3）化学节水技术：其基本原理是利用有机高分子与水的亲和作用下形成的液态膜物质，分别施予种子、幼苗、土壤和植株，利用高分子或膜物质对水分进行调节控制，达到吸水保水、抑制蒸发、减少蒸腾、防止渗漏、增加蓄水、节水省水、有效供水的目的，从而提高水的利用率。如抗蒸腾剂、生长延缓剂、保水剂等拌种和大田喷施，能降低作物叶片蒸腾强度，促进根系发育，有利于根系下扎，吸收深层的土壤水分和养分，提高作物的抗旱能力。

（二）瘠薄培肥型

对于瘠薄培肥型的中低产田，把培肥地力、科学施肥作为一项重要的增产措施。许多耕作栽培措施，如耕作、施肥、灌溉、轮作等都具有一定的培肥地力作用，其中施肥是培肥地力最有效和最直接的途径。有机肥与化肥在培肥地力上有独特的作用。有机肥料养分全、缓效，并含有丰富的有机质，能改良土壤结构，不仅有利于作物根系的生长发育，而且有助于提高土壤保水、保肥能力。化肥养分含量高、速效，因而，有机肥和化肥配合施用能取长补短、互相调剂，充分发挥这两种肥料的作用。

1. 有机培肥

有机培肥是通过增施有机肥、种植绿肥、秸秆还田、沼气、少耕、免耕、合理轮作等方法，以增加土壤中有机质的含量，使土壤中的有效氮、有效磷、有效钾以及微量元素增加，提高土壤肥力，进而能提高作物产量，降低有害物质的积累，提高农产品质量，还能有效防治作物病虫害，提高作物的抗性。

有机肥中富含有机质、多种矿质营养元素和大量微生物，不仅可以直接供给作物所需要的有机和无机养分，而且在改良和培肥土壤方面有着重要的作用，主要表现在：①长期施用有机肥提高了土壤有机质含量，并促进了团粒结构，特别是水稳性团粒结构的形成，提高了土壤的孔隙度、吸水保水性、吸热保温性，协调了土壤水、肥、气、热之间的矛盾；有机肥中的腐殖质带有较多的负电荷，阳离子代换量一般比土壤矿物黏粒大 $10 \sim 20$ 倍，因此施用有机肥可提高土壤阳离子代换量，增强土壤保肥供肥能力；有机肥中的有机酸和腐植酸盐具有较高的缓冲性能，可以调节土壤 pH 值的变化和减轻一些有害元素的活性和危害。②增强土壤生物活性，促进土壤养分的有效化，提高土壤有效养分含量。有机肥中存在有大量的种类繁多的微生物，有机肥的施用不仅将其所含的微生物带入了土壤，更主要的是为土壤微生物的生命活动提供了充足的能源物质和营养物质，可激发土壤微生物的活性，一方面促进土壤有机质的矿质化；另一方面促进土壤有机质的腐殖化，既为作物提供营养物质，又可培肥地力。

土壤有机质的含量取决于其年生成量和每年矿化量的相对大小，当生成量大于矿化量时，有机质含量就会逐步增加，反之，将会逐渐降低。一般来说，土壤温度低，通气性差，湿度大时，土壤有机质矿化量较低；相反，土壤温度高，通气性好，湿度适中则有利于土壤有机质的矿化。可以通过秸秆还田、施用有机肥等方式增加土壤有机质含量。

2. 无机培肥

国内外许多长期试验结果表明，合理施用化肥不仅不会使土壤肥力下降，甚至还能使土壤肥力有所提高。由于化肥多为养分含量较高的速效性肥料，施入土壤后一般都会在一定时段内显著地提高土壤有效养分的含量，但不同种类的化肥其有效成分在土壤中的转化、存留期的长短以及后效等是极不相同的。所以，它们培肥地力的作用也是不相同的。化肥的施用不仅能补充土壤有效养分的不足，满足作物对氮、磷、钾的需要，提高作物产量，同时也增大了农家肥和有机质的资源量，使归还土壤的有机质数量增加，从而起到培肥土壤的间接作用。

氮肥提倡氨态氮肥深施和配合硝化抑制剂施用；提倡因作物施用，豆科作物初期施少量；提倡因土施用，质地偏轻土壤，注意后期追肥，少量多次，质地偏重土壤，注意前期追施或施足底肥；提倡氮肥与其他肥料配合施用（硫铵和磷肥，碳铵和磷肥等，地头混合，随混随施）；提倡尿素撒后浇水。

磷肥提倡优先施用到含磷量低的地块，以旱施为好，建议用少量水溶性磷肥作种肥；提倡恢复和发展磷细菌生产，种植吸收难溶性磷较强的作物，以发挥本市全磷含量较高地块潜力。

随着氮磷施用量的增加，钾素及微量元素也相对表现不足。一定要重视土壤各种养分变化，做好试验示范，促进养分归还，提高土壤肥力。

3. 有机无机相结合

有机肥为主，化肥为辅，有机肥与化肥配合使用，在培肥地力上更能相互取长补短，缓急相宜。通过配方施肥，均衡提供作物养分，提高土壤肥力。通过配方施肥做到有机肥与无机肥结合，氮、磷、钾与微量元素结合，分层施肥与追肥、叶面喷肥结合，不但可以均衡提供作物养分、满足作物不同生育期的生产需要，提高肥料利用率，而且可以改善土壤养分不均衡状况，通过促进作物生长改善土壤性状。

4. 施用微生物肥料

一是通过肥料中有益微生物的生命活动，固定转化空气中不能利用的分子态氮为化合态氮，解析土壤中不能利用的化合态磷、钾为可利用态的磷、钾，并可解析土壤中的10多种中、微量元素。二是通过这些有益微生物的生命活动，分泌生长素、细胞分裂素、赤霉素、吲哚乙酸等植物激素，促进作物生长，调控作物代谢。三是通过有益微生物在根际大量繁殖，产生大量黏多糖，与植物分泌的黏液及矿物胶体、有机胶体相结合，形成土壤团粒结构，能改善土壤物理性状，增进土壤蓄肥、保水能力。根据作物种类和土壤条件，采用微生物肥料与化肥配合施用，既能保证增产，又减少了化肥使用量，降低成本，同时还能改善土壤及作物品质，减少污染。

5. 其他措施

（1）平整土地与条田建设：将平坦塬面及缓坡地规划成条田，平整土地，以蓄水保墒。有条件的地方，开发利用地下水资源和引水上塬，逐步扩大塬面水浇地面积。通过水土保持和提高水资源开发水平，发展粮果生产。

（2）实行水保耕作法：在平川区推广地膜覆盖、生物覆盖等旱农技术；在山地、丘陵推广丰产沟田或者其他高耕作物及种植制度和地膜覆盖、生物覆盖等旱农技术，有效保持土壤水分，满足作物需求，提高作物产量。

（3）优化种植结构，建立合理轮作制度：优化种植结构，实行玉米—豆—杂粮的轮作制度。在耕作上实行翻、松、耙结合的耕作方法，创造上虚下实、虚实并存的作物生长土壤环境，改善土壤理化性状，创造良好的土壤水、肥、气、热条件。

（4）兴建林带植被：因地制宜造林、种草与农作物种植有效结合，兼顾生态效益和经济效益，发展复合农业。

（三）沙化耕地型

1. 客土

客土掺泥（塘泥、沟泥、垃圾、草皮土等），改良土质；土壤改良除采取与瘠薄培肥型耕地的培肥措施外，要增加灌溉次数，增加淤积物，改变耕层质地性状。

2. 采取必要的保护性耕作措施

留高茬，少翻地，种植秋作物，可以避开春播时间因风蚀而带来的损失，多施有机肥以培肥地力，或者种植果树、葡萄等其他经济作物。

3. 营造防风固土林，草灌乔有机结合

这类土壤质地以沙质为主，地势较平缓，土壤瘠薄，含沙较多，风蚀较水蚀严重。首先要营造防风固土林（灌草），草灌乔结合，优先考虑灌草，因为灌草易成活，抗旱，种子播种，来源较容易，且地面粗糙度大，固土效果好，收益快。

4. 增施有机肥，调整种植结构

在耕地上，坚持种绿肥，大力推广秸秆还田，合理用肥；调整种植结构，实行轮作，如种蔬菜施农家肥、畜禽腐熟肥可以为土壤增加大量有机肥，实行蔬菜和粮食作物轮作，有利于良化土壤理化性能和结构。果园也可发展绿肥掩青，提高土壤有机质含量，逐步培肥土壤。

（四）盐碱耕地型

盐碱地的形成本质是土壤中盐分随水分运动的结果。盐碱地改良利用的原则是：因地制宜、综合治理、改良和利用相结合、水利工程措施和农业生物措施相结合、排除土壤盐分与提高土壤肥力相结合、灌溉与排水相结合。到目前为止，改良盐碱地的措施主要包括工程措施、生物措施、化学措施以及耕作措施。根据该市盐碱地特点，实行多措施综合改良利用。

1. 工程措施

根据"盐随水来，盐随水去"的自然规律，进行农田基本建设是盐碱地改良最为有效的措施之一。工程措施主要有开挖排碱沟、设地下暗管、竖井排盐、客沙压碱以及土层下垫沙或垫草等，这些措施或可以降低地下水位，或可以阻止盐分向地表移动，降低土壤盐分运动对农作物的危害。目前，工程措施的应用十分广泛，并形成了一些配套技术，如盐碱地井灌治理技术、盐碱地高效灌排技术、盐碱地浅沟排水技术、盐碱地暗管排水治理技术、盐碱地膜下滴灌技术等。该市建立了排灌渠系，对降低地下水位，加速土壤脱盐起了很好的作用，但是近年来，由于管理不及时，没有及时清淤，有的排渠沟坡侵蚀淤积堵塞，排水不畅，导致地下水位抬高，降低了排盐效果。当前应在搞好渠系配套的同时，保证一些排灌渠道的相应深度，今后要加强保护，及时清淤，禁止填堵排渠的现象。衡水市的具体做法有：①修建田间排水工程，建立排灌渠系，做到水流渠畅，封闭洼地可用动力排水或井灌井排，以做到洗盐淋盐，改变土壤含盐碱数量；②平整田地，在地势起伏不平的地区，往往在低洼处出现盐斑、碱斑，通过平整田地可以有效治理；③通过铺沙、放淤等，进行压盐。

2. 生物措施

建设生物排盐（水）林网，通过植树造林，发展绿肥，增加覆盖，改善农田小气候，减弱土壤蒸发过程和积盐过程，生物措施被认为是治理盐碱地最有效的途径，通过培育和种植一些耐盐植物和多年生绿肥，增加地表植被盖度，减少蒸发，可以有效地控制地下水和盐分上升。植物的蒸腾作用可降低地下水位，缓解盐分向地表聚集，根系分泌的有机酸及植物残体经微生物分解产生的有机酸还能中和土壤碱性。

在盐碱较重、人均地较多的地区，可种植树木、绿肥，试行农、林、牧综合改造盐碱的方法。盐碱危害较重的中低产田可采取种植苜蓿、三叶草等绿肥的方法改良培肥。发展绿肥的途径：一是四旁种植紫穗槐，二是玉米后套田青、檉麻，三是搞好粮肥间作或轮作。常见的适宜树种有刺槐、桑树、旱柳、枸杞、泡桐、紫穗槐等；果树有枣、梨、苹果、葡萄等，耐盐作物有向日葵、甜菜等。种植果树、葡萄等作物，既可以带来一定的经济效益，还可改良土壤，一举两得。

3. 化学措施

通过化学改良剂与土壤中各种盐离子的相互作用进而改变土壤结构，以达到改良盐碱地的目的。化学改良剂有两方面作用：一方面改善土壤结构，加速洗盐排碱过程；另一方面改变可溶性盐基成分，增加盐基代换量，调节土壤酸碱度。目前较常见的土壤改良剂有硫酸铝、粉煤灰、石膏、沸石、泥炭、风化煤、糠醛渣等。

4. 耕作措施

耕作措施主要包括盐碱地优化灌溉技术、盐碱地优化施肥技术、盐碱地上农下渔利用技术、盐碱地优化耕作技术等。通过耕作措施，切断毛细管，阻止盐分向表土层积聚。

从大面积碱地来看，严重地存在耕作不当和次数太少或根本不耕的问题。为此提倡四条措施：一是平整土地，围埝蓄水；二是深耕养坷垃；三是春季晒堡，夏季种植，秋季耕翻；四是开沟挖坑，躲盐巧种。近年来，保护性耕作措施在盐碱地的治理过程中也发挥了一定的作用。通过少耕、免耕、深松耕、秸秆还田等措施，使地表始终有覆盖物，可以减少土壤内水分蒸发，减缓盐分向地表转移。秋季发展机械深耕作业，注意深耕晒垄，改变土壤结构，使土壤由僵变酥（融）以利于发苗；春季浅耕旱耙，促进土壤熟化。

实施合理的灌溉制度，既要考虑满足作物需水，又要尽量起到调节土壤剖面中的盐分运动情况。灌水要在作物生长的关键期，如拔节、抽穗、灌浆期，效果最佳。采用节水防盐灌溉制度。我国 95% 以上的灌溉面积是常规的地面灌溉。近年来的研究表明，节水灌溉措施可以节水 30% ~ 70%，这些措施可以减少灌溉的渗漏水蒸发，从而防止大水漫灌引起的地下水位抬升。在有条件的地方，可发展滴灌、喷灌、渗灌等灌溉技术。

5. 合理施肥

有句农谚"地瘦生碱"，盐碱和瘠瘦是相互影响的。据统计，碱土施磷石膏量在200~250 千克/亩，连续施用 3 年，可达理想效果。增施有机肥和发展绿肥牧草可以培肥地力，改善土壤理化性状，使土壤体内水盐运动状况得到改善。同时，盐碱地应该增施磷肥。

6. 预防次生盐渍化

地下水位较高的农田要建立完善的灌水和排水系统，达到通过灌溉排出土壤积存的盐分，预防地下水上升引起土壤次生盐渍化。

（五）障碍层次型

1. 客土改造

根据障碍层部分，因地制宜，采取掺沙、掺黏等客土改良措施，逐步消除不良障碍层。

2. 平整土地

平田整地，变"三跑田"为"三保田"。起高垫低，平整四面，加厚耕层，变降雨的坡面径流为垂直入渗，提高耕地保水、保肥能力，严防水土流失。

3. 搞好林带植被建设

这类耕地的有效改良措施是造林种树。根据该市立地条件选择在此条件下生长最好的树种，或采取人为措施来改善不适宜造林树种生长的环境因子，使之满足树种对环境条件的要求。做到乔、灌、草、果合理搭配，促进经济增长。

4. 其他改良利用措施

依据该市条件，开发适当的水利设施，扩大灌溉面积，增加灌溉量，使年浇灌次数达到两三次，保证作物生长时水分的需求。

第八章　耕地资源与种植业合理布局

耕地资源是土地资源的精华，是最重要的农业生产资料，也是保障土地生态系统稳定与优化的基础土地资源。随着全球经济的不断发展，人口规模急剧增加，工业化和城市化进程加快，耕地资源减少和建设用地之间的矛盾十分尖锐，自然灾害和人类活动引起耕地质量下降问题日渐突出。面对人口膨胀、资源匮乏、人地矛盾日趋尖锐的严峻现实，如何保障耕地资源的合理配置、永续利用，是实现人口、资源、环境和经济可持续发展的关键。耕地资源合理配置关系到国民经济发展的速度，关系到粮食生产安全，关系到优质高效农业生产，关系到土地资源的质量保护与数量保护。

人口的日益增加、建设用地规模的不断扩大，人多地少的矛盾不断加剧，对土地利用提出了更高、更严格的要求。依靠增加投入和科技进步，不断提高耕地生产率，是保证粮食安全的耕地资源基础，也是满足工业化、城市化对土地需求的根本途径。耕地资源利用与调控和管理的目标是通过各种措施提高耕地生产率，在保障粮食安全的前提下，合理、适度地改变耕地用途，最大限度地发挥耕地资源的效用。

一、耕地生产能力

衡水市是一个传统的农业大县，经济历来以农业为主。1949 年以前，耕作粗放，生产落后。新中国成立后，农民生产积极性空前高涨，生产力得到解放。同时在以农业为基础的国民经济发展方针指导下，积极兴修水利，大搞农田基本建设，增施肥料，普及良种，改进耕作技术，发展农机、农田水利等，使农业生产条件和耕作水平有了根本变化。特别是十一届三中全会以后，通过全面推行联产承包责任制，开创了农业发展、粮食高产稳产的新局面。

近年来，通过调整农业种植结构，种植的主要作物有小麦、玉米、谷子、马铃薯、蔬菜和果树。2011 年，粮食产量 3786219t，平均单产 6360kg/hm²。其中，小麦单产 6186kg/hm²，总产量 1791327t；玉米单产 6718kg/hm²，总产量 1919357t；谷子单产 3900 kg/hm²，总产量 19836t；高粱单产 4189kg/hm²，总产量 2484t；其他谷物总产量 1778t。豆类单产 2555kg/hm²，总产量 24435t；马铃薯单产 8781kg/hm²，总产量 6340t。油料作物产量 105950t，平均单产 3643kg/hm²。蔬菜（含菜用瓜）产量 4252734t，平均单产 51.362kg/hm²。

二、种植业现状

衡水市粮食作物种植历史悠久，近年来，种植的主要作物有玉米、谷子、马铃薯、蔬菜和果树。2011 年，全市农作物种植面积 854673hm²，其中粮食作物面积 595361hm²

（小麦 289558hm²，玉米 285701hm²，谷子 5086hm²，高粱 593hm²，其他谷物 469hm²，马铃薯 722hm²，豆类 9565hm²）；油料种植面积 29080hm²；蔬菜（含菜用瓜）82800hm²；瓜类面积 12680hm²。种植业比例见表 8 - 1、表 8 - 2。

从各种植业所占的比例来看，粮食作物种植占主导地位；其次是蔬菜、油料作物、瓜类。粮食作物种植以小麦、玉米为主，占总种植面积的 48.64%、33.43%；其次是豆类、谷子；再次是马铃薯、高粱等（图 8 - 1，图 8 - 2）。

表 8 - 1　农作物种植比例

农作物	粮食作物	油料作物	棉花	药材	蔬菜	瓜果	其他农作物
播种面积（hm²）	595361	105950	163291	272	82800	12680	95
占总播种面积（%）	61.99	11.03	17.00	0.03	8.62	1.32	0.01

表 8 - 2　粮食作物种植比例

粮食作物	小麦	玉米	谷子	高粱	豆类	薯类	其他谷物
播种面积（hm²）	289558	285701	5086	593	9565	4389	469
占粮食播种面积（%）	48.64	47.99	0.85	0.10	1.61	0.74	0.08
占总播种面积（%）	33.88	33.43	0.60	0.07	1.12	0.51	0.05

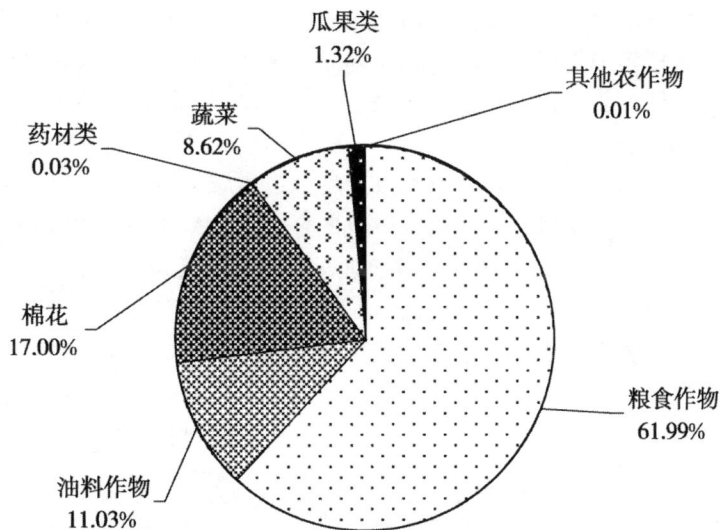

图 8 - 1　种植业现状

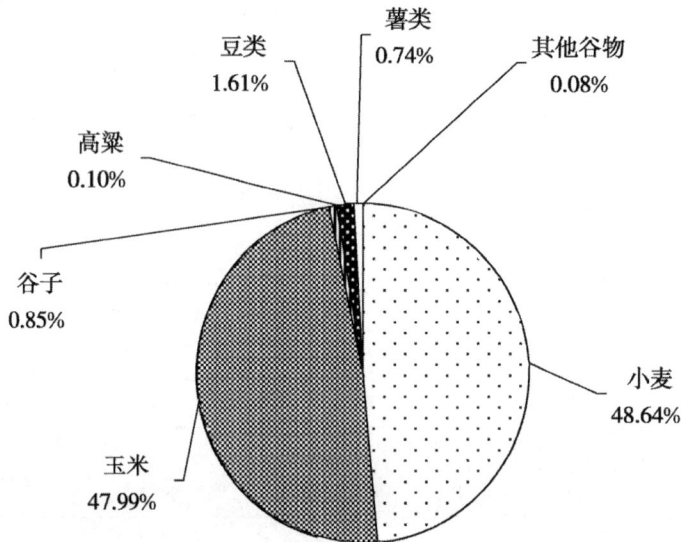

图 8 – 2　各种粮食作物种植面积占粮食播种面积的比例

三、种植业面临的问题

1. 种植结构比较单一，自然资源尚未合理利用

衡水市各县市根据各自的气候、土壤特点，大部分适宜种植小麦、玉米、花生、棉花、蔬菜等多种作物。长期形成了一年两熟、一年一熟的多种耕作制度。而且由传统的小麦、玉米等粮食作物的生产逐渐向蔬菜、果品等经济价值较高的经济作物转变，但发展速度比较慢。虽然近年来探索和推广了高效复种制度，套作面积在扩大，为调整和发展找到新的方向，但由于受计划经济的束缚，各种新的种植制度尚未形成较大规模，资源配置比较单一，区域优势和产业难以形成。特别是近年来，农村劳动力向第二、第三产业转移量逐年加大，冬闲田逐年增加，导致冬春耕地自然资源尚未合理利用。

2. 大宗农产品发展较快，忽视名、特、优、新作物的发展

近年来，该市为了配合农业结构的调整，农业主管部门狠抓商品粮、油的建设和高效粮田的开发，对促进河北省农业结构的调整与优化起了重要的推动作用。但是，还没有完全摆脱过去产品经济和小农经济的范畴，思想上、行动上仍受到小农经济的影响和束缚。经济作物的比重提高不快，名、特、优、新作物未得到进一步巩固和扩大，重视了产品的数量，忽视了产品的质量。因此，需要建立公司加基地加农户的机制发展，使该市农产品集约种植，规模加工，形成产业，创立名牌，打开销路，提高效益。

3. 用地与养地矛盾日益尖锐，导致土壤肥力不同程度地下降

衡水市在农业综合开发、强化农田基础设施建设、改善生产条件、提高抗干旱能力、加速中低产田改造、促进农业持续增产方面已取得很大成绩。但是，自 20 世纪 80 年代以来，随着耕作制度的改革，高产粮田的开发，高产耐肥农作物品种的推广，种植结构的调整，复种指数的增加，加上化肥施肥量的显著增加，绿肥面积逐年减少，作物施肥制度发生了变化，表现在重化肥，轻有机肥，重氮肥，轻磷钾，重产出，轻投入，重用地，轻养地，导致农作物摄走的养分增加，引起土壤肥力不同程度的下降。因此，在该市人均耕地严重不足的前提下，为保证粮食自给自足，必须发挥新型农作制度的优势，发展集约高产高效农业，要求土地生产力不断提高。在增加用地的同时，注意养地，逐步建立有利于用养结合的农作制度，使其种植业调整与发展处于高产高效的良性循环状态。

4. 农民思想认识不到位，有待加大对科学技术的重视程度

目前，许多农民群众甚至农村干部文化素质比较低，对农业种植结构调整的认识不足，已成为制约农业生产健康发展的重要因素之一。因此，要求广大干部和农民群众提高认识、解放思想、转变观念，紧紧围绕"优化"种植业结构这一重要目标，因地制宜，扬长避短，制订出合理的远景发展目标和近期实施规划，提高工作的目的性和效率。

"农业技术推广体系是农业社会化服务体系和国家对农业支持保护体系的重要组成部分，是实施科教兴农战略的重要载体"。目前，由于我国大多数农民文化水平低，因此在科技文化素质、技术推广上都有一定影响。因此，首先要建立健全市、乡、村基层科技人员队伍，充分调动其积极性，可通过培训、示范、观摩等多元化形式带动和提高科学文化素质；其次，配合种植业结构调整，加强技术推广和创新，不断探索农业生产的新途径、新方法、新措施，充分发挥新技术、新产品的增产增效作用；再次，鼓励科研院校的农业科技人员到生产一线直接为农民服务，使好的科研成果尽快转化为生产力，从根本上解决技术难题；最后，充分发挥现代媒体的优势，利用电视、广播、报纸、科普读物、印发科技资料和光盘等多种渠道和手段，把先进实用的农业技术准确及时地传送到广大农民群众手中，使农民真正领会科学种田的重要性，掌握科学种田的知识。

5. 市场信息和销售问题

信息和流通是农产品转化为商品获得最大经济效益的桥梁，信息不灵、流通渠道不畅是阻碍衡水市农村经济发展的重大"拦路虎"。信息服务包括两个方面：一是搞好市场调查，因地制宜地选择能赚钱的新项目，减少盲目上项目带来的产品滞销等麻烦；二是为现有产品找市场。全市交通便利，邮政、通信发达。截至2010年年底，衡水市实现信号全覆盖，有广播电台、有线广播发射台；邮政业务突破了传统的信函、包裹、汇兑、报刊发行、邮政储蓄等业务；按照服务"三农"的原则，不断创新服务种类，先后开办了办理保险、代收话费等多种直接维系"三农"生产生活的新业务，受到全市广大用户的好评，确保"绿色邮政"畅通无阻。但这些往往还不够，需要开辟更广泛的信息渠道销售产品。

6. 组织协调和资金欠缺

农村发展资金短缺，缺乏组织引导，必须引起重视。一方面，新项目、新品种、新技术的引进和实施需要一定的资金扶持，农业科技人员要有工资保障；另一方面，在目前农村体质下，要想大规模、高起点地发展农村经济，没有地方政府的组织和支持是很难行得通的。因此，各地政府应牢牢树立"为民、爱民、解难题、办实事"的工作作风，充分利用当地的资源优势，积极组织、引导农民开辟致富门路，并帮助筹集必要的启动资金，这是农业种植业结构调整健康有序发展、最终走向成功的有力保证。例如，

近几年农业上的"测土配方施肥""沃土工程""有机质提升""中低产田改造""高标准粮田建设"等项目的实施，使农民得到了实惠，粮田的基础设施和农民的科学种田意识均有所改善和提高。

四、种植业合理布局的分区建议

（一）分区原则

依靠科技和各种投入，优化耕地利用结构，使耕地由粗放经营向集约经营转变，以达到提高单位耕地面积产出效益的目的。优化耕地利用结构就是调整种植业内部各部门的用地比例，进行合理的种植业分区。种植业分区布局涉及农业产业结构调整和农业生产的各个方面，必须遵循自然规律和经济规律。以发展农、林、牧商品生产，提高经济效益、生态效益和社会效益为目的，在市场经济条件下推进农业结构调整，实施种植业合理布局。在实施农业种植业分区布局和结构调整过程中，始终强调坚持以下原则。

1. 以市场为导向的原则

根据市场需求的变化，优化农产品品种和品质结构，运用市场手段配置生产资源，提高资源配置效率。

2. 依靠科技进步的原则

加强农业科研创新，加快科技成果转化步伐，大力推广应用优良新品种和先进实用生产技术，不断提高劳动者素质和农产品科技含量。

3. 稳定提高农业综合生产能力的原则

处理好农业结构调整和保障农产品供给的关系，特别是保证国家粮食安全。在调整优化农业结构的同时，继续大力开展农田水利等农业基础设施建设和生态环境建设，不断改善农业生产条件和生态环境，提高农业综合生产能力。

4. 发挥区域优势的原则

根据不同区域的资源优势，确定结构调整的方向和重点，将资源优势转化为产业优势和产品优势。

5. 尊重农民意愿的原则

稳定农村家庭承包经营制度，切实尊重并依法保障农民的市场主体地位和生产经营自主权，保护农民的生产积极性和主动性。

（二）分区指导意见

（1）根据市场的需求，合理调整种植业的结构，提高复种指数。

（2）调整粮食作物与经济作物的用地比例，粮食作物应适当压缩，提高经济作物尤其是名特优新作物的用地比重。增加经济作物用地结构应从市场需求出发，结合考虑生产条件。

（3）调整种植业与畜牧业用地比例，需要调整一部分耕地种植饲料作物，或通过改革耕作制度扩大饲料作物播种面积，为畜牧业提供较充足的精饲料和青饲料。

（4）调整各类作物内部结构，扩大畅销、利大、高产的优势作物，控制和压缩滞销、低产的作物。充分利用当地得天独厚的天然资源及林果、畜牧、药材、土特产等，兴办一批县市企业和第二、第三产业。

第九章 耕地地力与配方施肥

第一节 耕地养分状况

衡水市测土配方施肥项目实施以来，衡水市在 11 个县市 114 个乡镇的 565014hm²
耕地上采集了近 3 万多个土样，取得有效化验数据近 30 万个，基本摸清了该市耕地的
肥力供应状况。

一、大量营养元素调查情况

表 9－1 表明，与第二次土壤普查土壤大量养分分级标准相比（表 9－2），该县土
壤有机质、碱解氮属 4 级，处于中等偏下水平；速效钾属 3 级，处于中等水平；有效磷
属 2 级，含量较高；缓效钾属 1 级，含量极为丰富。

表 9－1 衡水市各县市耕地土壤有机质及大量元素统计结果

行政区	有机质 （g/kg）	碱解氮 （mg/kg）	有效磷 （mg/kg）	缓效钾 （mg/kg）	速效钾 （mg/kg）
安平县	16.4	56.43	22.82	529.60	152.00
阜城县	13.8	73.03	22.50	1317.40	146.60
故城县	14.2	60.99	32.76	649.30	119.37
冀州市	15.2	73.53	15.08	840.73	108.49
景 县	13.2	78.04	19.36	1049.09	149.80
饶阳县	15.5	76.43	29.04	941.77	105.13
深州市	16.5	83.79	25.79	942.42	146.84
桃城区	14.3	76.09	26.68	793.76	115.42
武强县	13.4	72.98	24.45	—	109.16
武邑县	14.2	70.43	17.70	932.20	148.30
枣强县	13.1	103.03	12.33	790.75	134.44
全 市	14.5	75.86	22.24	1002.88	126.74

通过农户调查和对采集土壤养分的统计分析可以看出，虽然近年该市农民施肥意识
和施肥水平有了很大提高，但是由于仍采用一家一户的种植模式，所以导致不同地块，

不同农户的管理水平、施肥方式存在着较大差异，在施肥量、施肥种类方面不尽相同。从而造成了不同地块的地力水平、养分含量差异明显较大。有机质，安平县含量最高为16.4g/kg，枣强县含量最低为13.1g/kg；碱解氮，枣强县含量最高为103.03mg/kg，安平县含量最低为56.43mg/kg；有效磷，故城县含量最高为32.76mg/kg，枣强县含量最低为12.33mg/kg；速效钾，安平县含量最高为152.00mg/kg，饶阳县含量最低为105.13mg/kg；缓效钾，阜城县含量最高为1317.4mg/kg，安平县含量最低为529.60mg/kg。从各县市分布情况来看，深州市的土壤大量元素含量相对来说要高一些，冀州市土壤大量元素含量相对偏低。

表 9-2　第二次土壤普查土壤大量养分分级标准

土壤养分	1 级（丰）	2 级（富）	3 级（高）	4 级（中）	5 级（低）	6 级（少）
有机质（g/kg）	>40	30 ~ 40	20 ~ 30	10 ~ 20	6 ~ 10	<6
全　氮（g/kg）	>2	1.5 ~ 2	1 ~ 1.5	0.75 ~ 1	0.5 ~ 0.75	<0.5
碱解氮（mg/kg）	>150	120 ~ 150	90 ~ 120	60 ~ 90	30 ~ 60	<30
有效磷（mg/kg）	>40	20 ~ 40	10 ~ 20	5 ~ 10	3 ~ 5	<3
速效钾（mg/kg）	>200	150 ~ 200	100 ~ 150	50 ~ 100	30 ~ 50	<30

二、微量营养元素调查情况

表 9-3 表明，与第二次土壤普查微量养分分级标准相比（表 9-4），该县土壤有效铁、有效锰的平均含量均属 3 级，中等水平；有效铜和有效锌属 2 级，含量高等。

表 9-3　衡水市各县市耕地土壤微量元素统计结果　　　　单位：mg/kg

行政区	有效铁	有效锰	有效铜	有效锌
安平县	13.25	4.61	1.54	0.74
阜城县	9.26	6.36	1.07	0.77
故城县	8.21	6.48	1.39	2.05
冀州市	5.70	9.18	0.92	1.92
景　县	8.66	9.79	1.16	1.13
饶阳县	11.99	14.98	1.13	1.20
深州市	8.25	11.50	1.25	1.84
桃城区	5.27	4.68	1.34	0.77
武强县	5.44	6.60	1.22	1.30
武邑县	4.74	6.00	0.73	1.16
枣强县	5.97	11.66	1.17	1.10
全　市	8.59	10.04	1.22	1.37

表 9 - 4　第二次土壤普查土壤微量养分分级标准　　　　单位：mg/kg

土壤养分	1 级（很高）	2 级（高）	3 级（中）	4 级（低）	5 级（很低）
有效铁	>20	10 ~ 20	4.5 ~ 10	2.5 ~ 4.5	< 2.5
有效锰	>30	15 ~ 30	5 ~ 15	1 ~ 5	< 1.0
有效铜	>1.8	1 ~ 1.8	0.2 ~ 1	0.1 ~ 0.2	< 0.1
有效锌	>3	1 ~ 3	0.5 ~ 1	0.3 ~ 0.5	< 0.3

第二节　施肥状况分析

一、施肥中存在的主要问题

土壤是农业的基础，是农作物生长的基质，而肥料对于农作物来说则是不可缺少的食物。新中国成立以后，随着我国化肥工业的进步，农民的科技意识也不断增强，从一开始只认农家肥、拒绝化肥，到逐步接受再到大量施用，在我国仅用了不到 30 年时间。在此发展的过程中，县市级农业部门及土肥技术站点做了大量的工作，也取得了不少进步，但是由于县市级部门技术装备落后，缺少必要的土壤检测手段，以及推广技术体系不健全、科研与推广运行机制不衔接、推广经费严重不足等诸多方面的原因，许多先进的科学施肥技术没有得到及时的推广应用，农民在肥料的投入上存在着许多问题，施肥数量、施肥方法缺乏科学依据，不考虑土壤养分丰缺及产量水平等，而出现习惯施肥、经验施肥、盲目施肥的现状。2007 ~ 2011 年衡水市包括的县市区土肥站共采集土样近 3 万个，每个土样的平均代表面积 100 ~ 150 亩。所有土样全部进行了 GPS 定位，完成了相应地块基本情况调查表和农户施肥情况调查表。土样采集涉及全市 114 个乡镇，经过农户调查分析该市农民施肥状况，主要存在以下几个方面的问题：

1. 施肥观念落后

在肥料施用上，农民受长期形成的"粪大水勤，不用问人""庄稼一枝花，全靠肥当家""施肥越多，产量越高"等传统施肥观念的影响，只注意到了化肥增产的一面，而不懂得肥料施用应遵循最小养分律、报酬递减律等施肥理论，盲目大量施肥，不但不会增加作物产量，反而会影响作物的产量和品质，甚至会造成化肥对环境的污染。

2. 盲目施肥

部分农民在肥料品种选择和肥料用量的确定上带有很大的盲目性。有的人只凭经验，过去用什么肥料、用多少，年年如此，形成了一如既往的传统施肥习惯。有的是不管自家地力基础如何，完全按照别人的办法确定施肥种类和数量。而不是土壤中缺什么补什么。随着生产生活方式的改变和化学肥料的推广，在施肥上，重施化肥轻施有机肥的现象比较明显。在施肥技术上，不能因土因作物合理搭配氮、磷、钾和微肥，测土配方施肥项目实施之前，单质肥、低浓度肥施用比例比较大，近几年来，农民逐渐认识到了科学施肥的重要性，施用复合肥、BB 肥、专用肥、配方肥、控释缓释肥、有机无机复合肥等高浓度的农户比例有所增加，减量较多的肥料主要是碳铵。经过调查发现，与未使用测土配方施肥的农户相比，使用测土配方施肥技术的农户施用基肥和追肥两种施肥方式的比例较大，基肥主要有尿素、二铵、硫酸钾、复合肥，肥料种类较丰富，种肥较多的农户采用了配方肥和复合肥，追肥以尿素主要；但目前测土配方施肥技术还没有全面普及到各村各户。

3. 施肥方法不合理

农民施肥方法传统上采用撒施或随水灌施方法。化学氮肥表施、撒施，极易造成挥发浪费。调查发现，85% 左右的农户追肥时氮肥撒施地表，虽然尿素的化学性质比较稳定，但施到土壤中能在脲酶的作用下转化为铵态氮，铵态氮非常易挥发，因此尿素也存在挥发损失比较大的问题。目前，95% 以上的农户是以基肥或者种肥的形式将磷肥施在土壤表层，由于磷肥在土壤中易被固定损失，降低利用率，所以表施磷肥势必增加了表层土壤对磷的固定，降低了磷肥利用率。现在有机肥一般以鸡粪和秸秆为主，由于腐熟不彻底，进而导致作物烧苗或病虫害增加。由于设施农田和果园冲施肥的大量施用，且间隔时间短，极易造成肥害和肥料浪费。

4. 施肥比例不协调

植物对生长介质中的养分是按照需求比例吸收的。但是由于受习惯施肥的影响，目前在衡水市化肥施用上，普遍存在重视氮磷肥、轻视钾肥，忽略有机肥和微肥的现象。虽然衡水市土壤钾素含量丰富，但是由于复种指数增加、投入减少，进而导致该市土壤速效钾含量较第二次土壤普查有了一定程度的下降。衡水市二次土壤普查时有效磷含量很低，经过近 30 年大量投入磷肥，土壤有效磷含量已经达到了 2 级水平。由于有机肥施用麻烦且味道不好，所以近年来施用逐渐减少，虽然有了一定面积的秸秆还田，但是衡水市土壤有机质含量仍呈现一定程度的下降。虽然衡水市土壤呈现上述状况，但是农民施肥仍大量投入氮、磷肥，少施钾肥和有机肥，导致了土壤养分失调。这是由于经济价值的驱动，使得粮田、果品和经济作物地块间投入的施肥量存在较大差异。也就是说，由于果品和经济作物的经济价值高，农民的施肥量就会偏大，而小麦、玉米等粮食作物价格低，农民的施肥量就普遍偏低。另外，在相同作物上，也出现了施肥种类和比例不合理的现象。

5. 有机肥资源的利用率不高，施用量不均衡

腐熟秸秆是良好的有机肥源，秸秆还田能补充大量养分尤其是钾肥，并且有利于土壤结构的改良，土壤物理性状改善。但是，目前有些县市秸秆还田力度并不是很大，大量秸秆被白白烧掉。另外，有部分农民却出高价购买鸡粪、羊粪等有机肥。这种状况，不仅造成了资源浪费，还导致了种田成本增加。再者，有机肥在施用方向上也存在不均衡现象，突出表现是在经济作物上用量过大，粮田根本不施用有机肥。

6. 施肥结构不合理

作物每年从土壤中带走大量养分，因此，土壤养分主要通过施肥来补充。施肥直接影响土壤中各种养分含量。近几年，施肥上存在的问题突出表现为"三重三轻"。一是经济作物施肥重，普通大田施肥轻。用于果树、蔬菜等经济作物的施肥量大于大田作物

施肥量。二是重复混肥，轻专用肥。随着化肥工业的快速发展，复混肥异军突起，虽然促进了土壤养分的变化，但由于许多复混肥杂而不专，导致不少农民对自己种的作物需什么肥料、土壤缺什么养分，底数不清，依赖于复混肥，致使盲目施肥。三是重化肥施用，轻有机肥施用。有机肥资源缺乏是导致农民施有机肥少的主要原因，所以把有限的有机肥用于经济作物，绝大部分大田长时间得不到有机肥的补给。

7. 受肥料和农产品市场波动影响较大

大多数农民购买肥料时，不考虑肥料是否适合当前作物和土壤情况，价格低就多买，高则少施，这就有可能导致买到假肥或是发生作物养分失调状况。不考虑长期经济效益和作物产量及品质等因素，而只顾眼前作物价格高低，当所种植作物价格看好时，便认为多施肥就能多增产，造成施肥过量，降低肥料利用率；当农产品价格低时，肥料投入量就不足，更不考虑针对不同作物合理施用氮、磷、钾及微量元素肥料。同时，存在着经济作物施肥量大，造成土壤养分含量甚高，粮食作物施肥量低，土壤养分含量不足。

二、不合理施肥造成的影响

1. 过量施肥，降低农产品品质

长期过量施用化肥，直接导致农产品的品质下降，进而影响了农产品食品安全和市场竞争力。

（1）有机肥：不合理或长期使用未经无害化处理的畜禽粪肥、垃圾堆肥和污泥堆肥可能导致土壤重金属及有害虫卵的污染，进而影响农产品品质，并进入食物链威胁人畜的健康。

（2）氮肥：据资料报道，凡增施化肥，菠菜、小白菜全株可食部分硝态氮含量明显提高。国外研究也表明，植物体内硝酸盐的积累随施肥量的增加而上升，施氮适量，则蛋白质含量随氮肥量增长而逐渐增加，硝酸盐含量增加缓慢，当施氮到达一定的限量，则蛋白质含量下降，硝酸盐含量急增。

（3）磷肥：在高磷情况下作物奢侈吸收磷，可与植物体内的铁、钙、镁、锌结合生成沉淀，导致这些元素的生理缺乏。如在水培中，当磷的浓度高于 $100mg/L$ 时，会导致作物出现黄化的缺铁症状。同时作物吸收过多的磷妨碍淀粉的合成，也不利于淀粉在植株体内的运输。

2. 施用不合理，肥料利用率低

随着化肥工业的发展，农产品生产过程中化肥的施用量越来越大，但由于农民科学施肥知识缺乏，导致施肥品种、结构不合理等情况，施肥经济效益降低。

3. 氮、磷、钾肥使用比例失调

由于该市大部分县市农民重视氮、磷肥的施用，而忽视了钾肥和有机肥的施用，造成该市施肥养分结构不合理，导致了农作物营养供应失调，不能够按照需求比例吸收养分，造成作物抗逆性减弱，病虫害发生频率增加，影响了农作物的产量和品质。

4. 破坏土壤结构，影响农业可持续发展

长期偏施磷、氮肥，少施有机肥和钾肥，造成了土壤养分极不平衡，总体供肥能力下降。氮肥养分大量流失，磷肥被固定、土壤酸化、退化、板结，通透性差、容重增加、有毒、有害物质增多，保墒蓄水能力降低，结构变劣，综合生产能力下降，影响农业可持续发展。

5. 环境污染

肥料是农业重要物质资料，世界化肥支出约占全部生产支出的 50% 。目前我国肥料利用率只有 30% ~40% 。过量施用肥料或单施一种肥料，均会导致局部地区严重的生态环境问题，其中含有重金属、放射性元素的影响，同时使用过程中对水、气、土壤性质产生一定影响，如地下水硝态氮含量超标、水体富营养化、气候变暖、土壤重金属污染以及肥力衰退等。

三、科学合理施肥技术

植物营养与施肥工作，目前面临最大的挑战是提高肥料利用率，降低农业生产成本，提高经济效益，增加农民收入；培肥土壤，改善土壤理化性状，培植农业潜在生产能力，提高农产品产量和品质；综合利用有机肥资源，减少化肥流失，减轻水环境和大气污染，提高农产品生产及质量安全性，实现农业可持续发展。由于我国人多地少，各种资源相对贫乏，因而我国持续农业的主要内容是以尽量少的化肥、农药投入，尽可能小的环境破坏，得到尽量高的农产品产量及食品安全，即发展高产低耗，高效、优质、生态、安全的农业。在这种情况下，控制肥料的污染应放在肥料新品种研制和施肥技术上。

1. 严格肥料、农产品中污染物的监测管理

肥料质量是影响无公害农产品生产的重要因素，为防止通过肥料中有害物质对土壤及农产品造成的污染，第一，加强无公害农产品指定肥料的认证和生产工作，严格控制肥料质量；第二，加强土壤监控，防止土壤肥力及重金属污染超标；第三，尽快制订无公害施肥技术规程和无公害农产品生产基地环境质量、生产过程、栽培措施、肥料、农药等投入品质量和监测规程等，实现标准化管理；第四，建立健全无公害农产品监测网络，对基地环境质量、肥料、农药品质及生产过程进行监测，确保无公害产品的生产质量；第五，加强无公害产品市场质量监管，严防不良农产品上市，保证人体健康。

2. 推广平衡配套施肥技术，提高肥料利用率

推广无公害、绿色食品生产技术，调整养分比例结构，采取"适氮、控磷、增钾、配微"的施肥技术，全面落实农业部"测土配方施肥工程""平衡配套施肥工程""有机质提升项目"等战略措施，提高化肥利用率和农产品品质，减少肥料对农产品及环境的污染。大力实施"沃土工程"，加强有机 – 无机肥配合施用，改良培肥土壤；根据不同地区养分状况和不同作物需肥规律，以土壤地力定位监测点为依据，建立各种农作物优质化标准施肥体系，在有机肥的基础上，合理确定无机肥中氮、磷、钾及微量元素的科学配比，研制与推广作物专用肥。对于配方肥生产，衡水市为农民提供了容易鉴别的 BB 肥。

3. 改进肥料生产技术、发展节肥施肥技术

为提高肥料利用率，减少硝酸盐、亚硝酸盐及重金属污染，改变当前施肥对环境污染的现状，第一，可以改进肥料生产技术、研制与推广高浓度、缓效、控释肥料及肥料增效剂，减少施肥次数，减少肥料流失机会；第二，配合使用脲酶及硝化抑制剂，延缓脲酶对尿素的水解，抑制硝化速率，减缓铵态氮向硝态氮转化，从而可能减少氮素的反硝化损失和硝酸盐的淋溶损失，还可以减少硝化过程中 N_2O 的逸出和 $NO_2^- - N$ 的积累以及改善作物的品质；第三，推广水肥综合管理技术，基肥采用无水层混施，追肥采用铵态氮带水深施，以减少氮的流失和逸失，有效防止农产品及环境污染；第四，提倡耕地土壤修复工程。对于施肥、灌溉造成的耕地土壤重金属污染及 pH 变化，可采取施用石灰、增施有机肥、生物降解肥料、土壤调理剂等方法降低植物对重金属元素的吸收积累，并防止过低 pH 值对作物生长的毒害作用，或用翻耕、客土和换土等方法去除或稀释土壤中重金属和其他有毒元素的污染。

第三节　肥料效应田间试验结果

肥料效应田间试验是获得各种作物最佳施肥数量、施肥品种、施肥比例、施肥时期、施肥方法的根本途径，也是筛选、验证土壤养分测试方法，建立施肥指标体系的基本环节。通过田间试验，掌握各个施肥单元不同作物优化施肥数量，基肥、追肥分配比例，施肥时期和施肥方法；摸清土壤养分校正系数、土壤供肥能力、不同作物养分吸收量和肥料利用率等基本参数，构建作物施肥模型，为施肥分区和肥料配方设计提供依据。衡水市所有县市均安排了冬小麦、夏玉米田间试验，棉花试验只有部分县市进行了选做。衡水市各县市区具体田间试验实施情况如下。

一、试验设计

1. 试验地点

衡水市 11 个县市均通过综合分析各自冬小麦和夏玉米产量，划出了高、中、低三个产量水平，在不同产量水平的耕地上均选择了有代表性的 10 个点（GPS 定位），安排了"3414＋1"田间试验和肥料田间校正试验，其中高肥力水平 3 个点、中肥力水平 4 个点、低肥力水平 3 个点，在"3414＋1"附近设置肥料校正试验。除了冬小麦和夏玉米试验外，深州、桃城、故城、武邑等县市还选做完成了棉花田间试验（表 9－5）。

表 9－5　"3414＋1"试验方案

试验编号	处理	N 水平	P 水平	K 水平
1	$N_0P_0K_0$	0	0	0
2	$N_0P_2K_2$	0	2	2

续表

试验编号	处理	N 水平	P 水平	K 水平
3	$N_1P_2K_2$	1	2	2
4	$N_2P_0K_2$	2	0	2
5	$N_2P_1K_2$	2	1	2
6	$N_2P_2K_2$	2	2	2
7	$N_2P_3K_2$	2	3	2
8	$N_2P_2K_0$	2	2	0
9	$N_2P_2K_1$	2	2	1
10	$N_2P_2K_3$	2	2	3
11	$N_3P_2K_2$	3	2	2
12	$N_1P_1K_2$	1	1	2
13	$N_1P_2K_1$	1	2	1
14	$N_2P_1K_1$	2	1	1
15	M——有机肥			

2. 试验设计

田间试验采用"3414 + 1"正交回归设计,"3414 + 1"是指氮、磷、钾 3 个因素,4 个水平,14 个处理,并增加 1 个有机肥处理(只施有机肥,不施化肥),共 15 个处理(表9 – 5),亩施有机肥 3000kg。4 个水平的含义:0 水平指不施肥,2 水平指当地最佳施肥量,1 水平 = 2 水平 × 0.5,3 水平 = 2 水平 × 1.5(该水平为过量施肥水平)。衡水市各县市不同肥力水平下各种作物的 N、P、K 肥的 2 水平施肥量见表9 – 6。在同一地点试验处理不设重复,小区采用随机排列,高肥区与无肥区不相邻。每个小区面积 30 ~ 40m²,各处理间用小畦分开。各小区自立进出水口,走道 50cm,试验区四周设 1m 的保护带,各试验处理田间排列示意图见图 9 – 1。

供试肥料为过磷酸钙(含 P_2O_5 16%),尿素(含 N46%),硫酸钾(含 K_2O 50%)。冬小麦季,磷、钾肥一次性全部底施;氮肥底追比例为 1:2,1/3 的氮肥作底肥,2/3 的氮肥作追肥,除处理 15 以外一律不施有机肥。夏玉米季,全部磷、钾肥及氮肥的1/3 在苗期一次性施入,氮肥的 2/3 在大喇叭口期追施。

表 9 – 6　衡水市各县市主要作物"3414 + 1"田间试验的肥料施用量

行政区	肥力水平	小麦施肥量（千克/亩）			玉米施肥量（千克/亩）			棉花施肥量（千克/亩）		
		N	P_2O_5	K_2O	N	P_2O_5	K_2O	N	P_2O_5	K_2O
安平县	高	15	10	10	15	4	10			
	中	12	10	8	12	4	8			
	低	12	10	8	9	4	6			
阜城县	高	15	10	10	15	4	10			
	中	12	10	8	12	4	8			
	低	12	10	8	9	4	6			
故城县	高	15	10	10	15	4	10			
	中	12	10	8	12	4	8			
	低	12	10	8	9	4	6			
饶阳县	高	15	10	10	15	4	10			
	中	12	10	8	15	4	10			
	低	12	10	8	12	4	8			
景　县	高	15	10	10	15	4	10			
	中	12	10	8	12	4	8			
	低	12	10	8	9	4	6			
深州市	高	15	10	10	15	4	10	15	8	10
	中	12	10	8	12	4	8			
	低	12	10	8	9	4	6			
武邑县	高	15	10	10	15	4	10			
	中	12	10	8	12	4	8			
	低	12	10	8	9	4	6			
枣强县	高	15	12	10	15	4	10			
	中	15	10	10	12	4	8			
	低	12	10	8	9	4	6			
桃城区	高	15	10	10	15	4	10			
	中	12	10	8	12	4	8			
	低	12	10	8	9	4	6			
冀州市	高	15	10	10	15	4	10	15	8	10
	中	12	10	8	12	4	8			
	低	12	10	8	9	4	6			

续表

行政区	肥力水平	小麦施肥量（千克/亩）			玉米施肥量（千克/亩）			棉花施肥量（千克/亩）		
		N	P_2O_5	K_2O	N	P_2O_5	K_2O	N	P_2O_5	K_2O
武强县	高	15	10	10	15	4	10			
	中	15	10	10	12	4	8			
	低	12	8	6	9	4	6			

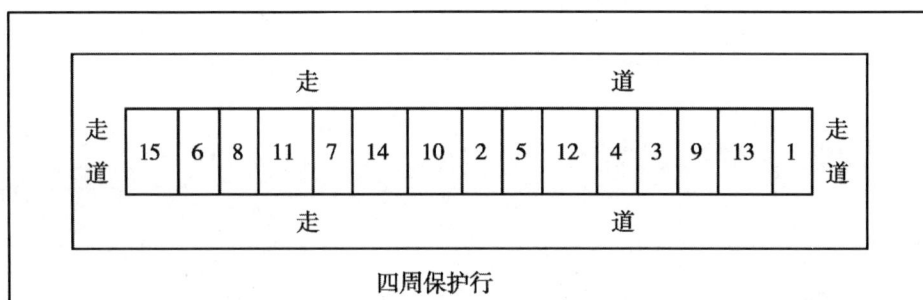

图 9 - 1　试验处理田间排列示意图

3. 供试作物及田间管理

（1）供试作物：供试作物均为本地的主栽品种，小麦主要有冀丰703、衡4339、良星99等，玉米主要有郑单958、浚单20等品种。

（2）田间管理措施：除肥料外，采用常规田间管理措施，采用每一个试验各小区的同一农事操作必须于一天内完成。小麦每小区收获 5～10m² 单打单收换算亩产量。玉米全区收获，每小区收获后测全部鲜重，再从中取 50kg 风干称重，换算亩产量。

二、主要作物施肥指标体系

衡水市各县市区通过"3414＋1"田间试验、肥料校正试验和土壤养分化验结果分析，并结合有关专家的多年实践经验，确定了各县市区的不同土壤养分含量条件下，不同目标产量对应的主要作物推荐施肥量，具体衡水市各县市区建立的冬小麦、夏玉米、棉花的推荐施肥指标体系介绍如下。

（一）冬小麦

经过对以上各县市区冬小麦施肥指标体系进行汇总，各县市在建立氮肥施肥指标体系时，采用的土壤养分种类不同，桃城区以土壤全氮含量的高低指导施肥，饶阳县则以土壤碱解氮含量的高低指导施肥，其余县市均以土壤有机质含量的高低指导施肥。综合分析，小麦目标产量在 550～600 千克/亩时，安平县和桃城区的中等养分麦田一般氮肥推荐量为 20～24 千克/亩，其余各县市中等养分麦田的氮肥推荐量为 18 千克/亩。随着目标产量的增减和土壤全氮或者有机质养分含量的高低变化，氮肥用量适量进行增减。

一般县市中等养分含量的土壤需要施纯 P_2O_5 的量为 8～9 千克/亩，安平县和桃城区建议施磷肥量偏高，在 10 千克/亩以上，尤其是桃城区的推荐施磷肥量为 18 千克/亩。部分县市如安平、桃城、深州的土壤有效磷含量低于 10mg/kg 时，通过施磷肥不能使其产量达到 550～600 千克/亩。随着目标产量的增减和土壤有效磷养分含量的高低变化，磷肥用量适量进行增减。

一般县市中等养分含量的土壤需要施纯 K_2O 的量为 4～7 千克/亩。随着目标产量的增减和土壤速效钾养分含量的高低变化，钾肥用量适量进行增减。部分县市土壤有效钾高于 120mg/kg 时，可以不施钾肥使其产量达到 400～450 千克/亩。

具体衡水市各县市不同土壤养分条件下冬小麦推荐施肥量（小麦测土配方施肥指标体系）见表 9-7 至表 9-15。

表 9-7　安平县不同土壤养分条件下冬小麦推荐施肥量

目标产量（千克/亩）	土壤有机质含量（g/kg）				土壤有效磷含量（mg/kg）				土壤速效钾含量（mg/kg）			
	>20	15～20	10～15	<10	>20	15～20	10～15	<10	>150	120～150	90～120	<90
550～600	19	20	22	—	11	14	—	—	3	4	5	—
500～550	16	17	18	—	9	10	12	—	2	6	8	13
430～500	12	14	17	19	0	8	10	12	0	2	10	13
400～430	0	10	12	14	0	0	0	11	0	0	0	5

注：表中"—"表示土壤某种养分含量比较低，通过施肥不可能达到相对应的目标产量，下同。

表 9-8　饶阳县不同土壤养分条件下冬小麦推荐施肥量

目标产量（千克/亩）	土壤碱解氮含量（mg/kg）				土壤有效磷含量（mg/kg）				土壤速效钾含量（mg/kg）			
	>120	90～120	60～90	<60	>30	20～30	10～20	<10	>120	100～120	80～100	<80
550～600	17	18	—	—	7	8	9	10	2	4	5	7
500～550	15	16	17	—	6	7	8	9	0	3	4	6
450～500	14	15	16	17	5	6	7	8	0	2	3	5
400～450	0	14	15	16	0	5	6	7	0	0	2	4

表 9-9　深州市不同土壤养分条件下冬小麦推荐施肥量

目标产量（千克/亩）	土壤有机质含量（g/kg）				土壤有效磷含量（mg/kg）				土壤速效钾含量（mg/kg）			
	>16	13～16	10～13	<10	>30	20～30	10～20	<10	>120	100～120	80～100	<80
550～600	17	18	19	—	7	8	9	—	2	4	5	6
500～550	16	17	18	—	6	7	8	9	0	3	4	5
450～500	15	16	17	18	5	6	7	8	0	2	3	4
400～450	12	13	14	15	0	5	6	7	0	0	2	3

表 9 – 10 桃城区不同土壤养分条件下冬小麦推荐施肥量

目标产量（千克/亩）	土壤全氮含量（g/kg）					土壤有效磷含量（mg/kg）					土壤速效钾含量（mg/kg）				
	>1	1～0.9	0.9～0.8	0.8～0.7	<0.7	>30	30～20	20～15	15～10	<10	>140	140～125	125～110	110～95	<95
550～600	23	24	25	—	—	16.4	18	19.6	21	—	5	7	10	12	—
500～550	20	21	22	23	—	13.2	14.8	16.4	18	—	3	5	7	9	11
430～500	17	18	19	20	21	10	11.6	13.2	14.8	16.4	0	4	5	6	7
400～430	14	15	16	17	18	8	9.6	11.2	12.8	14.4	0	0	0	0	4

表 9 – 11 阜城县不同土壤养分条件下冬小麦推荐施肥量

目标产量（千克/亩）	土壤有机质含量（g/kg）				土壤有效磷含量（mg/kg）				土壤速效钾含量（mg/kg）			
	>15	12～15	10～12	<10	>30	20～30	10～20	<10	>130	100～130	80～100	<80
550～600	17	18	19	—	8	9	10	—	2	5	6	7
500～550	15	16	17	—	7	8	9	10	0	4	5	6
450～500	14	15	16	17	6	7	8	9	0	3	4	5
400～450	13	13	15	16	5	6	7	8	0	2	3	4

表 9 – 12 枣强县不同土壤养分条件下冬小麦推荐施肥量

目标产量（千克/亩）	土壤有机质含量（g/kg）				土壤有效磷含量（mg/kg）				土壤速效钾含量（mg/kg）			
	>15	12～15	10～12	<10	>30	20～30	10～20	<10	>130	100～130	80～100	<80
550～600	17	18	19	—	7	8	9	10	2	5	6	7
500～550	15	16	17	—	6	7	8	9	0	4	5	6
450～500	14	15	16	17	5	6	7	8	0	3	4	5
400～450	13	13	15	16	4	3	5	7	0	2	3	4

表 9 – 13 故城县不同土壤养分条件下冬小麦推荐施肥量

目标产量（千克/亩）	土壤有机质含量（g/kg）				土壤有效磷含量（mg/kg）				土壤速效钾含量（mg/kg）			
	>20	15～20	10～15	<10	>40	30～40	20～30	<20	>140	120～140	100～120	<100
550～600	17	18	19	—	8	9	10	11	5	6	7	9
500～550	15	16	17	18	7	8	9	10	4	5	6	6
450～500	14	15	16	17	6	7	8	9	3	4	5	5
400～450	13	14	15	16	5	6	7	8	0	3	4	4

表 9 - 14　武邑县不同土壤养分条件下冬小麦推荐施肥量

目标产量（千克/亩）	土壤有机质含量（g/kg）				土壤有效磷含量（mg/kg）				土壤速效钾含量（mg/kg）			
	>15	12~15	10~12	<10	>30	20~30	10~20	<10	>130	100~130	80~100	<80
550~600	17	18	19	—	7	8	9	10	2	5	6	7
500~550	15	16	17	—	6	7	8	9	0	4	5	6
450~500	14	15	16	17	5	6	7	8	0	3	4	5
400~450	13	13	15	16	4	3	5	7	0	2	3	4

表 9 - 15　景县不同土壤养分条件下冬小麦推荐施肥量

目标产量（千克/亩）	土壤有机质含量（g/kg）				土壤有效磷含量（mg/kg）				土壤速效钾含量（mg/kg）			
	>15	12~15	10~12	<10	>30	20~30	10~20	<10	>130	100~130	80~100	<80
550~600	17	18	19	—	7	9	10	11	5	6	7	2
500~550	15	16	17	—	6	8	9	10	4	5	6	—
450~500	14	15	16	17	5	7	8	9	3	4	5	—
400~450	13	13	15	16	0	6	7	8	2	3	4	—

（二）夏玉米

经过对以上各县市夏玉米施肥指标体系进行汇总，各县市在建立夏玉米施肥指标体系时，采用的土壤养分种类不同，桃城区以土壤全氮含量的高低指导施肥，饶阳县则以土壤碱解氮含量的高低指导施肥，其余县市均以土壤有机质含量的高低指导施肥。综合分析，夏玉米目标产量在 650 千克/亩以上时，各县市中等养分玉米田的氮肥推荐量为 18~20 千克/亩。随着目标产量的增减和土壤全氮或者有机质养分含量的高低变化，氮肥用量适量进行增减。

一般县市中等养分含量的土壤需要施纯 P_2O_5 的量为 3~5 千克/亩，各县市土壤有效磷含量低于 10mg/kg 时，通过施磷肥不能使玉米产量达到 650 千克/亩以上。随着目标产量的增减和土壤有效磷养分含量的高低变化，磷肥用量适量进行增减。

一般县市中等养分含量的土壤需要施纯 K_2O 的量为 3~7 千克/亩。随着目标产量的增减和土壤速效钾养分含量的高低变化，钾肥用量适量进行增减。部分县市土壤有效钾高于 120mg/kg 时，可以不施钾肥使其产量达到 500~600 千克/亩。

具体衡水市各县市不同土壤养分条件下夏玉米推荐施肥量（夏玉米测土配方施肥指标体系）见表 9 - 16 至表 9 - 24。

表 9 – 16　安平县不同土壤养分条件下夏玉米推荐施肥量

目标产量（千克/亩）	有机质含量（g/kg）				土壤有效磷含量（mg/kg）				土壤速效钾含量（mg/kg）			
	>20	15~20	10~15	<10	>20	15~20	10~15	<10	>150	120~150	90~120	<90
>650	17	20	—	—	2.5	4	—	—	2	3	—	—
600~650	13	15	17		1	2.5	4	—	0	2	5	—
550~600	10	13	15	17	0	2	3	4	0	0	3	7
500~550	0	0	13	15	0	0	2.5	3.5	0	0	0	5

表 9 – 17　饶阳县不同土壤养分条件下夏玉米推荐施肥量

目标产量（千克/亩）	土壤碱解氮含量（mg/kg）				土壤有效磷含量（mg/kg）				土壤速效钾含量（mg/kg）			
	>120	90~120	60~90	<60	>30	20~30	10~20	<10	>120	100~120	80~100	<80
>650	18	19	20	—	0	3	4	—	3	4	6	8
600~650	16	17	18	—	0	2	3	6	2	3	5	7
550~600	15	16	17	18	0	0	3	5	0	2	4	6
500~550	14	15	16	17	0	0	2	4	0	0	3	4

表 9 – 18　深州市不同土壤养分条件下夏玉米推荐施肥量

目标产量（千克/亩）	土壤有机质含量（g/kg）				土壤有效磷含量（mg/kg）				土壤速效钾含量（mg/kg）			
	>16	13~16	10~13	<10	>30	20~30	10~20	<10	>120	100~120	80~100	<80
>650	17	18	19	—	0	3	4	—	4	5	6	7
600~650	16	17	18		0	2	3	6	0	4	5	6
550~600	14	15	16	17	0	0	3	5	0	0	4	5
500~550	13	14	15	16	0	0	2	4	0	0	3	4

表 9 – 19　桃城区不同土壤养分条件下夏玉米推荐施肥量

目标产量（千克/亩）	土壤全氮含量（g/kg）			土壤有效磷含量（mg/kg）				土壤速效钾含量（mg/kg）			
	>0.9	0.7~0.9	<0.7	>30	20~30	10~20	<10	>120	100~120	80~100	<80
700	16	18	—	3	5	8	—	4	7	10	—
600	11.5	14	16.5	0	3	5	8	0	4	7	10
500	7	10	13	0	0	3	5	0	0	3	6

表 9 - 20　阜城县不同土壤养分条件下夏玉米推荐施肥量

目标产量 (千克/亩)	土壤有机质含量（g/kg）				土壤有效磷含量（mg/kg）				土壤速效钾含量（mg/kg）			
	>15	12～15	10～12	<10	>30	20～30	10～20	<10	>130	100～130	80～100	<80
>650	17	18	19	—	0	3	4	—	3	4	5	6
600～650	16	17	18	—	0	2	3	6	2	3	4	6
550～600	15	16	17	18	0	0	3	5	0	2	4	5
500～550	14	15	16	17	0	0	2	4	0	0	3	4

表 9 - 21　枣强县不同土壤养分条件下夏玉米推荐施肥量

目标产量 (千克/亩)	土壤有机质含量（g/kg）				土壤有效磷含量（mg/kg）				土壤速效钾含量（mg/kg）			
	>15	12～15	10～12	<10	>30	20～30	10～20	<10	>130	100～130	80～100	<80
>650	17	18	19	—	0	3	4	—	3	4	5	6
600～650	16	17	18	—	0	2	3	6	2	3	4	6
550～600	15	16	17	18	0	0	3	5	0	2	4	5
500～550	14	15	16	17	0	0	2	4	0	0	3.	4.

表 9 - 22　故城县不同土壤养分条件下夏玉米推荐施肥量

目标产量 (千克/亩)	土壤有机质含量（g/kg）				土壤有效磷含量（mg/kg）				土壤速效钾含量（mg/kg）			
	>20	15～20	10～15	<10	>40	30～40	20～30	<20	>140	120～140	100～120	<100
>650	17	18	19	—	0	2	3	4	4	5	6	7
600～650	16	17	18	19	0	1	2	3	0	4	5	6
550～600	15	16	17	18	0	0	0	2	0	0	4	5
500～550	14	15	16	17	0	0	0	0	0	0	3	4

表 9 - 23　武邑县不同土壤养分条件下夏玉米推荐施肥量

目标产量 (千克/亩)	土壤有机质含量（g/kg）				土壤有效磷含量（mg/kg）				土壤速效钾含量（mg/kg）			
	>15	12～15	10～12	<10	>30	20～30	10～20	<10	>130	100～130	80～100	<80
>650	17	18	19	—	0	3	4	—	3	4	5	6
600～650	16	17	18	—	0	2	3	6	2	3	4	6
550～600	15	16	17	18	0	0	3	5	0	2	4	5
500～550	14	15	16	17	0	0	2	4	0	0	3	4

表 9 - 24　景县不同土壤养分条件下夏玉米推荐施肥量

目标产量（千克/亩）	土壤有机质含量（g/kg）				土壤有效磷含量（mg/kg）				土壤速效钾含量（mg/kg）			
	>15	12~15	10~12	<10	>30	20~30	10~20	<10	>130	100~130	80~100	<80
>650	17	18	19	—	0	3	4	—	3	4	5	6
600~650	16	17	18	—	0	2	3	6	2	3	4	6
550~600	15	16	17	18	0	0	3	5	0	2	4	5
500~550	14	15	16	17	0	0	2	4	0	0	3	4

（三）棉花

经过对以上各县市棉花施肥指标体系进行汇总，深州市和故城县以土壤有机质含量的高低指导施肥，桃城区则以土壤全氮含量的高低指导施肥，武邑县以土壤有机质、碱解氮、有效磷和速效钾含量的综合养分高低指导施肥。综合分析，棉花目标产量在300千克/亩以上时，各县市中等养分棉花田的氮肥推荐量为 14~17 千克/亩；施纯 P_2O_5 的量为 8~11 千克/亩，施纯 K_2O 的量为 6~11 千克/亩。随着目标产量的增减和土壤养分含量的高低变化，氮、磷、钾肥用量适量进行增减。

具体衡水市各县市不同土壤养分条件下棉花推荐施肥量（棉花测土配方施肥指标体系）见表9-25至表9-28。

表 9 - 25　深州市不同土壤养分条件下棉花推荐施肥量

目标产量（千克/亩）	土壤有机质含量（g/kg）				土壤有效磷含量（mg/kg）				土壤速效钾含量（mg/kg）			
	>16	13~16	10~13	<10	>30	20~30	10~20	<10	>120	100~120	80~100	<80
>300	15	16	17	18	7	8	9	10	5	6	7	8
250~300	14	15	16	17	6	7	8	9	4	5	6	7
200~250	13	14	15	15	5	6	7	8	0	4	5	6

表 9 - 26　桃城区不同土壤养分条件下棉花推荐施肥量

目标产量（千克/亩）	土壤全氮含量（g/kg）				土壤有效磷含量（mg/kg）				土壤速效钾含量（mg/kg）			
	>1	0.8~1	0.6~0.8	<0.6	>25	17~25	10~17	<10	>150	120~150	90~120	<90
>375	14.5	16.5	—	—	8.5	10.5	—	—	9	11	14	—
325~375	12	14	16	—	7	8.5	10	—	6	8	11	14
275~325	10	12	13.5	15.5	5	6.5	8	10	5	7	10	13
250~275	8	10	11.5	13.5	4	5	6	8	0	3	5	7

表 9 - 27 故城县不同土壤养分条件下棉花推荐施肥量

目标产量 （千克/亩）	土壤有机质含量（g/kg）				土壤有效磷含量（mg/kg）				土壤速效钾含量（mg/kg）			
	>20	15~20	10~15	<10	>40	30~40	20~30	<20	>120	100~120	80~100	<80
>300	16	17	18	19	6	7	8	9	3	4	5	6
250~300	15	16	17	18	5	6	7	8	2	3	4	5
200~250	14	15	16	17	4	5	6	7	0	2	3	—

表 9 - 28 武邑县不同土壤养分条件下棉花推荐施肥量

目标产量 （千克/亩）	土壤养分含量（g/kg，mg/kg）				施肥量（千克/亩）				
	有机质	碱解氮	有效磷	速效钾	有机肥	N	P$_2$O$_5$	K$_2$O	ZnSO$_4$
350~300	≥15	60~80	16~25	≥120	5000~3000	14~16	9~11	11~14	1.0~1.5
300~250	10~15	50~70	10~20	100~120	4000~3000	12~14	8~10	10~13	1.0~1.5
250~200	<10	<50	<10	<90	3000	12~10	6~8	7~10	1.0~1.5

三、土壤养分校正系数

衡水市部分县市的土壤养分校正系数（表 9 - 29）表明，土壤有效磷的校正系数大于有效氮且大于速效钾。因为衡水市均为平原区县市，各地差异不是特别大，所以，以各县市的各种土壤养分校正系数的平均值表示衡水市的土壤养分校正系数情况。全市小麦季土壤氮的平均校正系数为 0.74，平均有效磷校正系数为 1.37，平均速效钾校正系数为 0.62；玉米季土壤氮的平均校正系数为 0.86，平均有效磷校正系数为 1.25，平均速效钾校正系数为 0.52；棉花只分析了深州市，土壤氮、磷、钾养分校正系数分别为 0.95、1.03 和 0.49。

表 9 - 29 不同作物土壤养分校正系数

行政区	小麦			玉米			棉花		
	N	P	K	N	P	K	N	P	K
安平县	0.85	1.43	0.59	1.19	1.98	0.62			
饶阳县	0.82	1.47	0.81	0.59	1.11	0.51			
深州市	0.76	0.89	0.81	1.02	1.18	0.54	0.95	1.03	0.49
阜城县	0.80	1.30	0.50	0.93	1.10	0.50			
枣强县	0.52	1.64	0.47						
故城县	0.79	0.79	0.66						

行政区	小麦			玉米			棉花		
	N	P	K	N	P	K	N	P	K
武邑县	0.59	2.25	0.60	0.45	1.04	0.35			
景　县	0.80	1.20	0.50	1.00	1.10	0.60			
全市平均	0.74	1.37	0.62	0.86	1.25	0.52	0.95	1.03	0.49

四、作物当季肥料利用率

衡水市部分县市的作物当季肥料利用率（表 9 - 30）表明，氮肥利用率大于钾肥利用率且大于磷肥利用率。因为衡水市均为平原区县市，各地差异不是特别大，所以，以各县市的各种养分利用率的平均值表示全衡水市的作物当季肥料利用率情况。全市小麦季氮肥利用率平均为 31.6%，磷肥利用率平均为 15.2%，钾肥利用率平均为 31.3%；玉米季氮肥利用率平均为 31.2%，磷肥利用率平均为 16.9%，钾肥利用率平均为 28.1%；棉花只分析了深州市，氮、磷、钾肥利用率分别为 58.0%、58.0% 和 33.0%。

表 9 - 30　作物当季肥料利用率　　　　　　　单位:%

行政区	小麦			玉米			棉花		
	N	P_2O_5	K_2O	N	P_2O_5	K_2O	N	P_2O_5	K_2O
安平县	31.0	7.6	9.5	39.0	17.0	7.0			
饶阳县	25.7	14.1	26.7	22.3	11.5	12.4			
深州市	34.0	17.0	36.0	25.0	18.0	27.0	58.0	58.0	33.0
阜城县	32.2	10.6	23.2	30.7	10.1	17.9			
枣强县	20~40	15~30	30~50						
故城县	37.0	28.8	43.2	39.7	24.4	44.6			
武邑县	28.0	13.0	48.0	26.0	22.0	50.0			
景　县	33.5	15.4	32.5	35.9	15.8	37.8			
全市平均	31.6	15.2	31.3	31.2	16.9	28.1	58.0	58.0	33.0

第四节　肥料配方设计

一、基于田块的肥料配方设计

基于田块的肥料配方设计，首先确定氮、磷、钾养分的用量，然后确定相应的肥料组合，通过提供配方肥料或发放配方肥通知单，指导农民施用。肥料用量的确定方法主要包括：土壤与植物样品测试推荐施肥方法、肥料效应函数法、土壤养分丰缺指标法和养分平衡法。

（一）土壤、植物测试推荐施肥方法

该技术综合了目标产量法、养分丰缺指标法和作物营养诊断法的优点。对于大田作物，在综合考虑有机肥、作物秸秆应用和管理措施的基础上，根据氮、磷、钾及中、微量元素养分的不同特征，采取不同的养分优化调控与管理策略。其中，氮肥推荐根据土壤供氮状况和作物需氮量，进行实时动态监测和精确调控，包括基肥和追肥的调控；磷、钾肥通过土壤测试和养分平衡进行监控；中、微量元素采用因缺补缺的矫正施肥策略。该技术包括氮素实时监控、磷钾养分恒量监控和中、微量元素养分矫正施肥技术。

1. 氮素实时监控施肥技术

根据目标产量确定作物需氮量，以需氮量的 30% ~60% 作为基肥用量。具体基施比例根据土壤全氮含量，同时参照当地土壤养分丰缺指标来确定。一般在全氮含量偏低时，采用需氮量的 50% ~60% 作为基肥；在全氮含量居中时，采用需氮量的 40% ~50% 作为基肥；在全氮含量偏高时，采用需氮量的 30% ~40% 作为基肥。30% ~60% 基肥比例可根据上述方法确定，并通过"3414 +1"田间试验进行校验，建立当地不同作物的施肥指标体系。有条件的地区可在播种前对 0 ~20cm 土壤无机氮（或硝态氮）进行监测，调节基肥用量。基肥用量按下式计算：

$$基肥用量（千克/亩）=\frac{（目标产量需氮量 - 土壤无机氮）×（30\% ~60\%）}{肥料中养分含量×肥料当季利用率}$$

其中　土壤无机氮（千克/亩）= 土壤无机氮测试值（mg/kg）×0.15×校正系数

氮肥追肥用量推荐以作物关键生育期的营养状况诊断或土壤硝态氮的测试为依据，这是实现氮肥准确推荐的关键环节，也是控制过量施氮或施氮不足、提高氮肥利用率和减少损失的重要措施。测试项目主要是土壤全氮含量、土壤硝态氮含量或玉米最新展开叶叶脉中硝酸盐浓度。

2. 磷钾养分恒量监控施肥技术

根据土壤有效磷、钾含量水平，以土壤有效磷、钾养分不成为实现目标产量的限制因子为前提，通过土壤测试和养分平衡监控，使土壤有效磷、钾含量保持在一定范围内。对于磷肥，基本思路是根据土壤有效磷测试结果和养分丰缺指标进行分级，当有效磷水平处在中等偏上时，可将目标产量需要量（只包括带出田块的收获物）的 100% ~110% 作为当季磷肥用量；随着有效磷含量的增加，需要减少磷肥用量，直至不施；随着有效磷的降低，需要适当增加磷肥用量，在极缺磷的土壤上，可以施到需要量的 150% ~200% 。在两三年后再次测土时，根据土壤有效磷和产量的变化再对磷肥用量进行调整。钾肥首先需要确定施用钾肥是否有效，再参照上面方法确定钾肥用量，但需要考虑有机肥带入的钾量。一般大田作物磷、钾肥全部做基肥。

3. 中微量元素养分矫正施肥技术

中、微量元素养分的含量变幅大，作物对其需要量也各不相同。主要与土壤特性（尤其是母质）、作物种类和产量水平等有关。矫正施肥就是通过土壤测试，评价土壤中、微量养分的丰缺状况，进行有针对性的因缺补缺施肥。

（二）肥料效应函数法

根据"3414＋1"方案田间试验结果建立当地主要作物的肥料效应函数，直接获得某一区域、某种作物的氮、磷、钾肥料的最佳施用量，为肥料配方和施肥推荐提供依据。

（三）土壤养分丰缺指标法

通过土壤养分测试结果和田间肥效试验结果，建立不同作物、不同区域的土壤养分丰缺指标，提供肥料配方。土壤养分丰缺指标田间试验也可采用"3414＋1"部分实施方案，收获后计算产量，用缺素区产量占全肥区产量百分数，即相对产量的高低来表达土壤养分的丰缺情况。相对产量低于50%的土壤养分为极低，相对产量50%～75%为低，75%～95%为中，大于95%为高，从而确定适用于某一区域、某种作物的土壤养分丰缺指标及对应的肥料施用数量。对该区域其他田块，通过土壤养分测试，就可以了解土壤养分的丰缺状况，提出相应的推荐施肥量。但本县的土壤养分丰缺指标只能根据试验土壤的养分情况和产量情况初步确定，不能用对数方程求取。

（四）养分平衡法

1. 基本原理与计算方法

根据作物目标产量需肥量与土壤供肥量之差估算施肥量，计算公式为

$$施肥量 = \frac{目标产量所需养分总量 － 土壤供肥量}{肥料中养分含量 \times 肥料当季利用率}$$

养分平衡法涉及目标产量、作物需肥量、土壤供肥量、肥料利用率和肥料中有效养分含量五大参数。土壤供肥量即为"3414＋1"方案中空白处理的作物养分吸收量。目标产量确定后因土壤供肥量的确定方法不同，形成了地力差减法和土壤有效养分校正系数法两种。

地力差减法是根据作物目标产量与基础产量之差来计算施肥量的一种方法。其计算公式为

$$施肥量 = \frac{（目标产量 － 基础产量）\times 单位经济产量养分吸收量}{肥料中养分含量 \times 肥料利用率}$$

基础产量即为"3414＋1"方案中空白处理的产量。

土壤有效养分校正系数法是通过测定土壤有效养分含量来计算施肥量。其计算公式为

$$施肥量 = \frac{作物单位产量养分吸收量 \times 目标产量 － 土壤测试值 \times 0.15 \times 土壤有效养分校正系数}{肥料中养分含量 \times 肥料利用率}$$

2. 有关参数的确定

（1）目标产量：可采用平均单产法来确定。平均单产法是利用施肥区前3年平均单产和年递增率为基础确定目标产量，其计算公式为

目标产量（千克/亩）＝（1＋递增率）×前3年平均单产（千克/亩）

一般粮食作物的递增率为10%～15%为宜，露地蔬菜一般为20%左右，设施蔬菜为30%左右。

（2）作物需肥量：通过对正常成熟的农作物全株养分的分析，测定各种作物百公斤经济产量所需养分量，乘以目标产量即可获得作物需肥量。

$$作物目标产量所需养分量（kg）= \frac{目标产量（kg）}{100} \times 百公斤产量所需养分量（kg）$$

（3）土壤供肥量：土壤供肥量可以通过测定基础产量、土壤有效养分校正系数两种方法估算：

通过基础产量估算（空白处理产量），不施肥区作物所吸收的养分量作为土壤供肥量。

$$土壤供肥量（kg）= \frac{不施养分区农作物产量（kg）}{100} \times 百公斤量所需养分量（kg）$$

通过土壤有效养分校正系数估算，将土壤有效养分测定值乘一个校正系数，以表达土壤"真实"供肥量。该系数称为土壤有效养分校正系数，即

$$土壤有效养分校正系数（\%）= \frac{缺素区作物地上部分吸收该元素量（千克/亩）}{该元素土壤测定值（mg/kg）\times 0.15}$$

（4）肥料利用率：一般通过差减法来计算：利用施肥区作物吸收的养分量减去不施肥区农作物吸收的养分量，其差值视为肥料供应的养分量，再除以所用肥料养分量就是肥料利用率，即

$$肥料利用率 = \frac{施肥区作物吸收养分量（千克/亩）- 缺素区作物吸收养分量（千克/亩）}{肥料施用量（千克/亩）\times 肥料中养分含量（\%）}$$
$$\times 100\%$$

（5）肥料养分含量：供试肥料包括无机肥料与有机肥料。无机肥料、商品有机肥料含量按其标明量，不明养分含量的有机肥料养分含量可参照当地不同类型有机肥养分平均含量获得。

二、衡水市耕层土壤养分状况

从衡水市土壤养分（表9-31）和各县市耕层养分分布（表9-32、表9-33）看，该市土壤有机质和碱解氮处于4级水平，属于中等偏下；有效磷处于2级水平、速效钾处于3级水平，含量比较丰富；微量元素处于中等偏上水平。

表9-31　衡水市耕层土壤养分状况

pH	有机质 （g/kg）	碱解氮 （mg/kg）	有效磷 （mg/kg）	速效钾 （mg/kg）	缓效钾 （mg/kg）
8.12	14.54	75.86	22.24	126.74	1002.88
有效铁 （mg/kg）	有效锰 （mg/kg）	有效铜 （mg/kg）	有效锌 （mg/kg）	水溶性硼 （mg/kg）	有效硫 （mg/kg）
8.59	10.04	1.22	1.37	0.67	43.85

表9-32　各县市耕层土壤大量养分状况

行政区	有机质 （g/kg）	碱解氮 （mg/kg）	有效磷 （mg/kg）	速效钾 （mg/kg）	缓效钾 （mg/kg）
安平县	17.55	56.43	20.52	122.82	—

续表

行政区	有机质 （g/kg）	碱解氮 （mg/kg）	有效磷 （mg/kg）	速效钾 （mg/kg）	缓效钾 （mg/kg）
阜城县	13.39	73.03	22.30	141.42	1316.39
故城县	14.20	60.99	32.76	119.37	649.30
冀州市	15.07	67.95	14.99	104.34	843.17
景　县	13.42	78.04	18.55	147.68	1049.09
饶阳县	15.70	76.02	27.23	103.94	945.61
深州市	15.27	83.74	24.47	145.14	941.65
桃城区	14.37	76.09	26.68	115.42	793.76
武强县	13.56	72.98	24.79	108.70	—
武邑县	13.57	70.43	16.39	146.09	923.84
枣强县	12.78	103.03	12.33	134.44	790.75

表 9 – 33　各县市耕层土壤中微量养分状况

行政区	有效硫 （mg/kg）	有效铁 （mg/kg）	有效锰 （mg/kg）	有效铜 （mg/kg）	有效锌 （mg/kg）	水溶性硼 （mg/kg）
安平县	—	13.33	4.36	1.56	0.96	—
阜城县	—	10.72	12.56	1.05	0.72	—
故城县		8.21	6.48	1.39	2.05	
冀州市	32.44	5.57	7.96	0.99	1.98	0.32
景　县	—	8.72	9.83	1.13	1.15	—
饶阳县	54.07	12.01	15.05	1.13	1.19	0.55
深州市	41.74	8.31	11.66	1.25	1.85	0.81
桃城区	80.97	5.27	4.68	1.34	0.77	0.88
武强县	15.78	5.47	6.63	1.26	1.33	
武邑县	19.34	4.96	5.52	1.23	0.99	0.33
枣强县	—	5.97	11.66	1.17	1.10	—

三、土壤养分丰缺指标

　　衡水市各县市土肥站根据多年田间"3414＋1"试验和肥料校正试验产量以及专家的实践经验结果，建立了衡水市各县市土壤养分丰缺指标（表 9 – 34），除饶阳县外，安平县、阜城县、武邑县、景县、深州市、枣强县和故城县均建立了土壤有机质、全氮、有效磷、速效钾养分丰缺指标。其中安平县、阜城县、武邑县和景县建立的土壤有机质、全氮、有效磷、速效钾养分丰缺指标相同，饶阳建立了碱解氮、有效磷和速效钾养分丰缺指标。故城县的土壤养分丰缺指标较其他县偏高。

表 9 – 34　衡水市各县市土壤养分丰缺指标汇总

行政区	土壤养分	高	中	低	缺
安平县、阜城县、武邑县、景县	有机质（g/kg）	>20	15～20	10～15	<10
	全氮（g/kg）	>1.5	0.8～1.5	0.5～0.8	<0.5
	有效磷（mg/kg）	>25	15～25	10～15	<10
	速效钾（mg/kg）	>150	120～150	80～120	<80
饶阳县	碱解氮（mg/kg）	>120	90～120	60～90	<60
	有效磷（mg/kg）	>30	20～30	10～20	<10
	速效钾（mg/kg）	>120	100～120	80～100	<80
深州市	有机质（g/kg）	>20	15～20	10～15	<10
	全氮（g/kg）	>1.5	0.8～1.5	0.5～0.8	<0.5
	有效磷（mg/kg）	>25	15～25	10～15	<10
	速效钾（mg/kg）	>150	120～150	80～120	<80
枣强县	有机质（g/kg）	>20	15～20	10～15	<10
	全氮（g/kg）	>1.5	0.8～1.5	0.5～0.8	<0.5
	有效磷（mg/kg）	>25	15～25	10～15	<10
	速效钾（mg/kg）	>120	100～120	80～100	<80
故城县	有机质（g/kg）	>30	20～30	10～20	<10
	全氮（g/kg）	>2	1～2	0.75～1	<0.75
	有效磷（mg/kg）	>50	30～50	20～30	<20
	速效钾（mg/kg）	>140	100～140	80～100	<80

四、推荐作物施肥配方与施用方法

施肥方法：

（1）氮肥分次施用，沙壤质、轻壤质土壤，随播种底施总量的30%，拔节期追施50%，大喇叭口期追施20%；中壤质和黏壤质土壤，随播种底施总量的40%，拔节期追施20%，大喇叭口期追施40%；磷钾肥均做基肥一次性施入。

（2）有效钾含量高、产量水平低的地块在施用有机肥的情况下可以少施或不施钾肥。

（3）高产地块缺锌和缺硼的土壤注意施用锌肥和硼肥。

（4）增加有机肥用量。

（5）推广应用高产耐密品种，适当增加玉米种植密度，提高玉米产量，充分发挥肥料效果；深松打破犁底层，促进根系发育，提高水肥利用效率。

第五节　配方肥料合理施用

测土配方施肥是以土壤测试和肥料田间试验为基础，根据作物需肥规律、土壤供肥性能和肥料效应，在合理施用有机肥料的基础上，提出氮、磷、钾及中、微量元素等肥料的施用数量、施肥时期和施用方法。通俗地讲，就是在农业科技人员指导下科学施用配方肥。测土配方施肥技术的核心是调节和解决作物需肥与土壤供肥之间的矛盾。同时有针对性地补充作物所需的营养元素，作物缺什么元素就补充什么元素，需要多少补多少，实现各种养分平衡供应，满足作物的需要；达到提高肥料利用率和减少用量，提高作物产量，改善农产品品质，节省劳力，节支增收的目的。测土配方施肥概括来说，一是测土，取土样测定土壤养分含量；二是配方，经过对土壤的养分诊断，按照庄稼需要的营养"开出药方、按方配药"；三是合理施肥，就是在农业科技人员指导下科学施用配方肥。从测土配方施肥的定义特点看，它是把土壤、农作物、肥料三者紧密联系在一起，根据土壤肥力状况和农作物需求特点，选择适宜的肥料和比例。因此，要实现配方肥料合理施用，应该从以下步骤入手：

一、了解土壤肥力状况

土壤不仅是农作物生长的介质，而且也是农作物所需各种养分的主要供应者。在农业生产中由肥料、灌溉水、降雨、秸秆还田、根茬残留、生物固氮等提供的养分都存在于土壤，最终由土壤直接供给农作物吸收利用。因此，最好的办法是采集土壤样品进行分析测定。但是，由于田间土壤变化的复杂性，以及化验分析的条件限制，有时没有办法根据土壤的分析结果来施肥。在不能进行测土时，可以根据以前的施肥状况和目前的土壤地力情况来考虑肥料用量。一般肥力高的土壤，可以适当降低肥料用量，而对肥力低的土壤，应该增加肥料用量。对土壤比较黏、保水、保肥能力强的土壤，一次肥料用量可以稍大一些，而对土壤较砂，保水、保肥能力弱的土壤，则一次肥料用量不能过多，另外，由于土壤中的养分还包括灌溉水、降雨、秸秆还田、根茬残留、生物固氮等提供的养分，因此还要根据它们带入的养分状况，来考虑肥料用量。

二、了解作物对营养元素的需求特征

要做到科学合理施肥，就要知道作物需要什么肥料？需要多少？什么时间需要？

（一）作物需要什么肥料

一般来说，所有作物都需要 17 种营养元素，它们分别是：碳（C）、氢（H）、氧（O）、氮（N）、磷（P）、钾（K）、钙（Ca）、镁（Mg）、硫（S）、铁（Fe）、铜（Cu）、锌（Zn）、硼（B）、钼（Mo）、锰（Mn）、氯（Cl）、镍（Ni）。根据这些元素在土壤中的含量以及农作物的需求状况，把它分为 3 类：第一类是土壤里相对含量较少，农作物吸收利用较多的氮、磷、钾，叫大量元素；第二类是土壤含量相对较多可是农作物需要却较少，像钙、镁、硫等，叫中量元素；第三类是土壤里含量很少、农作物需要的也很少，主要是铜、硼、锰、锌、钼、镍等，叫微量元素。植物对氮、磷、钾的需求量较大，而土壤中含有的能被植物吸收的有效量较少；同时以根茬归还给土壤的各种养分中氮磷钾是归还比例最小的元素，通常把氮磷钾称为大量元素或肥料三要素。但是，由于作物种类不同，它们对这些营养元素的需求也明显不同。如小麦、玉米对氮、磷、钾需求较多，而花生、蚕豆对磷、钾需求较多，食用叶片的蔬菜需要氮较多，油菜需要硼较多，洋芋、地瓜需要钾较多。这就要求在生产中根据作物的养分需求特点选择不同的肥料种类。

（二）作物需要多少肥料

一般作物对肥料的需求取决于所种植的作物种类和产量水平。一般在蔬菜、果树上的肥料用量大于粮食作物，产量水平高的作物对养分的需求大于产量水平低的作物。那么，在施肥时可以根据近 3 年的产量水平估算今年的产量状况，然后估算肥料用量。

（三）作物什么时间施用肥料

作物在整个生长过程中都需要营养，但作物一生中对养分需求有两个非常重要的时期，也是施肥的最佳时期。植物营养临界期是植物对养分浓度比较敏感的时期，多为植物生长的前期。这一时期对养分需要的绝对数量并不太多，但很迫切，如果此时营养元素缺乏或过多或元素间不平衡，对植物的生长发育和产量产生很大的影响，且后期难以弥补和纠正的时期。如磷的营养临界期在苗期，玉米在出苗后 1 周；小麦在分蘖始期。氮的临界期比磷稍晚一些，一般在营养生长到生殖生长过渡时期，小麦在分蘖和幼穗分化两个时期；玉米在幼穗分化期。植物营养临界期的养分供应主要靠基肥或种肥供应。植物营养最大效率期是指养分需要量最多，且施肥能获得最大效应的时期。植物营养最大效率期往往在植物生长最旺盛的时期，此时植物吸收养分的绝对数量和相对数量最多，如能及时满足此时期作物对养分的需要，增产效果极为显著。如玉米的大喇叭口期，小麦的拔节—孕穗期。植物营养最大效率期的施肥是以追肥的方式施入的。

三、根据肥料种类和性质选择适宜的肥料

肥料是植物的粮食，是直接或间接供给作物生长所需要的养分，改良土壤性状，以提高作物的产量和品质的物质。实现合理施肥就要在了解土壤供肥能力和作物养分需求特征的基础上，根据肥料种类和性质选择适宜的肥料品种，并采用合适的施用方式。

（一）肥料的种类

依据不同目的，肥料可分为不同类型。按肥料来源分有机肥（农家肥）、化学肥料、绿肥、生物肥料；按营养成分分为单质肥料、复合肥料；按肥料的状态分为固体肥料、液体肥料、气态肥料；按肥料中养分的形态或溶解性可分为速效肥料、缓效肥料、长效肥料；按肥料施用后对土壤酸碱性的影响可分为生理酸性、生理中性、生理碱性肥料。

（二）肥料的施用方式

肥料的施用方式包括基肥、种肥和追肥。基肥（底肥）是在播种前和秧苗移栽前

施用的肥料，其作用是满足作物整个生长期的需要，改善作物的水肥状况。种肥是播种时施用的肥料，其作用是促进种子的萌发和幼苗的生长，促壮苗。追肥是生长期间施用的肥料，其作用是满足作物快速生长的需要。如小麦的拔节期追肥，果树的坐果期追肥。施用方法是撒施、条施、沟施、冲施、叶面喷施、灌溉（滴灌、喷灌）施肥。

（三）肥料的作用

肥料的作用表现在提高产量、改善品质、改良土壤，提高土壤肥力。

四、加强与配方肥料生产企业合作，确保肥料质量

衡水市各县市区确定的主要作物施肥配方见表9-35。

表9-35 衡水市各县市主要作物施肥配方

行政区	小麦	玉米	棉花
桃城区	14-27-13、16-25-10、18-20-7、15-20-10、12-20-8	18-12-10、20-10-15、20-0-10（追肥）、25-0-5（追肥）	15-15-15、15-12-18、13-14-16、15-10-1、15-15-10
安平县	18-23-6、16-22-12、17-23-6、17-20-8、15-20-10	25-6-9、28-4-6、20-6-14	
阜城县	15-20-10、15-20-5、18-22-5	20-5-10、30-0-5	15-15-15、15-20-10
故城县	15-20-10、18-18-10、18-22-5、17-18-8	23-11-6、28-15-12	15-10-20、15-10-15
饶阳县	17-14-5、17-15-8、17-18-5、17-18-8、24-15-6	28-4-8、28-6-8	
景县	17-20-8、17-18-8	20-16-12、18-10-12	
深州市	18-20-7、18-22-5、17-18-10	28-6-8、28-6-10	15-20-10、16-22-7
冀州市	15-18-15、15-12-15、15-24-15、15-18-10、15-15-20	30-7-12（控释肥）	15-10-15、15-22-15
武邑县	24-15-6、24-14-10（小麦涂层缓控释肥）	28-4-8、28-6-8（玉米涂层缓控释肥）	18-7-15、18-7-17（棉花涂层缓控释肥）
枣强县	16-14-0、20-14-12、20-18-0、20-18-10	20-6-0、20-6-19	

配方入户，配方肥到田是实施这一项目的最终目的。出具科学实用的肥料配方，提供优质高效的配方肥至关重要。在开展测土配方施肥工作中，始终把为农民提供指导服务作为工作立足点和出发点，把企业参与测土配方施肥工作作为重要环节，积极探索有效运行模式，建立健全工作机制，组织配方肥的生产、供应和推广工作。在工作中各县

市以严肃认真，高度负责的态度抓了这两个重点环节，对于配方肥料的推广更是采取谨慎的态度，提倡让农民在技术人员的指导下按照当地出具的配方自己配肥，在配方肥施用上，为农民提供了容易鉴别的 BB 肥，选择配方肥生产厂家坚持招投标制度，依据测土配方施肥项目的进度与要求，通过对肥料生产企业考查，确定各县市符合生产复混肥条件的肥料生产企业，把测土配方施肥真正运用到生产实际，各县市农牧局或农业局委托有关肥料企业根据各县土壤特点和种植作物品种提供配方，以单质肥料如尿素、磷酸二铵（或三料过磷酸钙）、硫酸钾、氯化钾等为原料，生产复混配方肥，小麦涂层缓控释肥配方、玉米涂层缓控释肥、棉花涂层缓控释肥、专用肥等，并与肥料企业签订了配方肥生产销售合同。为保证肥料配方的准确性，做到了既有实践数据支持，又经过了专家论证，从而减少了配方肥大面积应用的风险。

在配方肥供应上经过筛选确定了技术服务水平高、规模较大、信誉良好的服务站作为配方肥定点销售单位，对供肥企业和销售网点实行合同管理，全部建立销售台账，严格质量管理。要求销售登记明细到户，并统一发票格式，为购肥农民发放信誉卡，农牧局或农业局会同有关部门加强对配肥企业和肥料市场的监管，清理收缴各种假借配方肥名义的肥料。切实保证配方肥质量，防止出现假冒伪劣肥料坑农害农、趁机哄抬肥料价格的行为。这样有效地保证了农民的利益，推进了项目的健康开展，在配方肥推广上基本实现了市场化运作、工厂化生产和网络化经营。

衡水市各县市区确定的主要作物施肥配方见表 9-35。

五、搞好农化服务，推进测土配方施肥实施效果

农化服务是农业化学和现代农业发展到一定阶段的产物，它的基本概念是以化肥产品为中心，以农民和耕地为服务对象，应用系统工程思想和农业化学基本理论，对化肥的生产、销售和使用予以科学的组织、调配和使用，以及最大限度地提高化肥的经济、社会和生态效益，提高农业劳动生产率，提供社会服务。农民是农化服务的对象，无论是科学配方的提出，还是按配方生产出的符合目标产量养分需求的复混肥，都必须经过农民的施肥作业和相应的田间管理过程才能实现其预期目的，同时也是对配方科学性和肥料产品质量可靠性的检验过程。由于农民对科学施肥原理与技术的认识程度有限，因此在施肥过程中，还需要农业技术人员的指导。但如果就事论事地进行专项指导，虽然能解决临时性的技术问题，则不能促进对农民科技素质的提高。因此，农技人员的主要任务应该是在农化服务过程中不断培训农民，让他们逐步接受并系统的实践科学施肥理论与技术，这方面的内容主要包括施肥与产量、施肥与农产品质量、施肥与土壤培肥（即用地与养地）、施肥与农田生态系统平衡、施肥与环境、施肥与成本核算、施肥方案的制订、肥料特性与施肥技术、样品采集技术、作物营养诊断技术等。其方式除举办专题培训外，还可以通过培养具有一定文化程度的农民技术员，在农户中建立科学施肥示范田等。

由于农户平均土地面积小，农户间在养分管理和作物布局上也不同，导致土壤的基础肥力存在差异，而商品化的复混肥尽管在配方上力求科学、合理，也无一普遍适用于每一农户，也不可能为每一农户或每一田块设计并生产专用复混肥，在工业生产上也不

允许。因此，不同农户在不同田块上使用同一配方的复混肥时其增产效果也必定有差异。在农化服务上，农技人员应及时收集并反馈有关信息给肥料科技工作者，以进一步调整配方，使之更趋于合理，适用范围更广，农技人员还应结合作物营养诊断指导农民积极调整追肥方案，以补偿在基肥施用后不同田块上呈现的作物生长差异，直至收获计产。至此，以养分管理为主线的农化服务基本完成。农技人员在以农民为对象的农化服务过程中，起着承上启下的重要作用，农化服务体系的运作程序见图9-2。

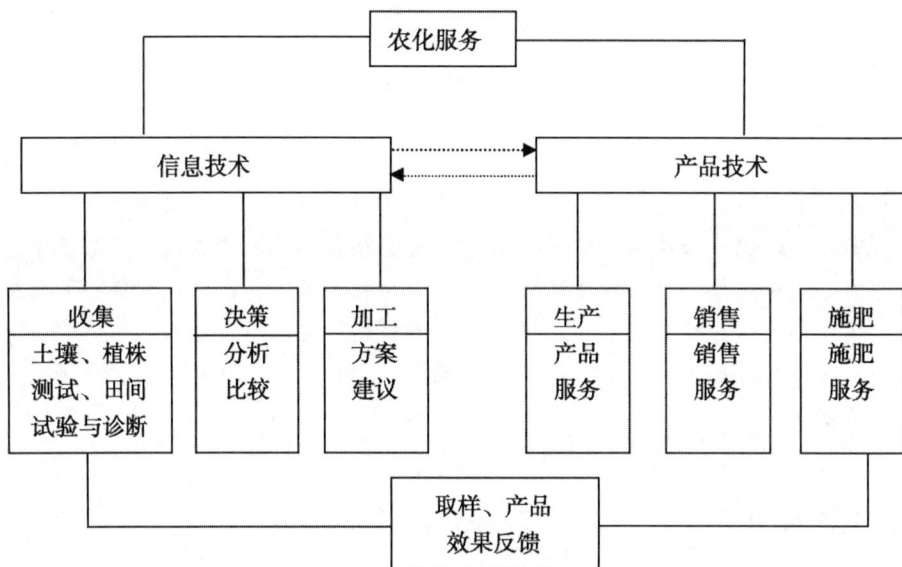

图9-2　农化服务体系的运作程序

第六节　主要作物配方施肥技术

冬小麦、夏玉米、棉花是衡水市各县的主要农作物。自测土配方施肥项目实施以来，各县市采集土样进行化验分析测定。现根据各种作物的需肥规律和土壤养分状况提出以下施肥技术。

一、主要作物的需肥特性

（一）冬小麦

小麦整个生育期内，除种子萌发期间因本身贮藏养料，不需要吸收养分外，从苗期到成熟的各个生育时期，均需要从土壤中吸收养分。苗期氮素代谢旺盛，同时对磷钾反应敏感。拔节期生殖生长与营养生长同时进行，幼穗分化、植株发育、茎秆充实需要大量养分和碳水化合物。此时吸收的特点是代谢速度快，养分吸收与积累多。氮、钾的积累已达到最大值的一半，磷约占40%。进入孕穗期，干物质积累速度达到高峰，相应地养分吸收与积累达到最大。此时养分吸收速度远大于拔节期，尤其是磷、钾，要比拔节期大 4~5 倍。地上部的氮素积累已达最大值的 80% 左右，磷、钾在 85% 以上。总的来看，小麦在整个生育期内对氮的吸收有两个高峰，一个是在分蘖盛期，占总吸收量的 12%~14%；另一个是在拔节至孕穗期，占总吸收量的 35%~40%。这两个时期需氮的绝对值多，且吸收速度快。小麦吸收磷主要在拔节孕穗期，这个时期磷的吸收量可达总量的 60%。苗期磷吸收量虽然少，只占总量的 10% 左右，但此时磷营养对于植株，尤其对根系生长极为重要，是小麦需磷的临界期。小麦在幼穗分化期间，磷素代谢比较旺盛。此时磷素营养条件好，幼穗发育时间长，小穗数增多，导致穗大粒多。小麦对钾的吸收在拔节前比较少，拔节至孕穗期是小麦吸钾最多，吸收最快的时期，吸钾量可达总吸收量的 60%~70%。

（二）夏玉米

依据玉米需肥特性施肥是合理施肥的一般原则，按玉米生育特性，可分为苗期、穗期和花粒期 3 个主要阶段。拔节至抽穗为穗期，是玉米营养器官旺盛生长，雌雄穗分化形成，营养生长和生殖生长同时进行的决定玉米果穗大小的重要时期。雄穗抽出到成熟为花粒期，是玉米的生殖生长阶段。不同生育阶段，玉米对养分的种类、数量、吸收速率不同，它是决定底肥和追肥施用时期的重要依据。玉米对氮、磷、钾吸收数量受土壤、肥料、气候及种植方式的影响，有较大变化，一般来说，玉米每生产 100kg 籽粒吸收氮（N）3.5~4.0kg，磷（P_2O_5）1.2~1.4kg，钾（K_2O）4.5~5.5kg，其比例为 1:0.35:1.35。这是确定玉米施肥量的重要依据，也是开展玉米配方施肥的重要参考数据。玉米一生中吸收的氮最多，钾次之，磷较少。在不同的生育阶段，玉米对氮磷钾的吸收是不同的。研究资料表明，玉米苗期对氮的吸收量较少，只占总氮量的 2.14%；拔节孕穗期吸收量较多，占总量的 32.21%；抽穗开花期吸收占总量的 18.95%；籽粒形成阶段，吸收量占总量的 46.7%。玉米对磷的吸收是：在苗期吸收量占总量的 1.12%，拔节孕穗期吸收量占总量的 45.04%，抽穗受精和籽粒形成阶段，吸收量占总量的 53.84%。玉米对钾素的吸收是：在抽穗前有 70% 以上被吸收，抽穗受精时吸收 30%。玉米干物质累积与营养水平密切相关，对氮、磷、钾 3 要素的吸收量都表现出苗期少，拔节期显著增加，孕穗到抽穗期达到最高峰的需肥特点。因此玉米施肥应根据这一特点，尽可能在需肥高峰期之前施肥。

（三）棉花

氮、磷、钾 3 要素在棉花生产中有重要作用。氮素对棉花的作用最明显，时间也最长，从幼苗开始直到开花结铃期，都需要适量的氮素供应。氮素供应适量，棉花叶色深、植株健壮、蕾铃多、产量高、品质好。如果苗期氮素供应过多，会引起棉花徒长，如果中期氮素供应不足，棉叶会变黄变小、脱落多，造成后期早衰，产量低。中后期供应氮素过量，会引起棉花疯长，从而降低品质，严重影响产量。磷素在棉花生育前期能促进根系发育，壮苗早发，对早现蕾早开花有重要作用，且在后期有促进早熟、增加铃重、提高品质作用。钾素能起到健枝壮秆和增加抵抗不良因素的作用。钾素缺乏时，植株易感病，叶片变红，提早枯死。棉花红叶茎枯病主要是缺钾造成的。一般每产 100kg 皮棉约需要氮（N）12.0~14.5kg，磷（P_2O_5）4.0~6.3kg，钾（K_2O）12.3~

15.5kg，N、P_2O_5、K_2O 之比约为 1：0.3：1。

微量元素在棉株体内的含量虽少，但对棉花的生长发育却具有特定的作用，是棉株生长中不可缺乏和不可代替的元素。据报道，硼、锌占棉株干重的 0.003%，锰占 0.005%，铜占 0.001%，铁占 0.030%。棉花是一种对锌中度敏感和耐锌的作物，也是一种需硼中等和耐硼最强的作物。根据研究测定，每生产 100kg 皮棉所带走的硼为 9.4～10.8g，带走的锌为 2.4～7.2g。在同一产量水平下，棉花所带走的微量元素的数量依次为锌＞硼＞锰。试验表明，广泛使用硼肥和锌肥，硼和锌均能促进棉株对氮、磷、钾的吸收和积累，使棉花早发、早发蕾、早结铃、早吐絮。一般来说水溶性硼含量小于 1.0mg/kg 的土壤即为缺硼的土壤，小于 0.25mg/kg 的土壤即为严重缺硼的土壤。我国种植棉花的地区大部分属于缺硼地区，部分地区属于严重缺硼地区。因此在棉花的施肥中尤其要注意硼素的补充。

棉花的生长发育经过苗期、蕾期、花铃期、吐絮期等阶段，不同生育时期棉花的养分需求规律如下：

1. 苗期

苗期棉苗株体较小，叶面积也小，光合产物少，吸收氮素少。但是此时氮素代谢旺盛，碳水化合物大部分用于合成蛋白质，形成茎叶结构物质，只有小部分运往茎内，以可溶态临时储藏起来。因此，这个时期的营养特点是以氮素代谢为中心。此时营养物质主要用于叶的生长，茎部的可溶性氮含量高，主要起贮藏作用。棉株苗期吸氮量远超过吸磷量，但早期供磷对棉苗根系的发育有明显的作用。据中国农业科学院棉花研究所测定，苗期磷的积累占总量的 3.1%，比氮的积累低。棉苗含钾量与氮的变化趋势相同，苗期钾的积累量占到总量的 4.1%。

2. 蕾期

蕾期是棉花一生中的发根中心，也是稳搭棉花丰产架子的关键时期。此期棉株叶片增多，体内碳水化合物含量上升，营养吸收面逐步扩展，棉株碳素同化水平与氮的吸收能力都较强，进入营养生长与生殖生长并进的时期。棉叶含氮与苗期相比有所下降，但仍达到 4.0%～4.5%。碳水化合物的含量逐渐提高，碳氮比上升到 4 左右。因此，这一阶段正确掌握养分的供应是促使棉株由营养生长转向营养生长与生殖生长并进、稳搭丰产架子、提高花蕾日增强度的关键。此期吸收的氮、磷、钾占总量的25.29%～31.61%。

3. 花铃期

花铃期是棉花一生中生长发育最快，体内碳、氮代谢最旺盛的时期。此时叶片制造的有机养料 80%～90% 供给棉株主茎生长点及果枝顶端。进入盛花期后，有机养料的 60%～80% 运往蕾铃，供生殖生长需要。因此，花铃期棉叶含氮水平应维持在 2.5%～3.0%，尤其是在结铃盛期，叶片的含氮水平不能下降过早或过快；否则，光合效率下降，影响秋季成铃和棉铃充实。所以，初花期前后应适当控氮增碳，促进生长中心转移，使养分分配中心转向棉铃。生产中盛花期会出现生理落黄，应重施花铃肥，促使棉株茎叶在结铃盛期含适宜的氮水平，提高光合效率，保证有足够的有机养料源源不断地供应棉株的大量开花成铃。花铃期是形成产量最关键的时期，吸收的氮、磷、钾量分别占一生总量的 59.77%～62.14%、64.41%～67.11%、61.60%～63.22%，吸收数量和比例均达到高峰，是棉花养分的最大效率期和需肥最多的时期。N 的吸收高峰在初花—盛花（15 d 左右，占总量的 50% ~60%，高产田高于低产田）；P、K 的吸收高峰高产田在初花期，中低产田在盛花后。

4. 吐絮期

当棉花进入吐絮期后，营养转运的中心逐渐转移到棉铃生长上来。各营养器官所含的养分逐步降低，生殖器官中所含养分不断提高。棉株氮、磷、钾养分从营养器官向生殖器官转运，以再利用的方式供给棉铃。吐絮期棉叶含碳水平明显下降，碳氮比变小。根据这一特点，棉花进入吐絮期后，应注意区别苗情，晚熟棉田注意补施磷、钾肥，缺肥田块增补氮肥，以保持棉叶的生理功能，控制营养体的生长和无效花蕾的产生，促进养分向棉铃输送，达到增铃增重。

吐絮期棉花长势减弱，吸肥量减少，叶片和茎等营养器官中的养分均向棉铃转移而被再利用，棉株吸收的氮、磷、钾数量分别占一生总量的 2.73% ~7.75%、1.11% ~6.91%、1.16% ~6.31%，吸收强度也明显下降。由此可见，棉株吸收积累养分最多的时期是在开花期至吐絮期，保证这个时期的养分供应，对棉花增产十分重要。

二、肥料合理施用量的确定方法

进行科学合理施肥，首先确定作物的合理施用量，然后再按照作物各时期的生长需要进行合理供肥。这里以马铃薯为例。

（一）确定目标产量

目标产量即当年种植作物的预定产量，它由耕地的土壤肥力高低情况而确定。另外，也可根据地块前 3 年作物的平均产量，再提高 10% ~15% 作为作物的目标产量。

（二）计算土壤养分供应量

测定土壤中速效养分含量，然后计算出 $1hm^2$ 地块的养分。$1hm^2$ 地表土按深 20cm 计算，共有 225 万公斤土，如果土壤碱解氮的测定值为 83mg/kg，有效磷含量测定值为 24.6mg/kg，速效钾含量测定值为 150mg/kg，则 $1hm^2$ 地块土壤碱解氮的总量为 225 × 10^4 kg × 83mg/kg × 10^{-6} = 186.75kg，有效磷总量为 55.35kg，速效钾总量为 337.5kg。由于多种因素影响土壤养分的有效性，土壤中所有的有效养分并不能全部被马铃薯吸收利用，需要乘上一个土壤养分校正系数。我国各省配方施肥参数研究表明，碱解氮的校正系数 0.3~0.7，有效磷（Olsen 法）校正系数 0.4~0.5，速效钾的校正系数 0.5~0.85。氮、磷、钾肥利用率分别为：氮 30% ~45%、磷 25% ~30%、钾 20% ~50%；有机类肥料分腐熟人畜粪便肥类为 20% ~40%，厩肥为 15% ~30%，土杂肥为 5% ~30%。

（三）确定作物施肥量

根据作物全生育期所需要的养分量、土壤养分供应量及肥料利用率即可直接计算作物的施肥量。再把纯养分量转换成肥料的实物量，即可用于指导施肥。

三、主要作物的配方施肥技术

（一）冬小麦

中等肥力水平下冬小麦生育期施肥量。

1. 基肥

基肥分有机肥和无机肥 2 部分：有机肥因产量提高而应多施，一般是每亩施用 2000～5000kg。除有机肥外，一部分氮肥、磷肥和钾肥也可作基肥。氮肥分底肥与追肥施入，肥力中等的地块各占 50%，一般每亩施尿素 8～15kg 或碳酸氢铵 25～40kg。磷肥一般每亩施磷酸二铵 30～60kg 或过磷酸钙 30～50kg。当土壤速效钾（K_2O）低于 50mg/kg 时，应增施钾肥，每亩施氯化钾 5～10kg。

2. 种肥

种肥能使小麦冬前生长健壮，分蘖多，叶片大，次生根发达。一般用尿素和硫酸铵作种肥，肥料要干燥，与种子混匀，随混随播。每亩尿素用量为 3～4kg，或硫酸铵用量 5～8kg。如用碳酸氢铵作种肥一定要和种子分开施用。除氮肥外，颗粒状过磷酸钙也可作种肥。在播种前来不及施磷肥作基肥的情况下，磷肥作种肥效果极为明显。磷肥作种肥的用量为每亩过磷酸钙 5～10kg。种子和化肥最好分别播施。

3. 追肥

（1）苗期追肥一般是在出苗的分蘖初期，为总用肥量的 20%。每亩追施碳酸氢铵 5～10kg 或尿素 3～5kg 或少量的人粪尿。其作用是促进苗匀苗壮，增加冬前分蘖，巩固早期分蘖，促进植株光合作用和碳水化合物在体内积累，提高抗寒能力。但是对于基肥和种肥比较充足的麦田，苗期可以不追肥。

（2）越冬期追肥也叫"腊肥"：由于复种指数高，种麦前来不及施足有机肥作基肥，再者小麦分蘖期是一个吸氮高峰，一般都要重施腊肥，以促根、壮蘖、弥补基肥不足。一般结合浇冻水追肥，可在小雪前后施氮肥，每亩施碳酸氢铵 5～10kg 或尿素 3～5kg。

（3）返青期追肥：对于肥力较差，基肥不足，播种迟，冬前分蘖少，生长较弱的麦田，应早追或重追返青肥。一般每亩施碳酸氢铵 15～20kg 或尿素 5～10kg，过磷酸钙 9～10kg。对于基肥充足、生长旺盛的麦田，一般不施肥，应进行蹲苗，防止封垄过早，造成田间郁蔽和倒伏。

（4）拔节期追肥：在冬小麦分蘖高峰后施用一般将拔节期麦苗生长情况分为三种类型，并采用相应的追肥和管理措施。①过旺苗：叶形如猪耳朵，叶色黑绿，叶片肥宽柔软，向下披垂，分蘖很多，有郁蔽现象。对这类苗不宜追施氮肥，且应控制浇水。②壮苗：叶形如驴耳朵，叶较长而色青绿，叶尖微斜，分蘖适中。对这类麦苗可施少量氮肥，每亩施碳酸氢铵 10～15kg 或尿素 3～5kg，配合施用磷、钾肥，每亩施过磷酸钙5～10kg，氯化钾 3～5kg，并配合浇水。③弱苗：叶形如马耳朵，叶色黄绿，叶片狭小直立，分蘖很少，表现缺肥。对这类麦苗应多施速效性氮肥，每亩施碳酸氢铵 20～40kg 或尿素 10～15kg。

（5）孕穗期追肥：孕穗期主要施氮肥，用量少。一般每亩施 5～10kg 硫酸铵或 3～

5kg 尿素。

（6）后期施肥：小麦抽穗以后仍需要一定的氮、磷、钾等元素。这时小麦根系老化，吸收能力减弱。因此，一般采用根外追肥的办法。抽穗到乳熟期如叶色发黄、有脱肥早衰现象的麦田，可以喷施 1% ~2% 浓度的尿素，每亩喷溶液 50kg 左右。对叶色浓绿、有贪青晚熟趋势的麦田，每亩可喷施 0.2% 浓度的磷酸二氢钾溶液 50kg。一次喷施在灌浆初期；二次喷施在第一次喷后的 7d 左右。

（二）夏玉米

中等肥力水平下夏玉米全生育期施肥量为农家肥 1500 ~2000 千克/亩（或商品有机肥 250 ~300 千克/亩），氮肥 15 ~17 千克/亩、磷肥 4 ~5 千克/亩、钾肥 8 ~9 千克/亩。氮肥、钾肥分基肥和两次追肥，磷肥全部作基肥，化肥和农家肥（或商品有机肥）混合施用。夏玉米在施足基肥的基础上，应掌握前轻、中重、后补的施肥方式。前轻，指玉米拔节前后施肥，拔节也叫攻秆肥，一般在播后 45d 左右，此时正是玉米茎叶旺盛生长，雄穗开始分化。追肥可促进穗位和穗位上叶片增大，增加茎粗，促进穗分化达到作用。夏玉米拔节期应占氮素追肥总量的 30% ~40%，追肥多少应根据地力、底肥用量和苗情长势增减。如有必要，磷、钾肥也应在拔节期施用。中重，是指大喇叭口期重追，此期追肥能提高结实率，起到保花、保粒的作用，是争取穗大、粒多的重要时期。大喇叭口期追肥应占氮素总追肥量的 40% ~50%。后补，是指开花授粉期追肥。夏玉米后期需肥较多，为了防止脱肥，后期施攻粒肥能充实籽粒，减少秃尖。此时期追肥一般占追肥总量的 10% ~20%，补肥也可以采取根外喷肥的方法。

（三）棉花

确定适宜的施肥量，并合理施肥能促使棉花高产群体的建成，实现棉花代谢功能旺盛期、肥效释放高峰期、本地光温资源富照期三同步，从而达到高产优质。根据上述指标，一般棉田每亩施尿素 20 ~23kg，过磷酸钙 50 ~55kg，缺钾地块或高产田施硫酸钾 10 ~12kg。其中磷肥全部作基肥，尿素和钾肥用作基肥和追肥各占 1/2。施用复合肥时，由于种类较多（复合肥 N、P、K 含量和比例各不相同），要根据各类棉田施肥的 N、P、K 比例和用量，选用符合要求的复合肥。各类棉田均应重视有机肥的施用，提倡每亩施优质土杂肥 2 ~3m³，全部作基肥施用。

1. 施足基肥、培肥地力

合理施肥是提高肥效和抗虫棉产量的重要措施，各类棉田均应重视有机肥（包括秸秆还田）的施用，增加土壤有机质含量，改善土壤团粒结构，调节土壤水、气、热状况，协调土壤通透性，提高土壤保肥保水能力。提倡每亩施优质土杂肥 2 ~3m³ 或秸秆还田 350 ~400kg，一般棉田每亩施尿素 10kg 左右，过磷酸钙 50 ~55kg，高产田每亩施硫酸钾 5 ~6kg。秸秆还田后适当增加 N 肥用量，有利于作物秸秆腐烂，满足棉花苗期和蕾期生长所需的养分。施入基肥后深耕 20 ~25cm。

2. 重施花铃肥

棉花花铃期管理的主攻方向是稳长、多结铃、防早衰。花铃期管理必须协调棉花的营养生长与生殖生长。棉花初花期后 1 个月左右的时间大约需要一生总氮量的 60%。因此，在开花阶段，各种长势的棉田都要重施以速效氮肥为主的花铃肥。追肥应根据地力和棉花长势而定，实行分类施肥，长势差的棉田追肥时间应适当提前，并适当增加追肥量；一般长势平衡的棉田，应见花重施肥；长势旺的丰产棉田，应在见桃时重施肥。此阶段施肥量应占总肥量的 60% 左右，一般每亩追施尿素 12～13kg，高产田追施硫酸钾 5～6kg。施肥方法要求地下集中施肥，施肥时还要注意离主根远些（20cm 左右），施得深些（10cm 左右），土壤追肥一般应在 7 月底结束。

3. 适时根外追肥

棉花吐絮期管理的主攻方向是增铃数、增铃重、促早熟、防早衰。生长后期气温偏低，土壤施肥效果不好。棉花若有明显的缺肥现象，采用根外喷肥的办法缓解。可用尿素液、磷酸二氢钾液等。对于微量元素缺乏棉田，可选择相应的微肥种类叶面喷施。根外喷肥晴天宜在 17：00 以后进行，阴天可全天进行，以防喷后水分蒸发过快降低肥效或浓度骤增而烧伤叶片。棉花的施肥应以根际施肥为主，根外喷肥为补充，做到根际与根外施肥密切配合。

总之，不同类型棉田的供肥能力不同，不同类型棉花品种的养分需求也不同。科学运筹肥料应做到分类施肥，对于高、中、低产棉田要进行分类施肥，对于套种棉田（棉菜、棉麦）、纯作棉田（旱地、盐碱地）、不同品种类型（杂交种、常规种）都要进行分类施肥。同时还要做到 N、P、K 肥配合施用。

第十章　耕地资源合理利用

农业是第一产业，是国民经济的基础。"民以食为天，食以地为本"，农业生产的粮食，直接为人类提供 80% 以上的热量和 75% 以上的蛋白质。耕地是农业生产最基本的生产资料。进入 21 世纪，人口不断增多，耕地逐渐减少，人民生活水平不断提高，保持农业可持续发展首先要确保耕地的数量和质量。据联合国教科文组织（UNESCO）和粮农组织（FAO）不完全统计，全世界土地面积约为 18.29 亿公顷，人均耕地 0.37hm²。中国耕地总面积 12593 万公顷，人均耕地面积仅为 0.10hm²。全国只有内蒙古、黑龙江、宁夏、新疆、吉林、甘肃 6 个省（区）人均耕地在 0.133hm² 以上；北京、上海、天津、湖南、浙江、广东、福建、贵州等（省、区）人均耕地少于 0.053hm²。衡水市耕地面积 565014hm²，人均耕地面积 0.128hm²，虽高于全国平均水平，却远远低于世界平均水平。必须采取各种切实可行的措施，实现耕地资源总量动态平衡和可持续利用，这是关系到我省发展的长远大计。县域耕地资源合理利用也是关系到当地人民群众发展的重要问题。

第一节　耕地资源利用面临的问题

土地是一切生产和生存的源泉，是人类赖以生存的基地，是农业生产最基本的生产资料。但从新中国成立初期到现在，随着人口的增加，城镇建设规模扩大，公路建设占地，致使该市耕地数量逐渐减少，耕地后备资源不足，人地矛盾不可忽视。为确保粮食生产安全，控制人口增长，加强耕地资源保护，合理利用现有土地资源、实现占补平衡显得尤为重要。

一、耕地数量不断减少，人地矛盾突出

中国耕地保护的形势十分严峻，耕地减少的趋势仍未缓解。据国土资源部提供的资料显示，1996～2003 年中国耕地面积减少了 700 万公顷，而且减少的多是城郊村旁的优质耕地。1986 年，衡水市有耕地 640925hm²，人口 353.54 万，人均耕地 0.181hm²；2011 年，全市耕地面积 565014hm²，人均耕地 0.128hm²。从总体上看，全市耕地面积逐步减少，由 1986 年的 640925hm² 减少到 2011 年的 565014hm²，减少 75911hm²，减少了 11.9%；人均耕地由 0.181hm² 减少到 0.128hm²，人均减少 0.053hm²，减少 29.3%。

（一）耕地数量减少的原因

1. 建设用地占用

耕地面积的减少，建设占用是最大的原因。近年来随着公路、楼房的不断建设和逐

步发展，靠近县城居住的村民土地占据了许多。城市化发展必然占用一定数量的城郊耕地，造成优质耕地的大量减少，作为应对之策，占补平衡政策被推出。但在实际操作中，占优补劣、占多补少时有发生。即使实现了耕地占补平衡，也只是数量的平衡，并没有达到质量平衡。同时实行耕地占补平衡要求拥有一定的耕地后备资源，这样占了之后才有能力去补。

2. 农村居民点建设缺乏管理和监督

长期以来，农村在土地使用上缺乏法制观念，珍惜耕地的意识淡薄，农村集体经济组织不健全，产权关系不明确，宅基地审批缺乏严格的管理和监督，使宅基地占用耕地数量呈逐年增长态势。由于农村人口居住分散，新建民居不断断向外扩张，形成大量的"空心村"。

3. 土地利用缺乏长期规划，监管不力

在征用和使用土地方面，越权审批，擅自占用，少批多占，乱批乱占，非法骗取批准以至非法买卖土地、以地谋私等现象依然存在。由于缺乏长期规划，监管不力，在征用土地上出现多占少用，占而不用，用而不当，造成耕地资源的严重浪费。同时，由于工农业产品价格剪刀差扩大，投资效益低，农民种田积极性受到挫伤，一些地区出现耕地包而不种，种而不精，任其荒芜的现象。

4. 耕地闲置、弃耕，浪费严重

许多农民进城打工，将耕地闲置或弃耕，造成良田闲置，土地撂荒。同时，由于工农业产品价格剪刀差扩大，投资效益低，农民种田积极性受到挫伤，一些地区出现耕地包而不种，种而不精，任其荒芜的现象。

5. 农业内部结构调整占用耕地

由于农产品价格走低，农民增收相对缓慢，农民种粮积极性降低，大片耕地被改为果园、林地等。

（二）耕地减少对经济发展的影响

在城市化、工业化快速发展的新形势下，耕地资源已经成为国家经济发展、社会和谐稳定的关键因素，耕地减少对经济发展影响的突出表现为：

1. 粮食安全

民以食为天，首先取决于有没有足够种粮的土地。耕地资源无疑是中国粮食安全的生命线。在农业生物技术没有取得重大突破的前提下，只有守住一定数量的耕地，粮食安全才有基本的资源基础。

2. 社会稳定

耕地既是重要的生产资料，也是基本的社会保障。失去耕地的农民意味着失去了最基本的生活保障，如果把不住土地闸门，大量占用耕地，让千万农户甚至更多农民失去耕地，丢掉饭碗，成为"三无"人员，社会就不稳定，政治就不安全。

3. 生态环境

耕地是最好的绿地，在有机物质生产、维持大气中二氧化碳和氧气的平衡等方面，具有重要的生态功能和价值。大量占用耕地不利于社会经济的可持续发展，遗患子孙后代。因此，耕地问题不是一个简单的农村问题，也不是单一的经济问题，而是一个复杂

的国家经济安全问题，必须得到高度重视。

二、中低产田面积大，耕地后备资源严重不足

水资源分布不均衡及其他限制因素，使中国 60% 以上的耕地质量相对较差。受土壤质地、肥力、盐碱等因素的限制，衡水市中、低产田面积 412999hm²，占全市总耕地面积 73.10%。可以开发利用的后备耕地资源极其有限，而且其开发投入大、周期长、短期内难以见效。

三、耕地退化

（一）概念

耕地退化是指耕地受到人为因素或自然因素或人为、自然综合因素的干扰、破坏而改变原有的内部结构、理化性状，耕地环境日趋恶劣，逐步减少或失去原先所具有的综合生产潜力的过程。通常是指数量减少和质量下降。耕地退化严重制约着农业生产的发展。

（二）产生原因

自然灾害、人为破坏和不合理利用等。例如：乱开垦，过度放牧、乱挖药材、经营粗放、乱砍滥伐、掠夺式经营、不适当灌溉、城市扩张、商业发展、采矿等。人们的素质是耕地退化的社会原因。研究发现，耕地退化的主要驱动力是不良的耕地管理。

（三）耕地退化的主要形式

（1）土壤侵蚀（水土流失）由自然界风力、水力和机械重力及人为滥垦、滥伐、滥牧等原因所致。

（2）土壤沙化：主要发生在干旱、半干旱地区。

（3）土壤盐化：主要由灌溉不当和排水不畅引起，包括盐渍化、次生盐渍化、碱化。

（4）土壤污染：主要是由工业"三废"污染、化肥农药污染和生物污染（种子、产品污染）所造成。

（5）土壤性质恶化，包括土壤酸化、板结、养分亏缺、土壤潜育化和次生潜育化（是水田耕地的退化形式，主要由排灌不当和不合理耕作制度所造成）。

（6）耕地的非农业占用，包括建设用地和其他非农业用地。

（四）耕地退化的后果

生产能力下降、人口迁移、粮食不安全、基本资源和生态系统遭到破坏，以及由于物种和遗传方面的生境变化而造成的生物多样性遗失等。

（五）耕地退化现状

联合国粮食及农业组织发布的"世界耕地与水资源现状"报告显示，全球 25% 的耕地"严重退化"，44% 的耕地"中度退化"，仅有 10% 耕地"状况改善"。威胁 2050 年前全球粮食增产七成的目标。耕地退化地区中 40% 为经济贫困地区。贫困人口获得水资源和耕地资源途径最少，土壤质量差，耕地易退化，受气候变化影响大。耕地退化

最严重的几个地区，包括美洲西海岸、南欧地中海沿岸地区、北非、萨赫勒地区、非洲之角和亚洲一些地区。

（六）防治耕地退化是合理利用耕地的重要途径

主要的预防和控制措施有：①合理利用水资源，提高农业用水效率。如发展保护型农业。②利用生物措施和工程建设保护系统。③调整农林与牧用地之间的关系，采用农林间作和家畜农作物综合养殖系统等农业方式。④控制人口增长。

第二节　耕地资源合理利用的对策与建议

耕地是人类赖以生存的物质基础。切实保护和合理利用好每分耕地，提高农业综合生产能力，对于保障农业持续发展，保证增加农民收入，具有十分重要的意义。耕地保护是关系中国经济和社会可持续发展的全局性战略问题。面对人多地少的特殊国情和人增地减的发展趋势，在今后相当长一段时期内，土地资源的危机将突出表现在耕地上。耕地减少、弃耕增多是耕地危机的突出表现。"十分珍惜和合理利用土地，切实保护耕地"是必须长期坚持的一项基本国策。

保护耕地的意义是由耕地的重要性所决定的。首先，农业是国民经济的基础，耕地是农业生产的基础，工业特别是轻工业的原料主要来源于耕地；其次，耕地是社会稳定的基础，耕地为农村人口提供了主要的生活保障，是城市居民生活资料的主要来源。随着人口的不断增加，人均耕地在未来相当长的时期内还会进一步减少。所以，在未来经济发展中，必须采取措施，对耕地进行保护，稳定一定的耕地面积，不断提高耕地质量。

保护耕地数量与提高耕地质量，对农业生产、社会稳定与可持续发展至关重要。河北省是农业大省，耕地利用合理与否直接关系着全省经济发展的速度和人民生活的质量。必须采取各种切实可行的措施，实现耕地资源总量动态平衡和可持续利用，这是关系到我省发展的长远大计。为了切实保护好耕地，提高耕地质量，改善农田生态环境，实现耕地可持续利用，必须利用法律手段、行政手段、经济手段等多种措施来保护耕地，最大限度地压缩非农业建设等占用耕地，同时，注意保护高产、稳产的耕地，改良中低产田。

一、严格要求，加强土地利用管理

（一）严格执法，加强管理

党中央、国务院历来十分重视耕地保护工作，先后制订了一系列重大方针、政策，一再强调要加强土地管理，切实保护耕地。如《中华人民共和国土地管理法》《土地法》《基本农田保护条例》《关于加强土地管理、制止乱占耕地的通知》《关于严格制止乱占、滥用耕地的紧急通知》《进一步加强土地管理，保护耕地的通知》（11号文件）等；1991年确定了每年6月25日为全国土地日；1998年，耕地保护写进了《刑法》，增设了"破坏耕地罪""非法批地罪"和"非法转让土地罪"。河北省也制订了《河北省土地管理条例》，这一切都说明了我国对耕地保护的重视。这些法律法规是衡水市用地、管地的基本依据，土地的使用、管理都必须以此为准则。

进一步加强管理，严格实行土地用途管制制度。土地用途管制制度是加强土地资源管理的基本制度。对耕地实行严格的用途管制，严格执行耕地占用许可证，转用审批，耕地保养等制度。实行土地有偿使用，运用经济规律，体现土地的价值。对一些无人投资或投资不到位，闲置、荒芜 2 年以上的土地，政府无偿收回土地使用权，交由原农村集体经济组织恢复种。通过贯彻落实各项法律和规章制度，确保每一分耕地都能合理利用，确保耕地面积稳定。严格执法，违者必究。

（二）加强土地的宏观调控，严格控制城乡建设用地

土地利用总体规划是各项建设和土地用途管制的法律依据。牢固树立"保护耕地就是保护我们的生命线"的思想，坚持在保护耕地的前提下进行建设，坚决制止乱占滥用耕地的现象。按照"十分珍惜和合理利用每一寸土地，切实保护耕地"的基本国策，科学编制和严格执行土地利用总体规划，宏观控制各项用地。编制土地利用总体规划的原则为：①严格保护基本农田，控制非农建设占用耕地；②提高土地利用率；③统筹安排各类、各区域用地；④保护和改善生态环境，保障土地的可持续利用；⑤占用耕地与开垦耕地相平衡。

严格按照土地利用总体规划确定的用途和土地利用计划的安排使用土地。严格控制城镇用地规模，实行用地规模服从土地利用总体规划、城镇建设项目服从城镇总体规划的"双重"管理，充分挖掘现有建设用地潜力，逐步实现土地利用方式由外延发展向内涵挖潜转变，才能切实保护城郊结合部的耕地资源。强化对非农业建设占用耕地的计划管理，严格控制农用地特别是耕地占地面积。做好土地利用动态监测工作，保证耕地总量动态平衡，重点监督耕地被占用情况。每年对耕地的面积和质量保护进行突击检查，加大对违法占用耕地行为的处罚力度。真正做到依法切实保护耕地，实现土地资源合理配置、合理利用，从而保证耕地数量稳定。

（三）健全农田基本保护制度，强化耕地的保护

制订和落实基本农田保护区规划和建设规划，有效克服经济建设与耕地保护之间的矛盾。通过规划和立法的方式划定基本农田保护区，切实保护耕地，是一种切实可行的有效措施。目前，该市耕地分为基本农田保护区和一般农田区。基本农田是按照一定时期人口和社会经济发展对农产品的需求，依据土地利用总体规划确定的长期不得占用的耕地。因为基本农田是耕地中的精华，保护耕地首先要加强基本农田保护，对保障国家粮食安全至关重要；划定"基本农田保护区"就是划定"饭碗田"，就是"生命线"之所在。

对基本农田实行五不准：不准非农建设占用基本农田（法律规定的除外）；不准以退耕还林为名违反土地利用总体规划减少基本农田面积；不准占用基本农田进行植树造林，发展林果业；不准在基本农田内挖塘养鱼和进行畜禽养殖，以及其他严重破坏耕作层的生产经营活动；不准占用基本农田进行绿色通道和绿化隔离带建设。禁止在基本农田保护区内将农田改为其他非农业建设用地，严禁在农田保护区内挖坑、采沙、取土、堆放各种废弃物或排放污水污染农田，严禁各种破坏耕地致使地力下降的行为。

（四）强化耕地占补平衡管理

加强耕地资源保护，保持占补平衡显得尤为重要。耕地占补平衡制度，是保证耕地总量不减少的重要制度。推广实行建设占用耕地与补充耕地的项目挂钩制度，切实落实补充耕地的责任、任务和资金；加强按项目检查核实补充耕地情况，确保建设占用耕地真正做到占一补一；推进耕地储备制度的建立，逐步做到耕地的先补后占；强化耕地的占补平衡管理，这是耕地保护的最有效途径之一。在积极开发后备土地资源上，实行"谁复垦，谁受益"的办法，调动开垦荒地的积极性，增加耕地，缓和人增地减的矛盾，实现耕地的收支平衡，使有限的耕地资源走上可持续发展和利用的良性轨道。新开发复垦的耕地质量差，需要进行农业防灾工程建设和农业综合开发治理。因此，本县的土地利用重点是制订落实土地开发、整理、复垦计划，实施综合开发，增加耕地面积。

（五）严格控制人口增长，协调人地关系

人口的过快增长也是导致耕地面积减少和不合理利用的重要原因。随着经济的快速发展和人口的增加，对耕地的压力也越来越大，人口压力导致了人地关系的矛盾尖锐化，也是造成土地资源利用不合理的根本原因之一。由于人是人地关系矛盾的主导因素和主要方面，在人地关系中，人口总量是可变量，而土地总量是不变因素。所以必须将耕地与人口平衡纳入到计划体系中，通过严格控制人口增长，提高人口素质，不断促使人地比例关系的协调发展。这是谋求缓解人地关系紧张的一个最关键措施。衡水市委、县政府始终把实行计划生育基本国策放在非常重要的位置，紧紧围绕控制人口数量、提高人口素质、改善人口结构三大主题，坚持不懈地抓好人口与计划生育工作，为全市社会经济协调发展做出重要贡献。

二、加强宣传教育，提高保护耕地意识

首先，开展国土危机教育，更新传统观念。人口、耕地、粮食、环境、资源是当今世界面临的五大问题，它们是相互联系和相互制约的。教育人民群众从"地大物博，人口众多"的自我陶醉状态中清醒过来。清楚地认识到人口多、土地资源相对量少是长期困扰我国经济发展导致经济落后的巨大障碍因素之一，同时还必须使全民上下尤其是各级领导清醒地认识人口增长与耕地减少的反向发展而导致耕地危机的巨大惯性，增强危机感和紧迫感。唤起人们对土地问题的忧患意识，增强国情、国策和法制观念，形成良好的社会风尚，建立起强大的自我约束和社会监督机制。

其次，采取多种形式开展群众性宣传教育。每年的6月25日是中国的"土地日"，每年通过宣传活动，采用口头讲解、版画宣传、形象教育等形式普及土地资源知识，全面动员，造成强大的声势和社会舆论。有计划地利用多种形式举办土地法规知识培训班，宣传"十分珍惜和合理利用每寸土地，切实保护耕地"、"计划生育控制人口增长，提高人口素质"、"保护环境"等基本国策，是从我国国情出发，功在当代，利在千秋，造福子孙的大事。增强人口意识、耕地意识、环境意识是提高全民族科学文化素质的主要内容，是社会主义精神文明建设的重要部分。教育人民把贯彻执行增强保护耕地、控制人口的基本国策为荣，违反基本国策可耻作为社会主义道德行为规范，提高贯彻基本国策的自觉性。

三、开展耕地调查评价，建立耕地信息系统

（一）开展耕地地力调查与质量评价

只有健康的土地，才有健康的农业。没有农田的"安全"，就谈不上餐桌上的"安全"。开展耕地地力调查，摸清耕地质量和耕地质量变化的因素及条件，是实施耕地根本性保护的重要举措，是保障农产品安全，提高农产品竞争力的需要，是促进农业结构战略性调整，实现农业增效、农民增收的需要。不仅对保护耕地和土壤生产能力，有针对性改造中低产土壤，建设高标准的旱涝保收基本农田，提高地力水平，确保粮食安全，进行耕地质量建设和合理利用土地提供重要基础，而且对保护农民种田的积极性，"藏粮于地"有着长远的意义。但现在距全国第二次土壤普查已30年了，这期间我国的农村经营体制、耕作制度、作物品种、种植结构、产量水平、肥料和农药的使用等均发生了巨大的变化，这些变化在很大程度上影响着耕地养分和质量的变化。因此，全面开展此次耕地质量调查和评价是非常必要的。

（二）建立耕地信息系统

随着科学技术在农业生产中贡献率持续的增长，建立耕地信息系统已刻不容缓，农业部门应积极争取资金，开展地力监测，建立耕地质量跟踪信息。充分应用现代遥感等高新技术，对耕地的数量、质量和合理利用情况进行动态监测，尤其是城市周围的耕地利用情况，建立耕地保护动态监测系统，为耕地利用规划、耕地保护决策和执法检查提供科学依据，为科学指导和宏观决策服务。

四、开源与节流并举，确保耕地总量和质量动态平衡

联合国粮食及农业组织发布的"世界耕地与水资源现状"报告估算，至2050年，即使粮食产量翻一番，全球仍将有3700万人挨饿。发展中国家共需投资约1万亿美元用于改善农业灌溉条件，投资约1600亿美元用以保护耕地资源。

党的十六届三中全会指出，"要实行最严格的耕地保护制度，保证国家粮食安全，保护提高粮食综合生产能力，说到粮食，必须以稳定一定数量的耕地为保障"。实现耕地总量和质量动态平衡的基本方针是必须始终坚持十分珍惜、合理利用土地和切实保护耕地这一基本国策，正确处理经济发展、耕地保护和生态环境建设的关系，实行土地资源开发与节约并举，把节约放在首位，在保护中开发，在开发中保护，促进土地资源的集约利用和优化配置。其关键措施是根据土地可供给的有限性，控制对土地的无限需求，建立起供给对需求的引导、制约机制，各项建设应充分考虑土地的供给能力，土地使用由需求决定供给转向由供给决定需求，建设应以保护耕地为前提，占用应以补偿为条件，而且确保耕地质量不下降。

通过控制各类建设用地，多利用未利用地等其他性质的土地，整理、复垦和开发土地，调整用地的空间布局等措施去挖掘用地的潜力，少占用耕地，达到耕地总量和质量动态平衡，保护耕地持续利用的目的。

（一）正确处理好建设与耕地保护的关系

对于经济发展占用耕地，理想的目标是以尽可能少的占用耕地面积，实现高度集约

化的土地利用，使有限的农田绿地得以保存，从而满足社会对农产品增长的需要。抵制乱征、乱占、滥用和浪费撂荒耕地倾向。

（二）严格控制建设用地

经济建设占用大量耕地，必须考虑尽量不占或少占耕地，确实要占的必须实行占补平衡；合理规划乡村集体用地，乡村集体用地要制订长期规划，县市企业应合理布局，避免投资区、开发区、工业区盲目占用耕地；农村建设应该实行统一规划，控制个人建设占地面积。今后一个时期是城镇化快速发展的时期，城市建设要立足于内涵挖潜和旧城改建，充分利用城区中闲散地和低效利用土地。要搞好小城镇和乡村建设用地规划，严格控制住宅用地。避免"空心村"的出现。县市企业应合理布局、适当集中，少占或不占耕地。

（三）开发后备土地资源

积极开发耕地后备资源，2009年秋末冬初，衡水市经过精心谋划、合理安排，调集各种机动车辆，通过推沟垫地，开垦新耕地，同时防治水土流失。开垦出的耕地既能种庄稼，又能植树，一举两得。

本市土地水土流失严重，新开发复垦的耕地质量差，需要进行农业防灾工程建设和农业综合开发治理。因此，本市的土地利用重点是制订落实土地开发、整理、复垦计划，实施综合整治，增加耕地面积。耕地保护的一个重要方面是大力推进土地开发整理工作，通过土地整理补充耕地。土地整理是通过采取工程、生物等措施，大力开发后备土地资源，逐步开发宜农荒地；对田、水、路、林、沟、坑、工矿废弃地、村庄进行综合整治，增加有效耕地面积，提高土地质量和利用效率的活动。根据测算，仅这一项就可以增加2%~4%的耕地面积。

"十五"期间，通过土地开发整理，粮食的综合生产能力得到有效的保护。同时，土地整理还促进了生态环境保护，抗御自然灾害能力明显增强。改造旧城区，优化城市土地资源配置，减少耕地占用。同时挖掘旧村土地利用潜力，对农户搬迁以后废弃的宅基地，要及时收回，集体统一整修、复垦，使其尽快变成可以利用的耕地。开发耕地后备资源时要处理好开荒与生态环境保护的辩证关系。

五、采取多种措施，提高耕地质量

不断挖掘耕地的潜力，采取多种措施，坚持用养结合，改良和利用相结合，当前利益与长远利益相结合，因地制宜，实行水、田、林、路综合治理。达到生态、社会和经济效益相统一，提高耕地的综合生产能力。

（一）增加投入

增加投入包括经济投入、科技投入和劳力投入等多方面的内容。

加强农田基本建设，改善农业生产条件和农田生态环境。通过兴修水利、改良土壤、培育良种、植树造林、发展设施农业等措施增强抗御自然灾害的能力，提高土地生态系统的稳定性和自我调节能力，

集约高效利用土地资源，推广先进的耕作技术，改革耕作制度，提高复种指数。

增加农业科技含量，引进推广农业增产的高新技术，尽快将农业科技成果转化为生产力，提高单位面积产量。大力推广优良品种、模式化栽培、配方施肥、节水灌溉、综合防治病虫害、地膜覆盖等农业技术，建立一整套高产、稳产、优质、省工、节本的技术体系。

增加对物质约束型的中低产田和旱田的投入，采取工程技术、生物技术，加大对中低产田的综合治理力度，使之向高产农田生态系统发展，增加高产、稳产农田面积。

（二）培肥地力

衡水市耕地土壤瘠薄，中低产田面积大，要通过不断培肥地力，逐步提高土壤肥力。

1. 牢固树立用地养地相结合的观点，提高土地生产力

通过增加施有机肥、种植绿肥、秸秆还田、平衡施肥等来改良土壤质量，提高耕地质量。发展绿肥和养地作物，推广粮肥间作、粮油间作等种植方式，如玉米间作大豆、绿豆，沙地播种马铃薯和花生等种植模式，起到培肥地力促进增产增收等作用。科学施用化肥与农药，保证土壤养分均衡供给，防治作物病虫害。对盐碱化地区，则必须推广增施有机肥，以沙压碱和容土压沙等科学改良土地的方式，杜绝大水漫灌。

2. 采取综合措施，治理土壤污染

控制环境污染，科学合理地使用化肥、农药和农膜等化学物质，减少农业的自身污染。在对化肥、农药污染治理上，多肥种配合并在生产前进行原料的精选，以高效低毒易分解的农药和生物农药的生产代替高毒低效且残留的农药生产。加强新肥新药研制和推广，达到低成本和少公害或无公害的目的。通过植树种草和完善绿化体系逐步改善优化区域生态环境。

（三）治理水土流失

易于发生水土流失的地质地貌条件和气候条件是造成水土流失的主要原因。衡水市属于季风气候区，降水量集中，雨季降水量常达年降水量的。

人多地少，粮食、民用燃料需求等压力大，在生产力水平不高的情况下，对土地实行掠夺性开垦，片面强调粮食产量，忽视因地制宜的农林牧综合发展，把只适合林，牧业利用的土地也辟为农田。大量开垦陡坡，以至陡坡越开越贫，越贫越垦，生态系统恶性循环；滥砍滥伐森林，甚至乱挖树根、草坪，树木锐减，使地表裸露，这些都加重了水土流失。

某些基本建设不符合水土保持要求，例如，不合理建厂、采矿等，破坏了植被，使边坡稳定性降低，引起滑坡、塌方、泥石流等更严重的地质灾害。

六、因地制宜，优化耕地利用结构

因地制宜地对土地进行科学开发和利用，宜农则农、宜林则林、宜牧则牧、宜工则工，开拓农业生产新领域。发展三高（高产、优质、高效）农业，合理调整优化耕地利用结构，抓好作物布局是提高耕地资源利用率和经济效益的重要举措。优化耕地利用结构须以提高经济效益为中心，以市场为导向，从而提高耕地资源的利用率，改良农业生态环境。围绕稳粮、扩经、扩饲作物比重，发展养殖业，开发名特优稀新产品的总思

路，因地制宜，通过间作、套作等技术，改革优化耕作制度，发展多熟、高效种植，只有这样，才可使有限的耕地资源产出较高的经济效益。努力增加科技和资金投入，依靠科技进步，提高耕地集约化的经营水平。科技是增强农业发展后劲的最大潜力，也是传统农业走向现代农业的唯一出路，充足的资金是农业发展的保证。加强农业实用技术推广，改变目前农业科技贡献率不足40%的状态。

七、提高农民种粮积极性

解决耕地危机，应该从以下几个方面入手，提高农民种粮积极性，使农民真正从种田中得到实惠。

稳定农业生产资料价格。农资是生产的源头，农资价格上涨，势必增加农业生产成本，影响农民的种粮积极性，同时也会造成来年农产品价格的上扬。稳定农业生产资料价格，减轻农民负担。

提高粮食收购价格，保证农民利益不受侵害。制订政策应从缩小工农业产品价格的剪刀差。

出台相关政策限制土地抛荒。随着农民工大量涌入城市，农村耕地弃耕的现象也日益明显，应采取措施，避免责任田抛荒现象。

狠抓农田水利等基础设施建设，加强农业设施的管理和保护。

加大对农民的技能培养，积极引导广大农民科学种粮。鼓励农户发展相关的非传统农业产业。发挥各种各样的专业性合作经济组织的作用，为农民提供产前、产中、产后的服务。

参考文献

［1］步丰骥.河北省耕地利用分析［J］.河北师范大学学报（自然科学版），1994（1）：80－83.

［2］蔡博广，许皞.中国耕地质量等级调查与评定（河北卷）［M］.北京：中国大地出版社，2010.

［3］陈胜，郑瑞爽.水资源约束下河北省种植业调整研究［J］.安徽农业科学，2010，38（30）：56－58.

［4］高振荣，刘晓云，杨庆华，王秀芬.极干旱区气候变暖与种植业结构变化趋势分析［J］.干旱地区农业研究，2010，28（3）：7－11.

［5］国家农业部.测土配方施肥管理与技术培训教材，2007.

［6］韩素卿，王卫，宋素青.河北省耕地资源的态势及对策［J］.国土与自然资源研究，2002（1）：24－25.

［7］郝杏中，郑兴来，尹土佳，等.开展农化服务实施平衡施肥促进无公害农业的发展［J］.磷肥与复肥，2003，18（2）：68－69.

［8］河北省土壤肥料总站.河北省耕地地力评价与补充耕地质量验收评定资料汇编，2012.

［9］河北省土壤普查成果汇总编委会.河北省第二次土壤普查数据集，1991.

［10］衡水地区土壤普查办公室.衡水地区农业局土肥站［J］.衡水土壤，1986.

［11］衡水市人民政府办公室.衡水统计年鉴，2012.

［12］冀崇峰，石二国，彭正萍.阳原县耕地资源评价与利用［M］.石家庄：河北科学技术出版社，2012.

［13］贾文竹，马利民，卢树昌.河北省菜地、果园土壤养分状况与调控技术［M］.北京：中国农业出版社，2007.

［14］贾文竹.耕地地力调查与质量评价技术［M］.北京：中国农业出版社，2004.

［15］姜华年，刘喜才，郭志平.马铃薯高产施肥效果的研究［J］.安徽农业科学，2005，33（12）：22－28.

［16］金四美，刘艳阳.浅谈中低产田改造的可行性和发展潜力.现代物业，2010，9（8）：111－112.

［17］景国臣，王亚娟，王占喜.中低产田形成的原因与培肥改良对策［J］.水土保持应用技术，2009（4）：34－36.

［18］康彩霞，高建宏，李玉.山区旱地中低产田改造技术［J］.山西农业科学，2009，37（10）：25－28.

［19］李玉，杜丽娟.河北省耕地问题及可持续利用对策［J］.河北省科学院学报，1999，16（3）：57－60.

［20］李芳红.浅谈种植业结构调整［J］.甘肃农业，2006（10）：106.

［21］李海涛.衡水市地下水水质变化趋势预测分析［J］.水科学与工程技术，2011（03）：35－37.

［22］李继明，范业宽.河南省耕地质量存在问题与对策［J］.地域研究与开发，2005，24（2）：88－90.

［23］逯雪松，钱省.蔬菜施肥技术［J］.土壤肥料，2011（4）：44－45.

［24］吕英华.测土与施肥［M］.北京：中国农业出版社，2002.

［25］彭正萍，刘会玲.肥料科学施用技术［M］.北京：北京理工大学出版社，2013.

［26］彭正萍，王艳群，薛世川，等.小麦科学施肥技术［M］.北京：金盾出版社，2008.

［27］全国农技推广中心.耕地地力调查与质量评价，2005.

［28］王蓉芳，曹富友，彭世琪，等.全国中低产田类型划分与改良技术规范［M］.北京：中国标准出版社，1997.

［29］王小琳，栾桂云.蔬菜生产中的土壤肥料问题与测土配方施肥技术应用［J］.中国果菜，2009（7）：8－10.

［30］卫海生.中低产田分类型改良［J］.土肥科技，2007（2）：33.

［31］夏建国，魏朝富，朱钟麟，等.中国中低产田土改造研究综述［J］.中国农学通报，2005，21（4）：212－217，240.

［32］许月卿，李秀彬.河北省耕地数量减少原因及对策研究［J］.自然资源学报，2002，17（1）：123－128.

［33］薛世川，彭正萍.玉米科学施肥技术［M］.北京：金盾出版社，2006.

［34］杨光立，李林，刘海军，等.调整种植业结构，建立粮、经、饲三元种植结构技术体系［J］.作物研究，2000（2）：22－25.

［35］张国君，高世铭，张朝巍.陇中半干旱区旱地马铃薯平衡施肥效应研究［J］.安徽农业科学，2007，35（6）：1724－1725.

［36］张叶生，王珊.耕地现状和人口增长对粮食安全的影响分析［J］.农业部管理干部学院学报，2011（3）：35－39.

［37］赵秀丽.马铃薯施肥技术［J］.青海农技推广，2004（2）：37.

［38］周蓉蓉，等.耕地资源管理信息系统建立方法和步骤［EB/OL］.扬州土壤肥料网.

［39］朱建祥，董平，马绍国，等.盐碱耕地型和障碍层次型中低产田形成原因及改良研究［J］.宁夏农林科技，2011，52（6）：1－2，23.

［40］诸吉诏.中低产田改造利用120问［M］.北京：气象出版社，1996.

附 表

附表 1 衡水市主要农作物生产情况

行政区	农作物播种面积 A	粮食作物 A	粮食作物 B	其中:夏收粮食 A	其中:夏收粮食 B	秋收粮食 A	秋收粮食 B	(一)谷物 A	(一)谷物 B	1.小麦 A	1.小麦 B	2.玉米 A	2.玉米 B	3.谷子 A	3.谷子 B	4.高粱 A	4.高粱 B	5.其他谷物 A	5.其他谷物 B
衡水市	854673	595361	6360	289558	6186	305803	6523	581407	6424	289558	6186	285701	6718	5086	3900	593	2484	469	3719
桃城区	39955	27134	7429	13836	6690	13298	8198	26946	7454	13836	6690	12899	8334	211	3782				
枣强县	80813	54699	6415	25056	6311	29643	6503	51052	6554	25056	6311	22138	7212	3077	4431	312	1423	469	3719
武邑县	77027	50599	6057	25288	5958	25311	6156	49540	6106	25288	5958	23927	6298	191	3508	134	452		
武强县	49425	40656	6217	18542	5999	22114	6400	40574	6222	18542	5999	22032	6409						
饶阳县	66590	36938	6252	17727	6150	19211	6346	36374	6282	17727	6150	18625	6410			22	93		
安平县	49946	42342	6073	20725	6107	21617	6041	41171	6158	20725	6107	20446	6210						
故城县	91751	53016	6246	26636	6061	26380	6432	51981	6305	26636	6061	25215	6570	130	5015				
景县	121069	91067	6617	44436	6424	46631	6801	87683	6750	44436	6424	43100	7059	147	3912				
阜城县	71200	54800	5802	25220	5475	29580	6080	53227	5849	25220	5475	27777	6203	120	3900	110	483		
冀州市	72676	37100	5957	18516	6020	18584	5895	36693	5989	18516	6020	17057	6183	1120	2506				
深州市	120435	95694	6716	48050	6511	47644	6942	94855	6754	48050	6511	46700	7014	90	2567	15	33		

续表

行政区	(二) 豆类 A	B	其中: 大豆 A	B	绿豆 A	B	红小豆 A	B	(三) 薯类 A	B	马铃薯 A	B	二、油料 A	B	1. 花生 A	B
衡水市	9565	2555	8363	2638	1041	1843	160	2544	4389	6152	722	8781	29080	3643	27558	3733
桃城区	106	2028	106	2028					82	6207			848	2926	845	2929
枣强县	2107	2525	1495	2847	585	1752	27	1444	1540	7110	413	10782	2087	3548	1741	3998
武邑县	546	2132	493	2229	36	1056	17	1588	513	5511			2901	3367	2559	3639
武强县	39	1897	31	1903	8	1750			43	5884			1232	3123	1232	3123
饶阳县	289	2353	269	2372	20	2100			275	6389	123	7683	3933	3490	3843	3493
安平县	725	2004	705	2009	20	1850			446	4852			2446	3135	2237	3148
故城县	980	3107	774	3225	117	2171	88	3341	55	5873			2332	3900	2211	3957
景县	2700	2583	2535	2637	137	1628	28	1679	684	5518			3290	3540	3212	3579
阜城县	1092	3220	995	3277	97	2629			481	6428			387	3101	347	3000
冀州市	324	2691	321	2614	3	1000			83	4880			2648	3187	2604	3217
深州市	653	1708	636	1711	17	1588			186	5065	186	5065	6883	4418	6635	4505

续表

行政区	2. 芝麻 A	2. 芝麻 B	3. 向日葵 A	3. 向日葵 B	4. 其他油料 A	4. 其他油料 B	三、棉花（皮棉）A	三、棉花（皮棉）B	四、蔬菜 A	四、蔬菜 B	五、瓜果类 A	五、瓜果类 B	六、其他农作物
衡水市	921	1446	601	2903			134385	1215	82800	51362	12680	57240	95
桃城区	3	2000					5417	1062	6224	73920	332	40833	
枣强县	346	1283					19594	1460	4104	43702	234	39265	95
武邑县	342	1330					11777	1170	9205	62553	2545	50009	
武强县							3413	1293	3690	48001	434	55624	
饶阳县			90	3367			3156	1058	21430	38723	1133	52654	
安平县			209	3000			1943	1125	2721	48016	222	45986	
故城县	41	1293	80	3675			23064	1340	11642	79138	1697	69233	
景县	78	1936					20609	1200	5174	48537	929	44878	
阜城县	40	3975					8103	1095	3306	64367	4604	64063	
冀州市	34	971	10	3000			26043	986	6767	28835	118	33356	
深州市	37	838	211	2318			9609	1364	7843	35339	406	55350	

注：表中 A、B 分别代表播种面积和播种单产，单位分别为 hm^2、kg/hm^2。

附表 2　测土配方施肥采样地块基本情况调查

统一编号：＿＿＿＿＿　　调查组号：＿＿＿＿＿　　采样序号：＿＿＿＿＿

采样目的：＿＿＿＿＿　　采样日期：＿＿＿＿＿　　上次采样日期：＿＿＿＿＿

地理位置	省（市）名称	地（市）名称	县名称
	乡（镇）名称	村名称	邮政编码
	农户名称	地块名称	电话号码
	地块位置	距村距离（m）	组号号码
	纬度（度：分：秒）	经度（度：分：秒）	海拔高度（m）
自然条件	地貌类型	地形部位	/
	地面坡度（°）	田面坡度（°）	坡向
	通常地下水位（cm）	最高地下水位（cm）	最深地下水位（cm）
	常年降雨量（mm）	常年有效积温（℃）	常年无霜期（d）
生产条件	农田基础设施	排水能力	灌溉能力
	水源条件	输水方式	灌溉方式
	熟制	典型种植制度	常年产量水平（千克/亩）
土壤情况	土类	亚类	土属
	土种	俗名	/
	成土母质	剖面构型	土壤质地（手测）
	土壤结构	障碍因素	侵蚀程度
	耕层厚度（cm）	采样深度（cm）	/
	田块面积（亩）	代表面积（亩）	/

	第一季	第二季	第三季	第四季	第五季
来年种植意向 茬口					
作物名称					
品种名称					
目标产量					

采样调查单位	单位名称		联系人	
	地址		邮政编码	
	电话		采样调查人	
	E-mail		传真	

说明：每一取样地块一张表。填写方法，参见填表说明。

附表3 农户施肥情况调查

统一编号_____

施肥相关情况	生长季节		作物名称	
	播种日期		收获日期	
	生长期内降水次数（次）		生长期内降水总量	
	生长期内灌水次数（次）		生长期内灌水总量（立方米/亩）	
	是否有指导		灾害情况	

推荐施肥情况	推荐单位性质			推荐单位		
	目标产量（千克/亩）					
	推荐的肥料成本（元/亩）					

配方内容	化肥（千克/亩）					有机肥	
	大量元素			其他元素		肥料名称	实物量
	N	P_2O_5	K_2O	名称	用量		

续表

实际施肥总体情况	汇总	实际产量（千克/亩）						
		实际的肥料成本（元/亩）						

			化肥（千克/亩）				有机肥	
			大量元素			其他元素	肥料名称	实物量
		项目	N	P_2O_5	K_2O	名称	用量	

施肥情况

施肥序次	施肥时期				1	2	3	4	5	6
第一次		肥料种类								
		肥料名称								
		养分含量情况（%）	大量元素	N						
				P_2O_5						
				K_2O						
			其他	养分种类						
				养分含量						
		实物量（千克/亩）								
第二次		肥料种类								
		肥料名称								
		养分含量情况（%）	大量元素	N						
				P_2O_5						
				K_2O						
			其他	养分种类						
				养分含量						
		实物量（千克/亩）								

实际施肥明细

续表

实际施肥总体情况	汇总	实际产量（千克/亩）	实际的肥料成本（元/亩）	化肥（千克/亩）					有机肥	
				大量元素			其他元素		肥料名称	实物量
				N	P₂O₅	K₂O	名称	用量		

实际施肥明细	施肥明细	施肥序次	施肥时期	项目			施肥情况					
						1	2	3	4	5	6
		第三次		养分含量情况（%）	大量元素	N						
						P₂O₅						
						K₂O						
					其他	养分种类						
						养分含量						
				肥料种类								
				肥料名称								
				实物量（千克/亩）								
		第四次		养分含量情况（%）	大量元素	N						
						P₂O₅						
						K₂O						
					其他	养分种类						
						养分含量						
				肥料种类								
				肥料名称								
				实物量（千克/亩）								

续表

实际施肥总体情况	汇总		实际产量（千克/亩）	实际的肥料成本（元/亩）	化肥（千克/亩）					有机肥	
					大量元素			其他元素		肥料名称	实物量
					N	P₂O₅	K₂O	名称	用量		

施肥明细	施肥序次	施肥时期								
	第五次									

实际施肥明细	项目	肥料种类	肥料名称	养分含量情况（%）	大量元素	N			施肥情况	
						P₂O₅			1	
						K₂O			2	
					其他	养分种类			3	
						养分含量			4	
				实物量（千克/亩）					5	
									6	

说明：每一季作物一张表，请填写齐全采样前一个年度的每季作物。

附表 4　蔬菜地采样点基本情况调查

统一编号	野外编号	地点　市（县、区）　乡（镇）　村　户主	采样深度（cm）　耕层　亚耕层
土壤名称	土类：　　亚类：　　土属：　　土种：		
地貌类型	地形部位	坡度/比降　　坡向	潜水埋深（m）　潜水水质
农田设施		地面平整度： 梯田化水平： 灌溉水源类型： 田间输水方式： 灌溉保证率： 排涝能力：	
生产性能与管理		家庭人口： 耕地面积： 作物种类及产量（千克/hm²）： 耕翻深度： 秸秆还田情况： 生产成本：	
土壤性状	土壤质地： 土体构型： 耕层厚度： 障碍层次及出现深度（cm）： 障碍层厚度： 盐碱情况： 侵蚀情况： 土壤污染情况与类型：		

调查人：　　　　　　　　　　　　　　　　调查日期：

附表 5　衡水市土壤分类系统

土纲	土类名称	亚类名称	土属名称	土种序号	土种名称	分布地点
半水成土	潮土	潮土	沙质冲积潮土	1	沙质潮土	冀州、枣强、深州、饶阳、安平、故城、景县、阜城
				2	沙质小蒙金潮土	安平
				3	沙质底壤潮土	安平
			沙壤质冲积潮土	4	沙壤质潮土	衡水、冀州、枣强、武邑、深州、饶阳、安平、故城、景县、阜城
				5	沙壤质小蒙金潮土	深州、饶阳、安平、景县
				6	沙壤质夹黏潮土	深州
				7	沙壤质蒙金潮土	冀州、枣强、深州、饶阳、安平
				8	沙壤质底黏潮土	深州、饶阳、安平、故城、景县
			轻壤质冲积潮土	9	轻壤质潮土	衡水、冀州、枣强、深州、饶阳、安平、故城、景县、武城、阜城
				10	轻壤质腰沙潮土	饶阳、安平
				11	轻壤质漏沙潮土	衡水、冀州、枣强、深州、饶阳、安平、景县
				12	轻壤质底沙潮土	衡水、枣强、武邑、深州、饶阳、安平、故城、景县、阜城
				13	轻壤质蒙金潮土	衡水、冀州、枣强、深州、饶阳、安平、故城、景县、阜城
				14	轻壤质体黏潮土	衡水、枣强、深州、饶阳、安平、故城、景县、阜城
				15	轻壤质底黏潮土	衡水、冀州、枣强、武强、深州、故城、景县、阜城
			中壤质冲积潮土	16	中壤质潮土	衡水、冀州、枣强、武强、深州、武城、安平、饶阳
				17	中壤质腰沙潮土	冀州、深州、饶阳、安平
				18	中壤质漏沙潮土	冀州、深州、饶阳、安平
				19	中壤质底沙潮土	衡水、枣强、武邑、深州、武强、饶阳、安平、阜城

续表

土纲	土类名称	亚类名称	土属名称	土种序号	土种名称	分布地点
半水成土	潮土	潮土	黏质冲积潮土	20	黏质潮土	衡水、武邑、深州、武强、安平、景县
				21	黏质底沙潮土	武强
			沙质冲积脱潮土	22	沙质脱潮土	冀州、枣强、深州、饶阳、故城
				23	沙壤质脱潮土	衡水、冀州、武邑、深州、饶阳、景县、阜城
				24	沙壤质小蒙金脱潮土	景县
				25	沙壤质蒙金脱潮土	冀州、枣强
				26	沙壤质底黏脱潮土	冀州、枣强
半水成土	潮土	脱潮土	轻壤质冲积脱潮土	27	轻壤质脱潮土	衡水、冀州、枣强、武邑、深州、饶阳、故城、景县、阜城
				28	轻壤质漏沙脱潮土	故城
				29	轻壤质底沙脱潮土	衡水、枣强、深州、故城
				30	轻壤质蒙金脱潮土	枣强、武邑、故城、景县、阜城
				31	轻壤质体黏脱潮土	衡水、枣强、武邑、故城、阜城
				32	轻壤质底黏脱潮土	衡水、枣强、武邑、故城、景县、阜城
			中壤质冲积脱潮土	33	中壤质脱潮土	枣强、武邑、安平、故城、阜城
				34	中壤质底沙脱潮土	阜城

续表

土纲	土类名称	亚类名称	土属名称	土种序号	土种名称	分布地点
半水成土	潮土	盐化潮土	轻壤质硫酸盐盐化潮土	35	轻壤质轻度硫酸盐盐化潮土	枣强、深州、阜城
				36	轻壤质底黏轻度硫酸盐盐化潮土	阜城
				37	轻壤质中度硫酸盐盐化潮土	故城
			中壤质硫酸盐盐化潮土	38	中壤质轻度硫酸盐盐化潮土	阜城
				39	中壤质中度硫酸盐盐化潮土	武强
				40	中壤质底沙中度硫酸盐盐化潮土	武强
			沙壤质氯化物硫酸盐盐化潮土	41	沙壤质轻度氯化物硫酸盐盐化潮土	枣强、武邑、故城、景县、阜城
				42	沙壤质中度氯化物硫酸盐盐化潮土	枣强、故城、景县
				43	沙壤质底黏中度氯化物硫酸盐盐化潮土	景县
				44	沙壤质一重度氯化物硫酸盐盐化潮土	景县

续表

土纲	土类名称	亚类名称	土属名称	土种序号	土种名称	分布地点
半水成土	潮土	盐化潮土	轻壤质氯化物硫酸盐盐化潮土	45	轻壤质轻度氯化物硫酸盐盐化潮土	衡水、枣强、武邑、深州、武强、故城、景县、阜城
				46	轻壤质漏沙轻度氯化物硫酸盐盐化潮土	枣强
				47	轻壤质底沙轻度氯化物硫酸盐盐化潮土	深州、故城、景县
				48	轻壤质蒙金轻度氯化物硫酸盐盐化潮土	枣强、深州
				49	轻壤质底黏轻度氯化物硫酸盐盐化潮土	景县
				50	轻壤质中度氯化物硫酸盐盐化潮土	衡水、枣强、武邑、故城、景县、阜城
				51	轻壤质底沙中度氯化物硫酸盐盐化潮土	故城
				52	轻壤质底黏中度氯化物硫酸盐盐化潮土	衡水、武邑、故城、景县
				53	轻壤质重度氯化物硫酸盐盐化潮土	衡水、武邑、故城、景县、阜城
				54	轻壤质沙重度氯化物硫酸盐盐化潮土	衡水、景县
				55	轻壤质底黏重度氯化物硫酸盐盐化潮土	景县

续表

土纲	土类名称	亚类名称	土属名称	土种序号	土种名称	分布地点
半水成土	潮土	盐化潮土	中壤质氯化物硫酸盐盐化潮土	56	中壤质轻度氯化物硫酸盐盐化潮土	衡水、景县
				57	中壤质底沙轻度氯化物硫酸盐盐化潮土	武强
				58	中壤质底沙中度氯化物硫酸盐盐化潮土	武强
				59	中壤质底沙重度氯化物硫酸盐盐化潮土	武强
			黏质氯化物硫酸盐盐化潮土	60	黏质底沙轻度氯化物硫酸盐盐化潮土	武强
				61	黏质底沙中度氯化物硫酸盐盐化潮土	武强
				62	黏质中度氯化物硫酸盐盐化潮土	武强
			沙质氯化物硫酸盐盐化潮土	63	沙质轻度氯化物硫酸盐盐化潮土	冀州
				64	沙质中度氯化物硫酸盐盐化潮土	冀州

土纲	土类名称	亚类名称	土属名称	土种序号	土种名称	分布地点
半水成土	潮土	盐化潮土	沙壤质氯化物硫酸盐盐化潮土	65	沙壤质轻度氯化物硫酸盐盐化潮土	冀州、枣强、深州、饶阳、景县、阜城
				66	沙壤质金氯化物硫酸盐轻度盐化潮土	冀州
				67	沙壤质蒙金氯化物轻度盐化潮土	冀州、深州
				68	沙壤质中度氯化物硫酸盐盐化潮土	冀州、武邑、深州、景县
				69	沙壤质蒙金中度氯化物硫酸盐盐化潮土	冀州
				70	沙壤质底黏中度氯化物硫酸盐盐化潮土	冀州、深州
				71	沙壤质重度氯化物硫酸盐盐化潮土	冀州、深州、景县
				72	沙壤质小蒙重度氯化物硫酸盐盐化潮土	景县
				73	沙壤质蒙金重度氯化物硫酸盐盐化潮土	冀州
				74	沙壤质底黏重度氯化物硫酸盐盐化潮土	冀州
			轻壤质氯化物硫酸盐盐化潮土	75	轻壤质轻度氯化物硫酸盐盐化潮土	衡水、冀州、武邑、深州、武强、饶阳、故城、景县

续表

土纲	土类名称	亚类名称	土属名称	土种序号	土种名称	分布地点
半水成土	潮土	盐化潮土	轻壤质氯化物硫酸盐盐化潮土	76	轻壤质腰沙轻度氯化物硫酸盐盐化潮土	深州、饶阳
				77	轻壤质漏沙轻度盐化潮土	冀州、深州、饶阳
				78	轻壤质底沙轻度氯化物硫酸盐盐化潮土	衡水、枣强、深州
				79	轻壤质蒙金轻度氯化物硫酸盐盐化潮土	冀州、深州
				80	轻壤质体黏轻度氯化物硫酸盐盐化潮土	景县
				81	轻壤质底黏轻度氯化物硫酸盐盐化潮土	衡水、冀州、枣强、深州、武强、景县
				82	轻壤质中度氯化物硫酸盐盐化潮土	衡水、枣强、深州、武邑、武强、故城、景县
				83	轻壤质漏沙中度氯化物硫酸盐盐化潮土	冀州
				84	轻壤质底沙中度氯化物硫酸盐盐化潮土	深州
				85	轻壤质蒙金中度氯化物硫酸盐盐化潮土	冀州、深州
				86	轻壤质底黏中度氯化物硫酸盐盐化潮土	衡水、冀州
				87	轻壤质重度氯化物硫酸盐盐化潮土	衡水、冀州、枣强、武邑、深州、故城、景县、阜城
				88	轻壤质漏沙重度氯化物硫酸盐盐化潮土	冀州、深州

续表

土纲	土类名称	亚类名称	土属名称	土种序号	土种名称	分布地点
			轻壤质氯化物硫酸盐盐化潮土	89	轻壤质底沙重度氯化物硫酸盐盐化潮土	衡水、深州
				90	轻壤质蒙金重度氯化物硫酸盐盐化潮土	冀州、深州
				91	轻壤质底黏重度氯化物硫酸盐盐化潮土	冀州、武邑、景县
				92	中壤质轻度氯化物硫酸盐盐化潮土	衡水、冀州、枣强、深州、武强、饶阳
				93	中壤质漏沙轻度氯化物硫酸盐盐化潮土	冀州
				94	中壤质底沙轻度氯化物硫酸盐盐化潮土	深州、武强
半水成土	潮土	盐化潮土	中壤质氯化物硫酸盐盐化潮土	95	中壤质氯化物硫酸盐盐化潮土	衡水、冀州、枣强、武邑、深州、武强
				96	中壤质漏沙中度氯化物硫酸盐盐化潮土	冀州、深州
				97	中壤质底沙中度氯化物硫酸盐盐化潮土	深州、武强
				98	中壤质重度氯化物硫酸盐盐化潮土	冀州、深州、武强
				99	中壤质漏沙重度氯化物硫酸盐盐化潮土	冀州
				100	中壤质底沙重度氯化物硫酸盐盐化潮土	武强

续表

土纲	土类名称	亚类名称	土属名称	土种序号	土种名称	分布地点
盐碱土	盐土		沙壤质氯化物酸盐草甸盐土	101	沙壤质氯化物酸盐草甸盐土	衡水、深州
				102	轻壤质氯化物硫酸盐草甸盐土	冀州、深州、武强
		草甸盐土	轻壤质氯化物酸盐草甸盐土	103	轻壤质氯化物蒙金盐草甸盐土	深州
				104	轻壤质漏沙氯化物硫酸盐草甸盐土	深州
			中壤质氯化物硫酸盐草甸盐土	105	中壤质漏沙氯化物硫酸盐草甸盐土	深州
				106	中壤质底沙氯化物硫酸盐草甸盐土	深州、武邑
			轻壤质氯化物草甸盐土	107	轻壤质氯化物草甸盐土	衡水、深州
				108	轻壤质底沙氯化物草甸盐土	深州
初育土	风沙土	半固定风沙土	沙质风积半固定风沙土	109	沙质半固定风沙土	饶阳、安平
		固定风沙土	沙质风积固定风沙土	110	沙质固定风沙土	枣强、深州、故城、景县
	新积土	石灰性新积土	沙质冲积物	111	沙质石灰性新积土	饶阳、安平

附表 6 2011 年衡水市土壤养分状况统计

行政区	项目	有机质 (g/kg)	全氮 (g/kg)	碱解氮 (mg/kg)	有效磷 (mg/kg)	缓效钾 (mg/kg)	速效钾 (mg/kg)	有效铁 (mg/kg)	有效锰 (mg/kg)	有效铜 (mg/kg)	有效锌 (mg/kg)	水溶性硼 (mg/kg)	有效硫 (mg/kg)
安平县	平均	16.40	0.95	56.43	22.82	529.6	152.00	13.25	4.61	1.54	0.74	0.48	49.72
	偏差	4.95	0.29	11.83	12.40	—	44.64	4.81	1.09	0.36	0.23	—	—
	CV (%)	30.18	30.53	20.96	54.34	—	29.37	36.30	23.64	23.38	31.08	—	—
	最大	43.50	2.52	174.00	96.10	—	299.00	165.52	10.40	2.51	3.63	—	—
	最小	5.50	0.32	13.00	2.10	—	30.00	1.00	1.31	0.28	0.09	—	—
阜城县	平均	13.80	0.90	73.03	22.50	1317.4	146.60	9.26	6.36	1.07	0.77	0.43	47.85
	偏差	2.05	0.40	11.67	5.88	170.47	27.77	2.02	8.53	0.41	0.19	—	—
	CV (%)	14.86	44.44	15.98	26.13	12.94	18.94	21.81	134.12	38.32	24.68	—	—
	最大	27.50	10.83	129.00	75.00	3360.00	296.00	16.30	134.60	8.20	1.25	—	—
	最小	5.50	0.05	21.00	4.40	111.00	65.00	6.40	3.80	0.62	0.28	—	21.1
故城县	平均	14.20	0.99	60.99	32.76	649.30	119.37	8.21	6.48	1.39	2.05	0.67	—
	偏差	2.47	0.33	15.01	11.91	88.60	19.33	2.25	2.75	0.46	0.86	—	—
	CV (%)	17.39	33.33	24.61	36.36	13.65	16.19	27.41	42.44	33.09	41.95	—	—
	最大	21.70	1.97	118.50	88.80	847.00	150.00	12.80	12.90	2.32	9.50	—	—
	最小	6.10	0.41	15.30	5.40	421.00	41.00	1.60	1.30	0.34	0.53	—	—
冀州市	平均	15.20	0.79	73.53	15.08	840.73	108.49	5.70	9.18	0.92	1.92	—	32.89
	偏差	3.70	0.21	15.77	8.42	142.93	41.75	1.34	2.60	2.65	1.10	—	47.25
	CV (%)	24.34	26.58	21.45	55.84	17.00	38.48	23.51	28.32	288.04	57.29	—	143.66
	最大	29.60	1.48	141.00	79.60	1279.00	292.00	15.87	23.89	27.16	9.58	1.74	724.60
	最小	5.22	0.29	18.90	2.10	193.00	31.00	1.43	0.10	0.00	0.05	0.00	1.60

续表

行政区	项目	有机质 (g/kg)	全氮 (g/kg)	碱解氮 (mg/kg)	有效磷 (mg/kg)	缓效钾 (mg/kg)	速效钾 (mg/kg)	有效铁 (mg/kg)	有效锰 (mg/kg)	有效铜 (mg/kg)	有效锌 (mg/kg)	水溶性硼 (mg/kg)	有效硫 (mg/kg)
景县	平均	13.20	0.88	78.04	19.36	1049.09	149.80	8.66	9.79	1.16	1.13	0.46	47.79
	偏差	2.76	—	16.22	6.11	235.76	41.36	3.28	2.76	0.49	0.62	—	—
	CV (%)	20.91	—	20.78	31.56	22.47	27.61	37.88	28.19	42.24	54.87	—	—
	最大	25.90	—	151.00	43.00	1967.00	275.00	73.00	27.70	11.11	4.02	—	—
	最小	5.60	—	45.00	9.10	469.00	68.00	2.70	0.40	0.13	0.09	—	—
饶阳县	平均	15.50	—	76.43	29.04	941.77	15.13	11.99	14.98	1.13	1.20	0.84	53.95
	偏差	4.55	—	26.69	15.85	172.54	53.38	3.05	3.44	0.37	0.59	0.20	16.56
	CV (%)	29.35	—	34.92	54.58	18.32	352.81	25.44	22.96	32.74	49.17	23.81	29.35
	最大	37.40	—	278.60	99.00	1848.00	299.00	25.70	21.40	8.60	11.20	1.40	140.30
	最小	5.30	—	14.00	5.90	406.00	16.00	4.10	3.40	0.09	0.28	0.08	4.50
深州市	平均	16.50	1.15	83.79	25.79	942.42	146.84	8.25	11.50	1.25	1.84	0.81	43.01
	偏差	4.08	0.56	15.48	14.19	171.34	46.18	2.07	4.62	0.76	2.01	0.34	15.55
	CV (%)	24.73	48.70	18.47	55.02	18.18	31.45	25.09	40.17	60.80	109.24	41.98	24.73
	最大	34.00	17.49	149.00	99.10	1720.00	300.00	21.80	30.30	9.55	24.54	1.96	90.50
	最小	5.00	0.09	30.00	3.00	100.00	41.00	3.20	3.70	0.45	0.10	0.22	5.70
桃城区	平均	14.30	0.82	76.09	26.68	793.76	115.42	5.27	4.68	1.34	0.77	0.82	81.05
	偏差	3.62	0.21	19.84	14.31	145.55	45.78	1.05	1.28	0.19	0.17	0.20	38.25
	CV (%)	25.31	25.61	26.07	53.64	18.34	39.66	19.92	27.35	14.18	22.08	24.39	25.31
	最大	29.00	1.67	181.64	98.60	1254.00	300.00	8.20	9.90	1.89	1.18	1.72	227.00
	最小	5.00	0.31	24.57	2.90	385.00	26.00	2.90	1.60	0.98	0.15	0.27	16.10

续表

行政区	项目	有机质(g/kg)	全氮(g/kg)	碱解氮(mg/kg)	有效磷(mg/kg)	缓效钾(mg/kg)	速效钾(mg/kg)	有效铁(mg/kg)	有效锰(mg/kg)	有效铜(mg/kg)	有效锌(mg/kg)	水溶性硼(mg/kg)	有效硫(mg/kg)
武强县	平均	13.40	0.96	72.98	24.45	—	109.16	5.44	6.60	1.22	1.30	—	16.11
	偏差	4.17	0.32	20.82	11.13	—	32.49	2.83	2.38	0.59	0.58	—	5.77
	CV(%)	31.12	33.33	28.53	45.52	—	29.76	52.02	36.06	48.36	44.62	—	35.82
	最大	32.95	7.45	193.24	85.55	—	285.17	15.62	13.78	5.26	5.01	—	33.60
	最小	5.06	0.18	11.75	3.02	—	42.15	1.08	1.73	0.10	0.18	—	9.10
武邑县	平均	14.20	0.87	70.43	17.70	932.20	148.30	4.74	6.00	0.73	1.16	0.32	20.70
	偏差	2.75	0.15	21.84	7.88	112.91	42.62	1.90	2.08	3.31	0.41	0.13	7.09
	CV(%)	19.37	17.24	31.01	44.52	12.11	28.74	40.08	34.67	453.42	35.34	40.63	34.25
	最大	22.80	1.35	193.24	53.80	1395.00	296.00	13.90	13.10	87.00	1.99	0.87	43.32
	最小	5.10	0.31	23.15	2.90	559.00	36.00	1.80	1.70	0.08	0.11	0.02	2.09
枣强县	平均	13.10	1.07	103.03	12.33	790.75	134.44	5.97	11.66	1.17	1.10	—	—
	偏差	1.92	0.33	31.28	4.71	97.13	18.40	12.31	2.73	0.43	2.25	—	—
	CV(%)	14.66	30.84	30.36	38.20	12.28	13.69	206.20	23.41	36.75	204.55	—	—
	最大	19.80	9.30	876.00	98.00	993.00	172.00	537.00	103.00	18.30	98.00	—	—
	最小	8.10	0.24	0.90	7.30	191.00	72.00	1.40	1.00	0.35	0.37	—	—
衡水市	平均	14.50	1.00	75.86	22.24	1002.88	126.74	8.59	10.04	1.22	1.37	0.61	43.85
	偏差	3.82	0.41	22.60	12.27	253.17	43.00	5.90	4.96	1.28	1.41	0.33	31.01
	CV(%)	26.34	41.00	29.79	55.17	25.24	33.93	68.68	49.40	104.92	102.92	54.10	70.72
	最大	43.50	17.49	876.00	99.10	3360.00	300.00	537.00	134.60	87.00	98.00	1.96	724.60
	最小	5.00	0.05	0.90	2.10	100.00	16.00	1.00	0.10	0.00	0.05	0.00	1.60

附表7 2011年与第二次土壤普查农田土壤养分比较

行政区	年份	有机质(g/kg)	全氮(g/kg)	碱解氮(mg/kg)	有效磷(mg/kg)	缓效钾(mg/kg)	速效钾(mg/kg)	有效铁(mg/kg)	有效锰(mg/kg)	有效铜(mg/kg)	有效锌(mg/kg)	水溶性硼(mg/kg)	有效硫(mg/kg)
安平县	2011	16.40	0.95	56.43	22.82	529.6	152.00	13.25	4.61	1.54	0.74	0.48	49.72
	1982	11	0.67	—	5	—	130	7.3	4.3	0.99	0.41	0.3	—
	增减量	5.4	0.28	—	17.82	—	22	5.95	0.31	0.55	0.33	0.18	—
阜城县	2011	13.80	0.90	73.03	22.50	1317.4	146.60	9.26	6.36	1.07	0.77	0.43	47.85
	1982	9.6	0.64	—	4	—	168	6.3	4.5	1.04	0.4	0.48	—
	增减量	4.2	0.26	—	18.5	—	-21.4	2.96	1.86	0.03	0.37	-0.05	—
故城县	2011	14.20	0.99	60.99	32.76	649.30	119.37	8.21	6.48	1.39	2.05	0.67	21.1
	1982	7.1	0.58	—	3	—	118	5.6	3.2	1	0.53	0.97	—
	增减量	7.1	0.41	—	29.76	—	1.37	2.61	3.28	0.39	1.52	—	—
冀州市	2011	15.20	0.79	73.53	15.08	840.73	108.49	5.70	9.18	0.92	1.92	0.43	32.89
	1982	7.6	0.61	—	5	—	150	6	4.1	0.97	0.37	—	—
	增减量	7.6	0.18	—	10.08	—	-41.51	-0.3	5.08	-0.05	1.55	—	—
景县	2011	13.20	0.88	78.04	19.36	1049.09	149.80	8.66	9.79	1.16	1.13	0.46	47.79
	1982	7.4	0.56	—	4	—	163	5.9	3.3	1.06	0.45	0.56	—
	增减量	5.8	0.32	—	15.36	—	-13.2	2.76	6.49	0.1	0.68	-0.1	—
饶阳县	2011	15.50	—	76.43	29.04	941.77	15.13	11.99	14.98	1.13	1.20	0.84	53.95
	1982	11.3	0.79	—	7	—	149	6.5	7.7	0.94	0.68	0.34	—
	增减量	4.2	—	—	22.04	—	-133.87	5.49	7.28	0.19	0.52	0.5	—

行政区	年份	有机质（g/kg）	全氮（g/kg）	碱解氮（mg/kg）	有效磷（mg/kg）	缓效钾（mg/kg）	速效钾（mg/kg）	有效铁（mg/kg）	有效锰（mg/kg）	有效铜（mg/kg）	有效锌（mg/kg）	水溶性硼（mg/kg）	有效硫（mg/kg）
深州市	2011	16.50	1.15	83.79	25.79	942.42	146.84	8.25	11.50	1.25	1.84	0.81	43.01
	1982	8.7	0.51	—	8	—	114	8.7	3.4	0.96	0.68	0.3	—
	增减量	7.8	0.64	—	17.79	—	32.84	-0.45	8.1	0.29	1.16	0.51	—
桃城区	2011	14.30	0.82	76.09	26.68	793.76	115.42	5.27	4.68	1.34	0.77	0.82	81.05
	1982	10.2	0.59	—	5	—	129	7.3	4.9	1.3	0.68	0.44	—
	增减量	4.1	0.23	—	21.68	—	-13.58	-2.03	-0.22	0.04	0.09	0.38	—
武强县	2011	13.40	0.96	72.98	24.45	—	109.16	5.44	6.60	1.22	1.30	—	16.11
	1982	10.9	0.79	—	6	—	157	6.9	7.6	1.32	0.45	0.7	—
	增减量	2.5	0.17	—	18.45	—	-47.84	-1.46	-1	-0.1	0.85	—	—
武邑县	2011	14.20	0.87	70.43	17.70	932.20	148.30	4.74	6.00	0.73	1.16	0.32	20.70
	1982	8.4	0.66	—	5	—	149	—	—	—	—	0.87	—
	增减量	5.8	0.21	—	12.7	—	-0.7	—	—	—	—	-0.55	—
枣强县	2011	13.10	1.07	103.03	12.33	790.75	134.44	5.97	11.66	1.17	1.10	—	—
	1982	7.9	0.49	—	4	—	145	5.6	5.6	0.85	1.18	0.37	—
	增减量	5.2	0.58	—	8.33	—	-10.56	0.37	6.06	0.32	-0.08	—	—
全市	2011	14.50	1.00	75.86	22.24	1002.88	126.74	8.59	10.04	1.22	1.37	0.61	43.85
	1982	8.7	0.68	—	5	—	142	6.6	4.5	1.02	0.57	0.54	—
	增减量	5.8	0.32	—	17.24	—	-15.26	1.99	5.54	0.2	0.8	0.07	—
	增减（%）	66.67	47.06	—	344.80	—	-10.75	30.15	123.11	19.61	140.35	12.96	—

注：表中"—"代表 1982 年该县没有进行某元素的数据统计。

附　　图

衡水市土壤采样点位图

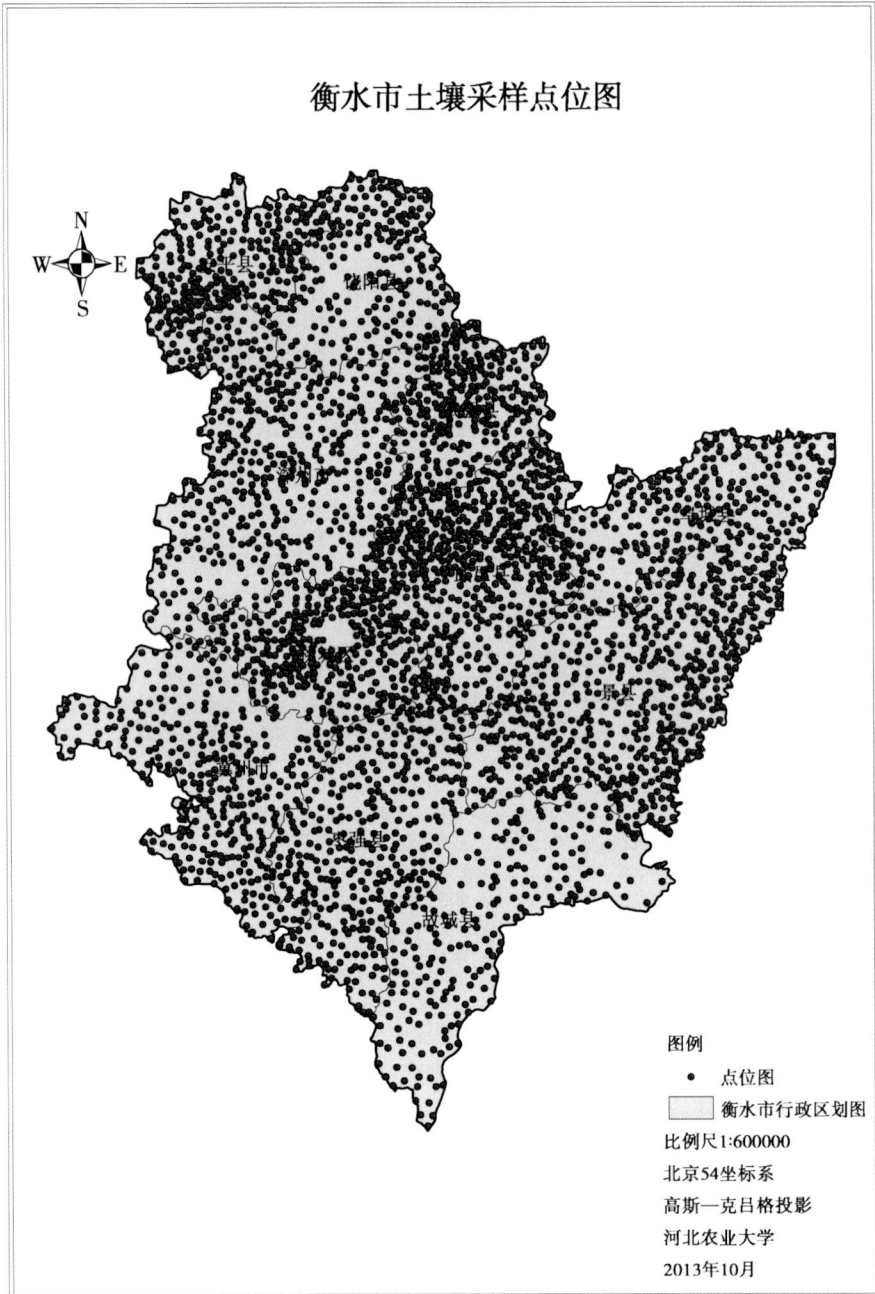

图例

- 点位图

　衡水市行政区划图

比例尺1:600000

北京54坐标系

高斯—克吕格投影

河北农业大学

2013年10月

衡水市土壤有机质含量概图

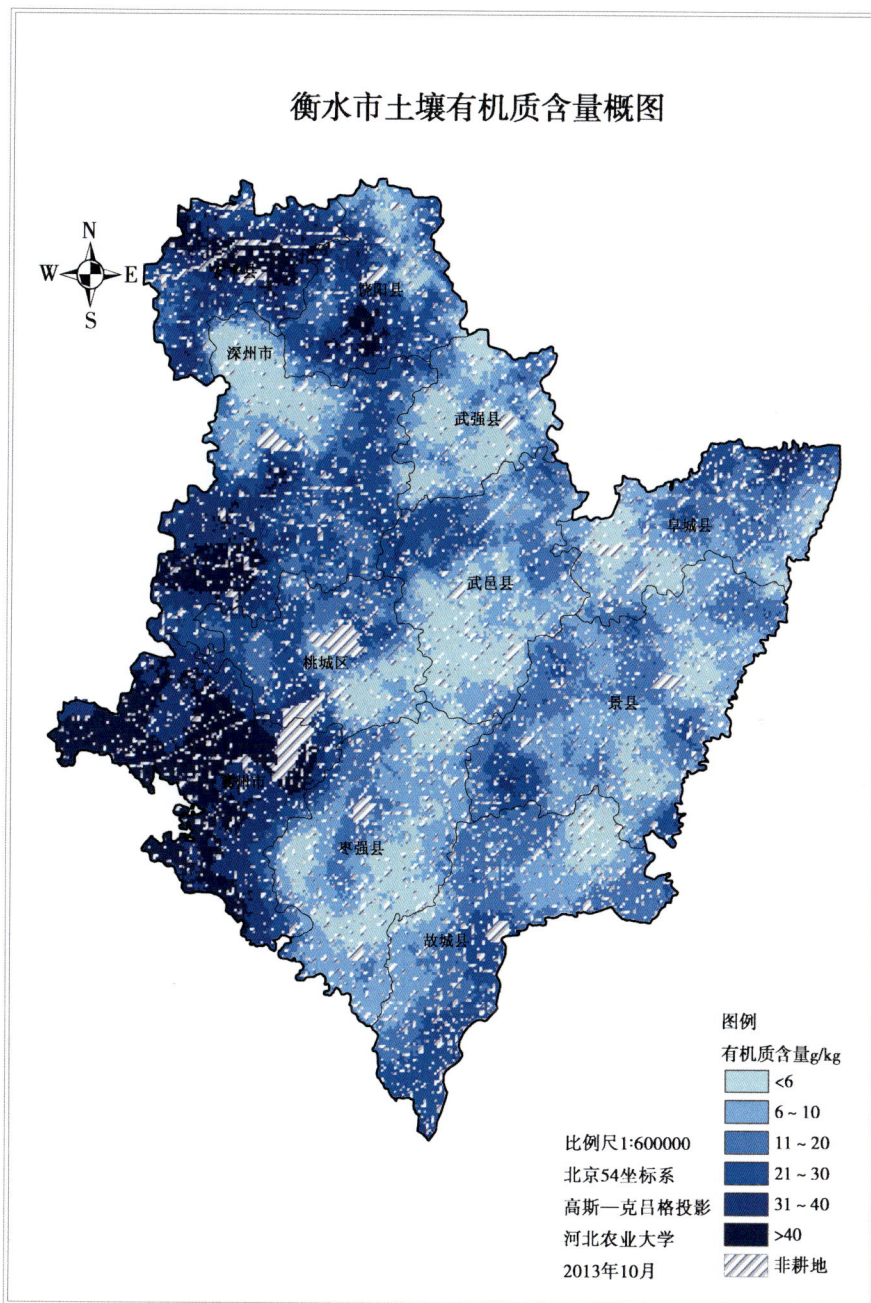

图例

有机质含量g/kg

- <6
- 6 ~ 10
- 11 ~ 20
- 21 ~ 30
- 31 ~ 40
- >40
- 非耕地

比例尺1:600000
北京54坐标系
高斯—克吕格投影
河北农业大学
2013年10月

衡水市土壤碱解氮含量概图

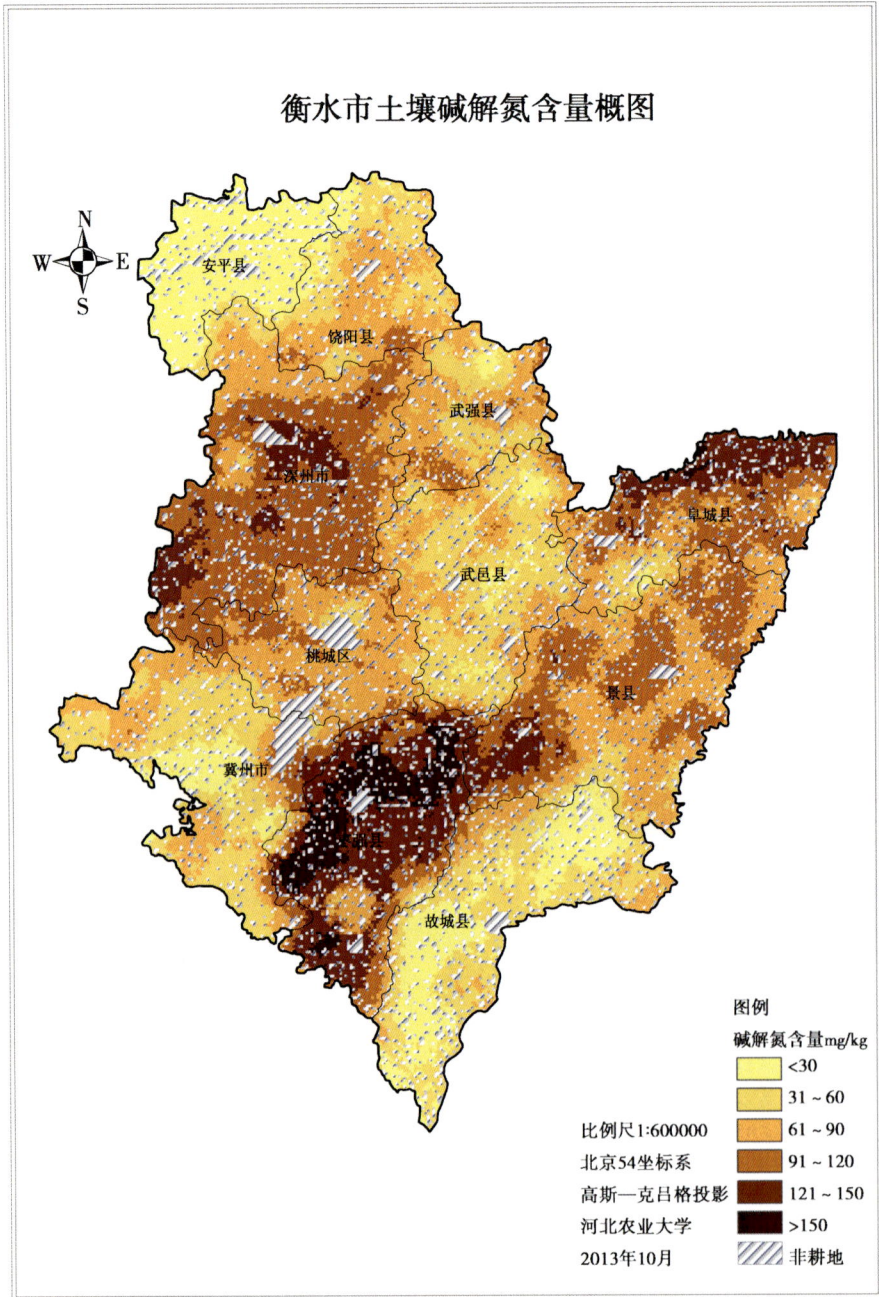

安平县

饶阳县

武强县

深州市

阜城县

武邑县

桃城区

景县

冀州市

故城县

图例

碱解氮含量mg/kg

	<30
	31 ~ 60
	61 ~ 90
	91 ~ 120
	121 ~ 150
	>150
	非耕地

比例尺1:600000
北京54坐标系
高斯—克吕格投影
河北农业大学
2013年10月

衡水市土壤有效磷含量概图

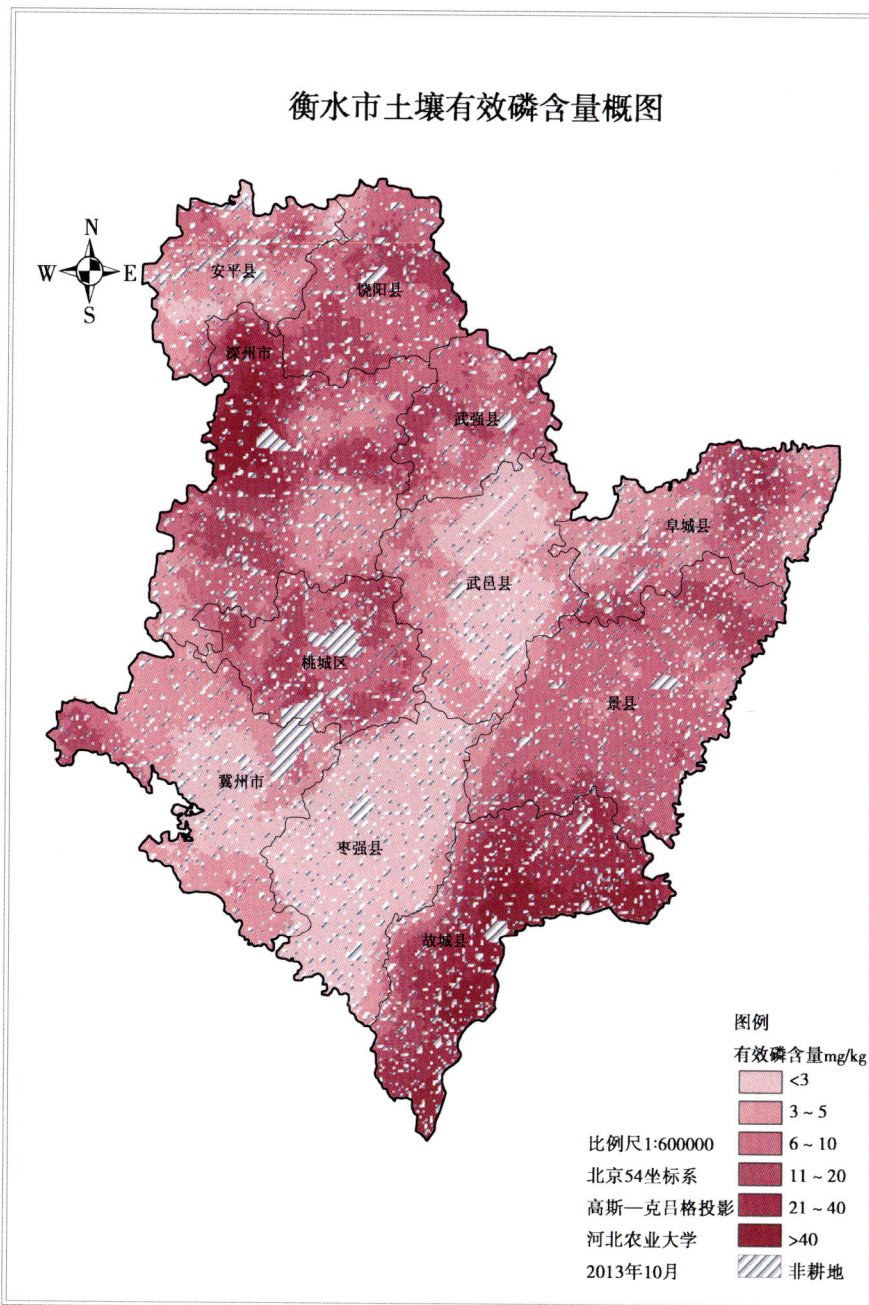

图例

有效磷含量mg/kg

比例尺1:600000
北京54坐标系
高斯—克吕格投影
河北农业大学
2013年10月

	<3
	3 ~ 5
	6 ~ 10
	11 ~ 20
	21 ~ 40
	>40
	非耕地

衡水市土壤速效钾含量概图

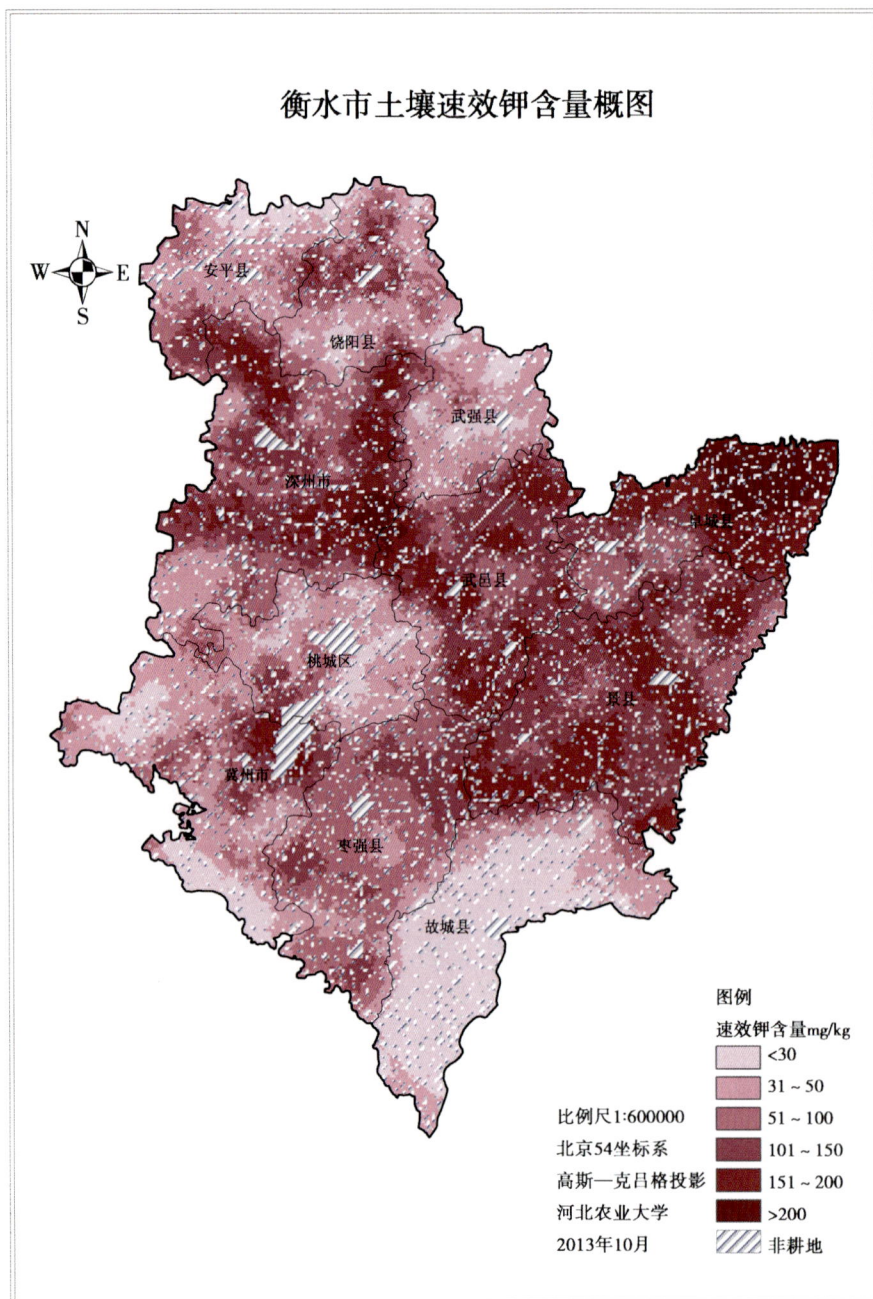

图例

速效钾含量mg/kg
- <30
- 31 ~ 50
- 51 ~ 100
- 101 ~ 150
- 151 ~ 200
- >200
- 非耕地

比例尺1:600000
北京54坐标系
高斯—克吕格投影
河北农业大学
2013年10月

衡水市土壤缓效钾含量概图

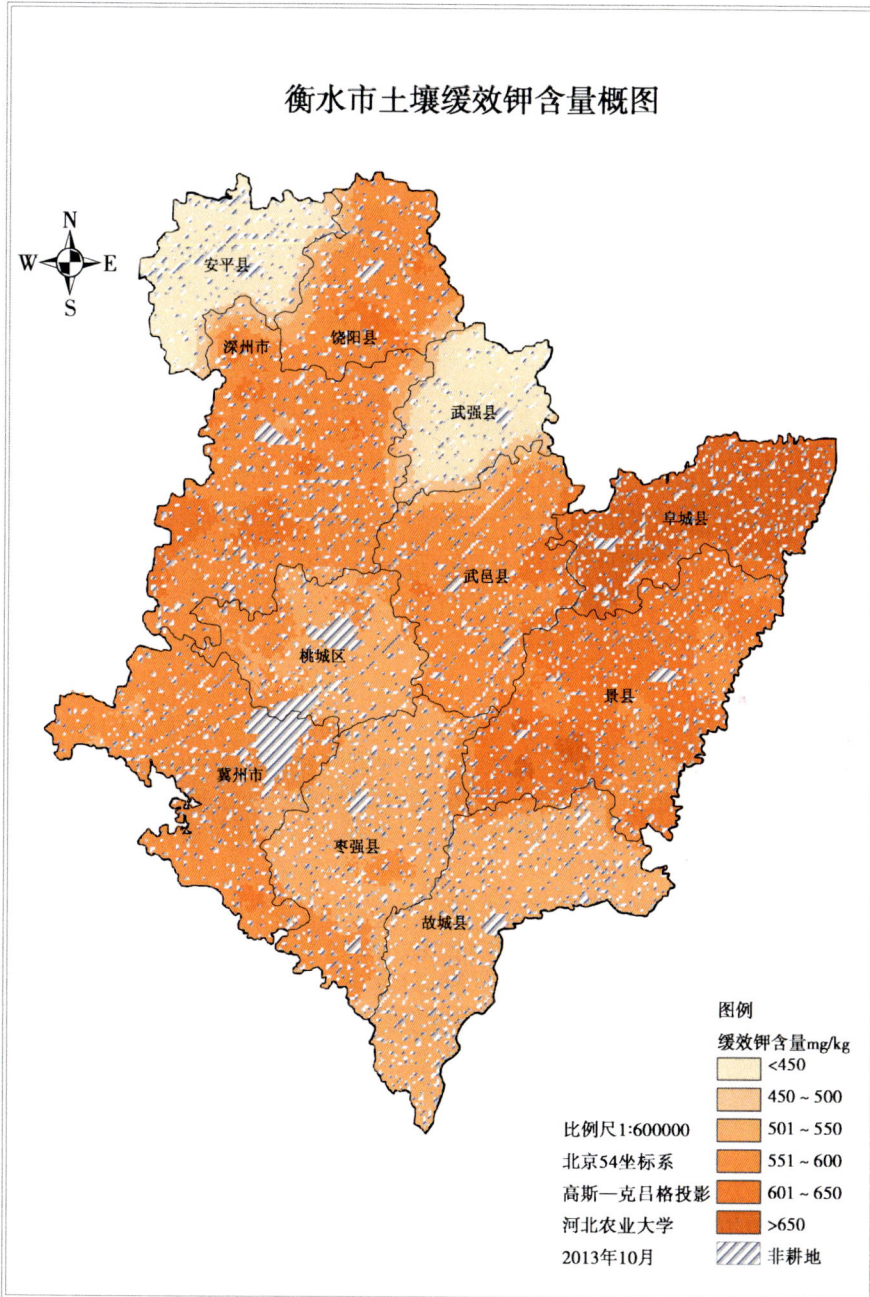

N
W E
S

安平县

深州市　饶阳县

武强县

阜城县

武邑县

桃城区

景县

冀州市

枣强县

故城县

比例尺1:600000
北京54坐标系
高斯—克吕格投影
河北农业大学
2013年10月

图例
缓效钾含量mg/kg
　　<450
　　450～500
　　501～550
　　551～600
　　601～650
　　>650
　　非耕地

衡水市土壤有效铁含量概图

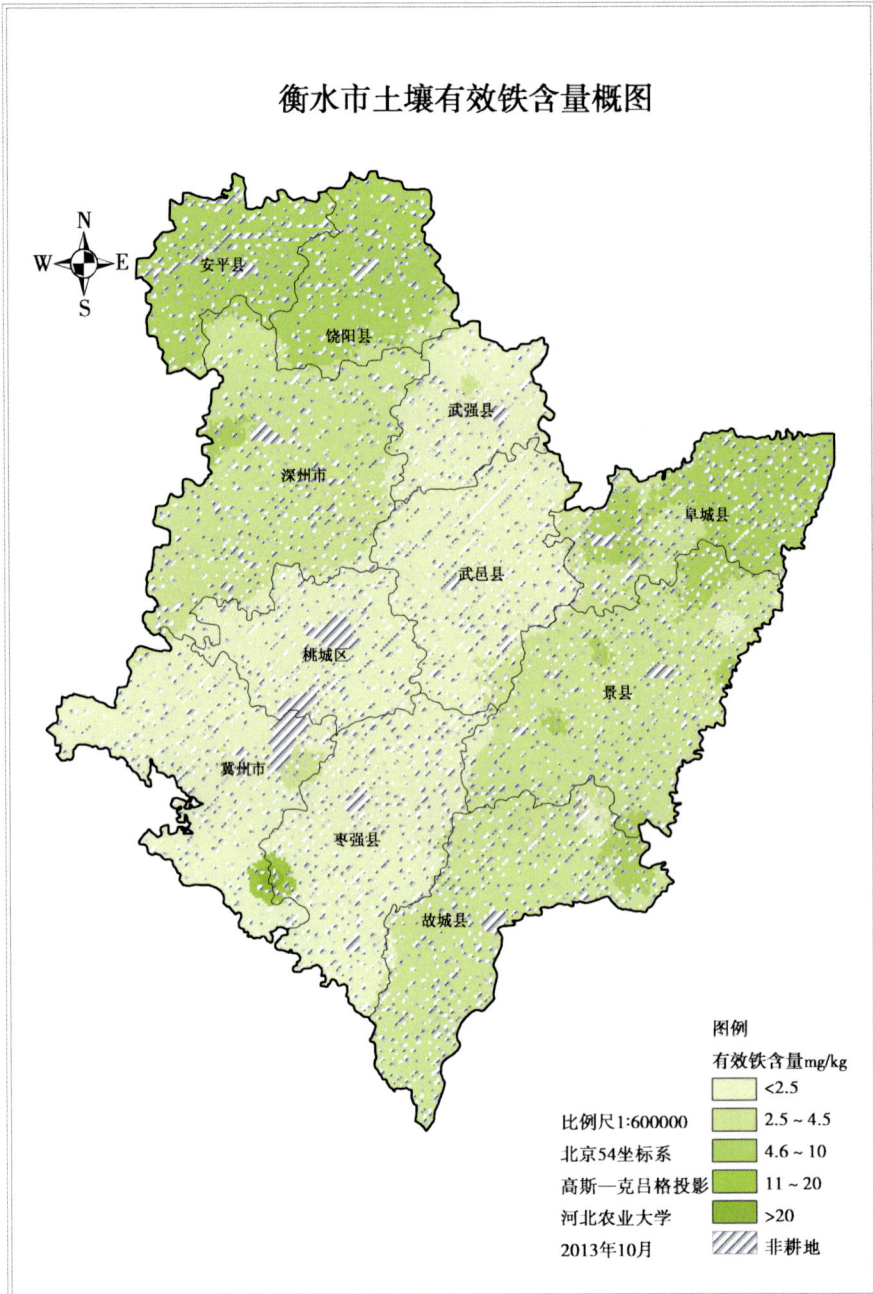

图例

有效铁含量mg/kg

比例尺1:600000
北京54坐标系
高斯—克吕格投影
河北农业大学
2013年10月

<2.5
2.5 ~ 4.5
4.6 ~ 10
11 ~ 20
>20
非耕地

衡水市土壤有效锰含量概图

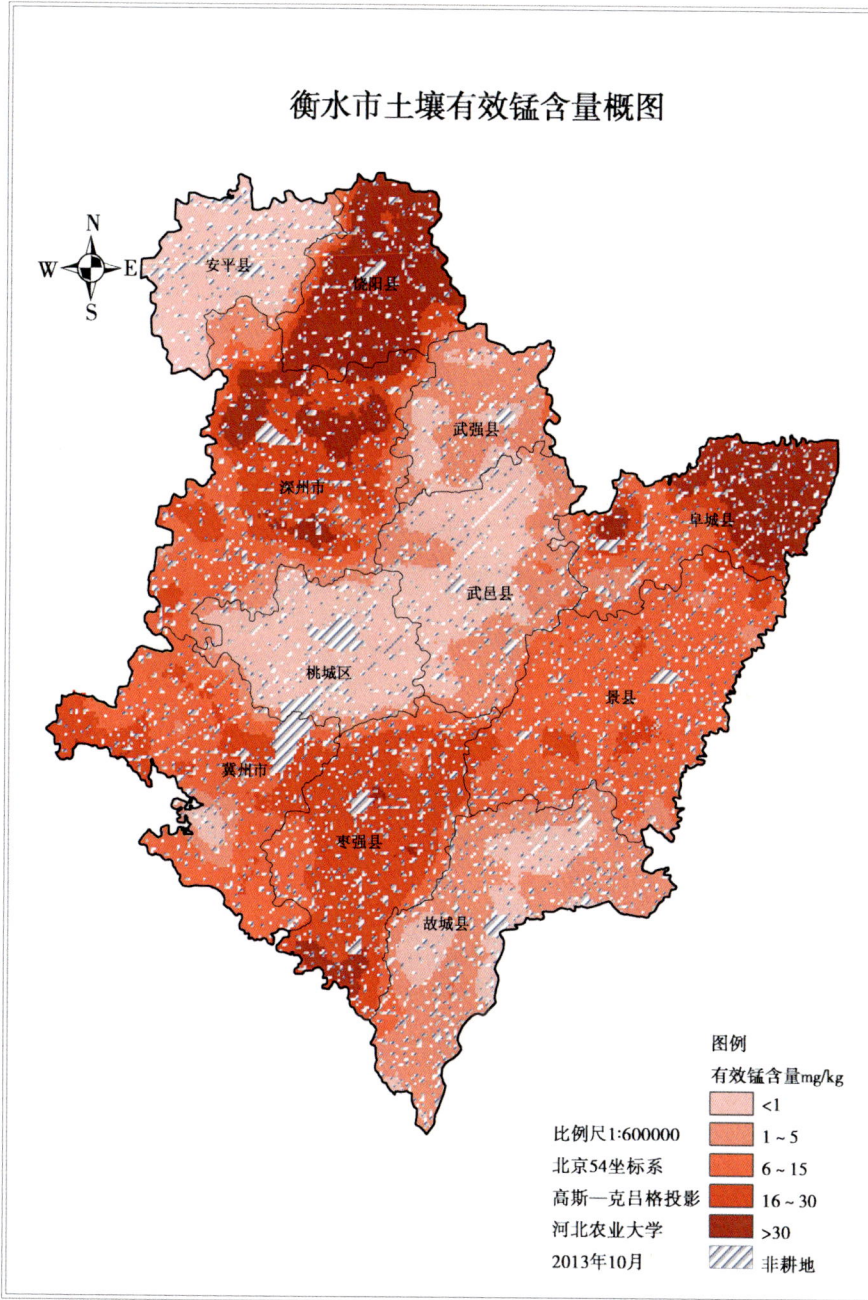

图例

有效锰含量mg/kg

- <1
- 1 ~ 5
- 6 ~ 15
- 16 ~ 30
- >30
- 非耕地

比例尺1:600000

北京54坐标系

高斯—克吕格投影

河北农业大学

2013年10月

衡水市土壤有效铜含量概图

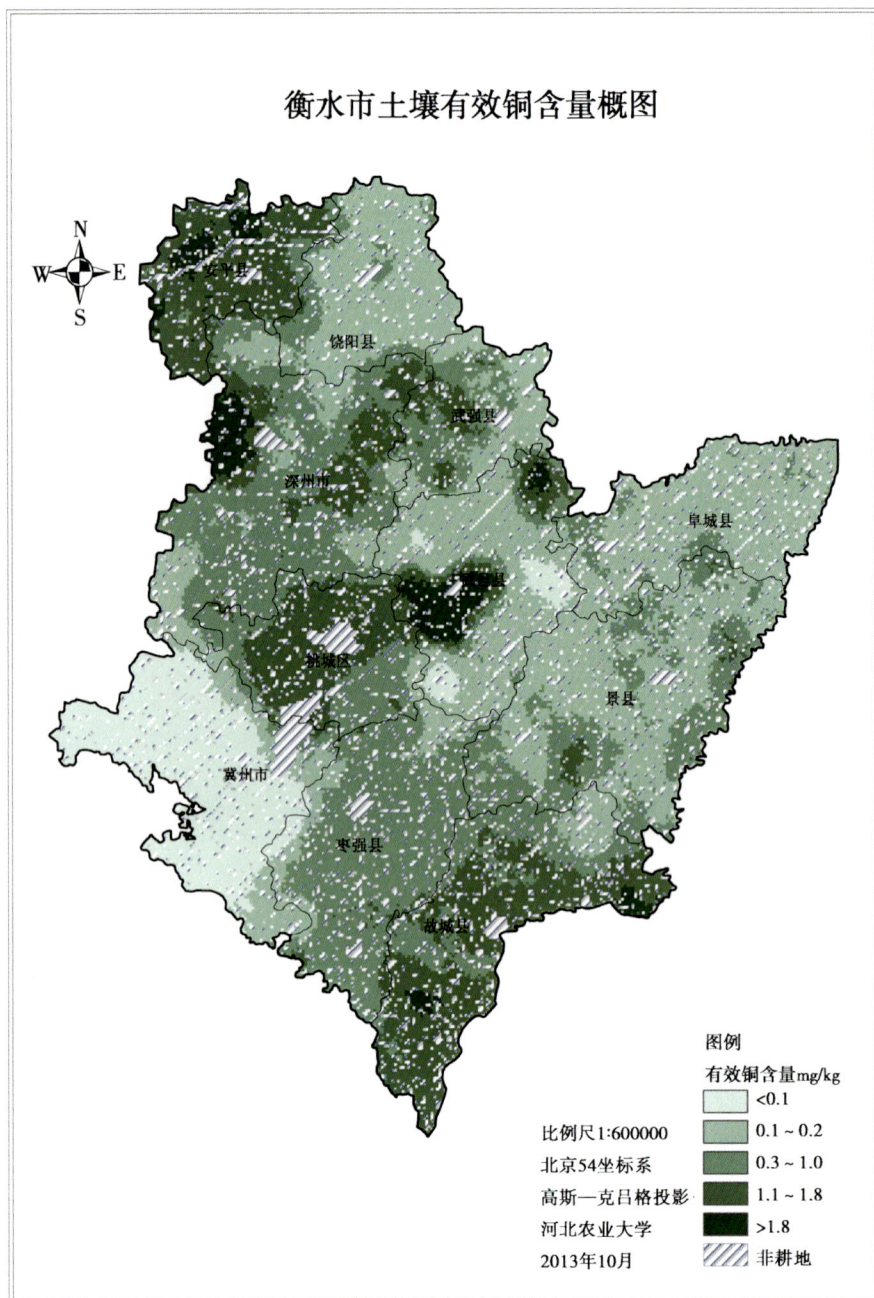

W N E S

饶阳县

武强县

深州市

阜城县

桃城区

景县

冀州市

枣强县

故城县

比例尺1:600000
北京54坐标系
高斯—克吕格投影
河北农业大学
2013年10月

图例

有效铜含量mg/kg

- <0.1
- 0.1 ~ 0.2
- 0.3 ~ 1.0
- 1.1 ~ 1.8
- >1.8
- 非耕地

衡水市土壤有效锌含量概图

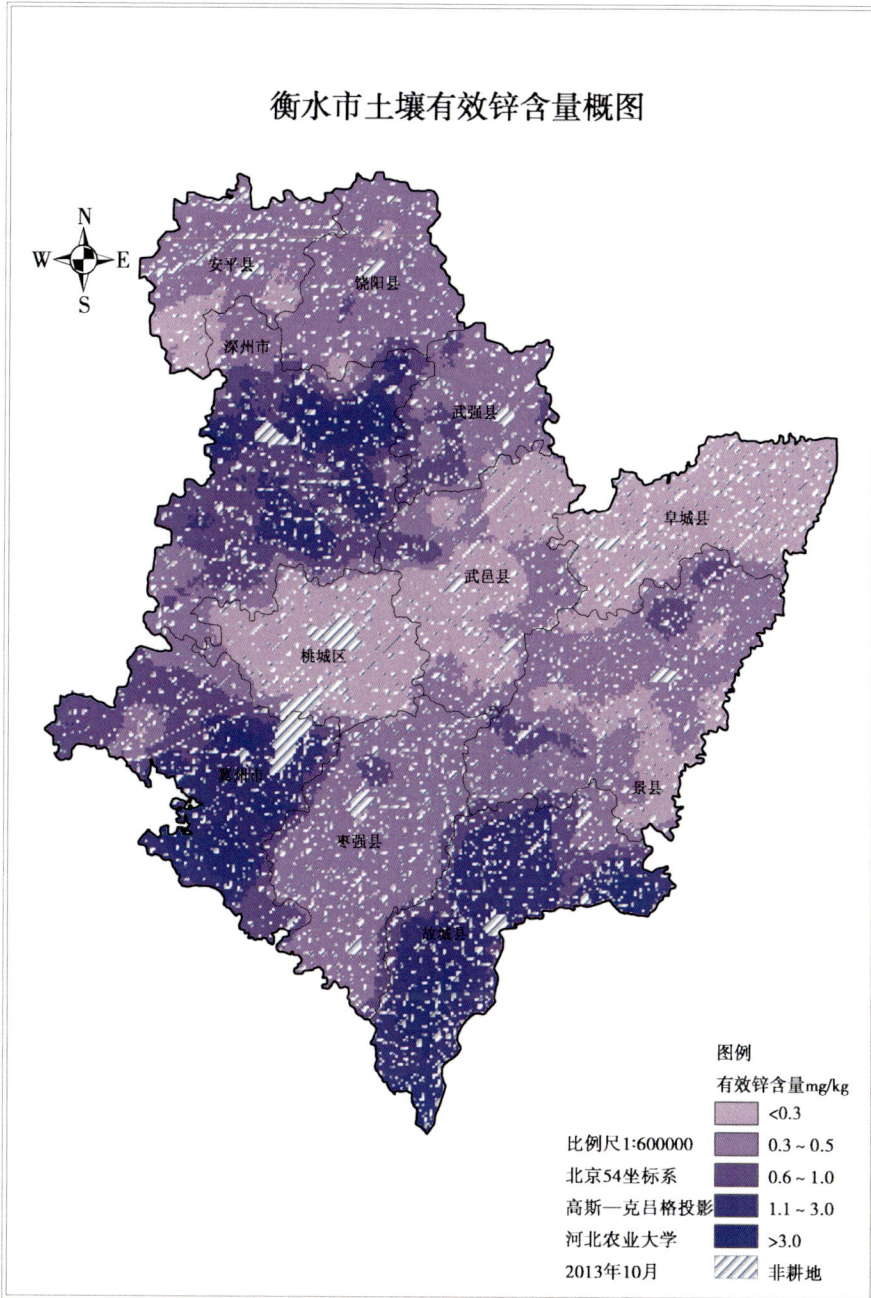

图例

有效锌含量mg/kg

比例尺1:600000
北京54坐标系
高斯—克吕格投影
河北农业大学
2013年10月

<0.3
0.3～0.5
0.6～1.0
1.1～3.0
>3.0
非耕地

衡水市耕地地力等级图

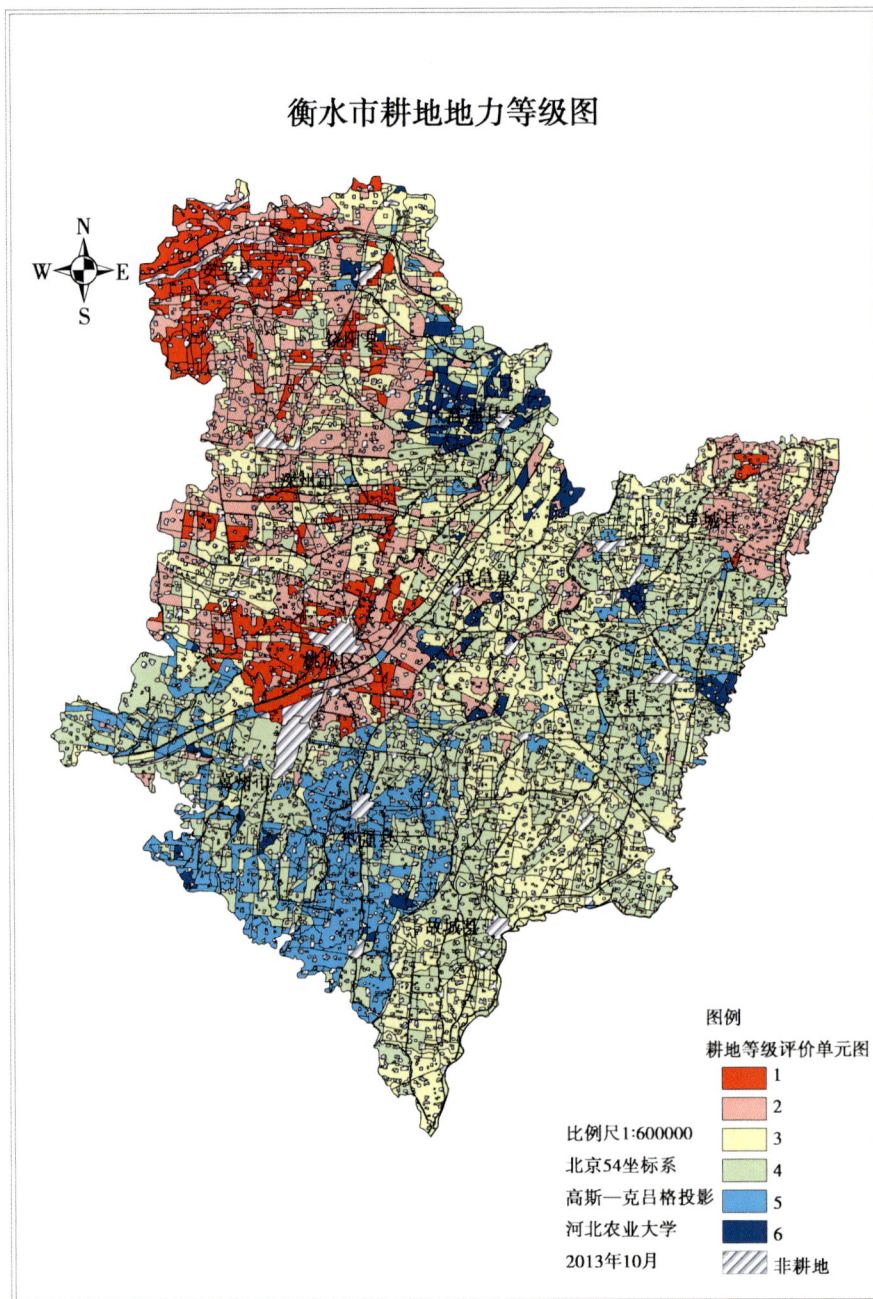

衡水市耕地适宜性评价图

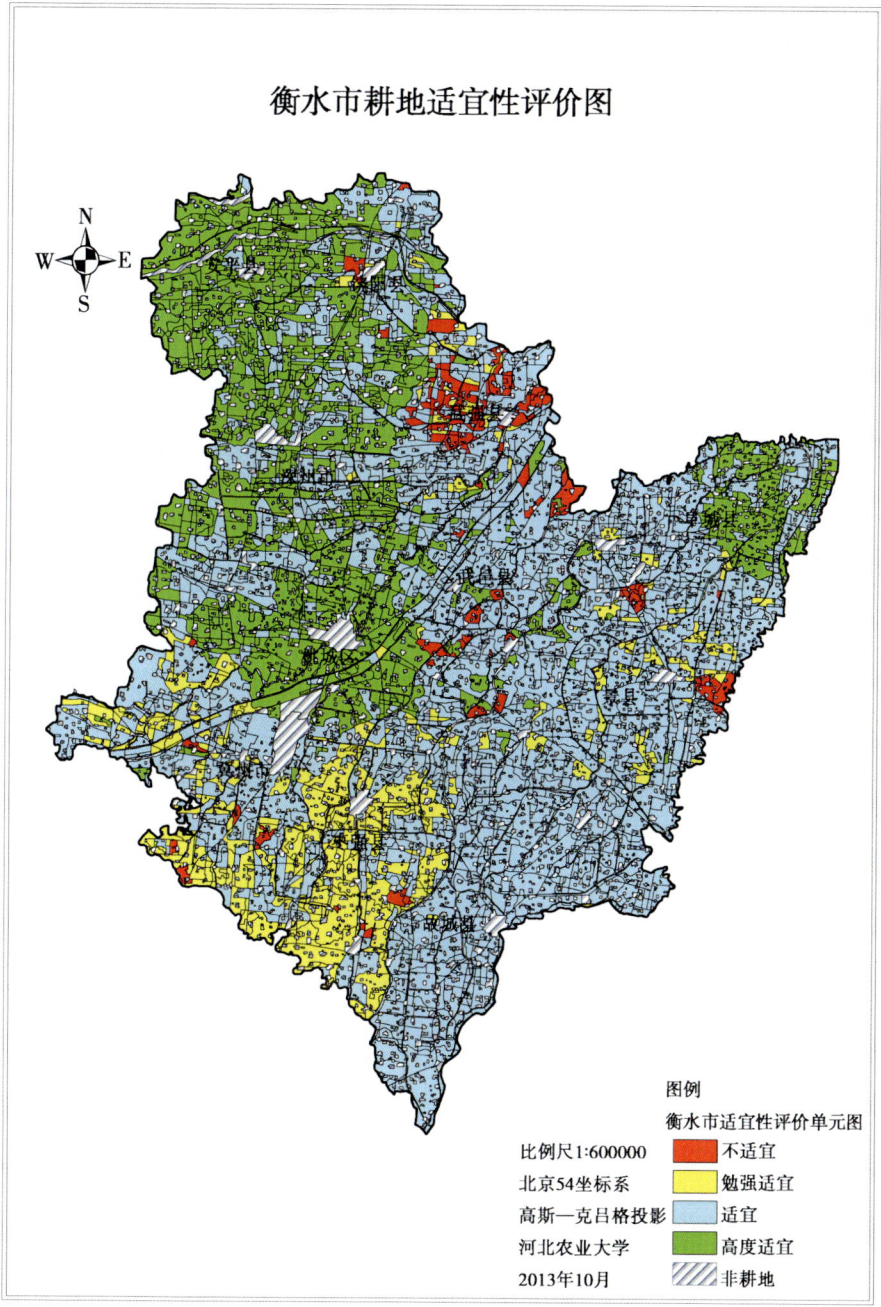

图例

衡水市适宜性评价单元图

比例尺1:600000

北京54坐标系

高斯—克吕格投影

河北农业大学

2013年10月

- 不适宜
- 勉强适宜
- 适宜
- 高度适宜
- 非耕地